왜 한국 사람들은 스스로 생명을 버리는가

현대 사회와 자살

KSI 한국학술정보(주)

왜 한국 사람들은 스스로 생명을 버리는가

현대 사회와 자살

서강대학교 생명문화연구소 편

KSI 한국학술정보(주)

　‘세상의 생명을 위하여(pro mundi vita)’라는 기치를 세우고 1991년 창설한 생명문화연구소는 올해 창립 20돌을 맞았다. 본 연구소는 그동안 대한민국 사회, 교육, 종교문화 영역뿐 아니라 온 세상에 ‘생명의 존엄성’을 선양하고 생명에 관한 전통사상, 윤리적 이슈, 생명의 새로운 정의, 생명과 관련된 대안적 문화들을 연구해 왔다. 2011년 가을 현재 41회 정기 세미나를 열었으니 그동안의 연구 성과는 나름대로 적지 않다고 말할 수 있겠고, 이 성과들은 학술지『생명연구』스물 한 권에 고스란히 남아 있다.『생명연구』는 2008년부터 계간지로 1년에 4차례 발간해 오고 있으며 2009년에는 한국과학재단의 학술등재후보지가 되어 양적 질적으로 발전을 거듭해 오고 있다.

　첫 번째 단행본『생명의 길을 찾아서』(2001, 민음사)는 철학, 문학, 종교, 사회 영역에서 바라본 생명의 정의를 다룬 총론적 내용이라면 이번『현대사회와 자살: 왜 한국 사람들은 스스로 생명을 버리는가』는 자살과 관련된 윤리, 정신의학적, 사회학적 문제제기를 다룬 각론적인 성격을 띤다.

　일반적으로 ‘생명’이라는 말은 유비적으로 사용된다. 여기서 실린 논문들은 서강대학교『생명연구』에 발표된 논문 중 생명의 존엄을 바탕으로 '자살문제'를 다룬 옥고들을 선별하여 저자들의 동의는 물론 새로운 수정을 얻어 단행본으로 다시 태어나게 되었다. 본 연구소는 생명을 인간생명, 사회생명 그리고 환경생명으로 분류하고 세분화하여 연구하고 있다. 『현대사회와 자살: 왜 한국 사람들은 생명을 버리는가』는 자살문제에 관한 것으로서 자살의 의학적·사회학적 원인과 그 문제를 해결하기 위한 방법들을 다각적으로 모색하는 내용을 다룬다. 우리 사회의 자살률의 증가는 안타깝게도 우리 사회가 생명을 아름답게 실현하는 사회가 아님을 반영하는 것이다. 앞으로 우리 연구소는 '생명지표'를 창안하여 생명문화를 건설하는 데 있어 우리 사회가 우선적으로 어떤 분야에서, 어떤 점들을 개선해야 하는지를 제시하려 한다. 『현대사회와 자살: 왜 한국 사람들은 스스로 생명을 버리는가』와 후속으로 발간될 총서 시리즈들은 이를 위한 기초자료가 될 것이다.

이 책을 발간하는 데 수고하신 상임연구원 심현주 박사께 감사를 드린다. 심 박사는 인간생명에 관한 그동안의 모든 논문을 읽고 선발하고 수정하는 작업을 진행했다. 또한 이 단행본의 서론을 집필하였다. 석기용 박사와 최복희 박사께도 고마움을 전한다. 원고 검토는 물론 출판사 선정과 같은 행정적 지원을 베풀어 주었다. 특별히 『생명연구』의 옥고들을 생명문화 총서 시리즈로 기꺼이 출판해 주시기로 한 한국학술정보(주)에도 감사드린다. 이에 힘입어 우리 연구소는 암구명촉이 될 훌륭한 글들을 내놓을 것이다. 또 앞으로도 세상의 생명문화 건설을 위해 노력할 것을 약속드린다. 독자들의 관심과 참여를 부탁한다.

노고산 자락에서 2011년 8월 1일
생명문화연구소 소장　　김용해

•❏ 목차 ❏•

발간사 / 4

◎ 서론: 죽음의 욕망에서 삶의 욕망으로

 ……………………………………………………… 심현주   9

◎ 한국사회의 자살: 정신의학적 측면에서의 이해와 대처

 ……………………………………………………… 남윤영   15

◎ 스펙터클로서의 연예인의 죽음

 ……………………………………………………… 이명원   39

◎ 실제적 죽음과 상징적 죽음의 간격: 자살, 이데올로기, 언론

 ……………………………………………………… 홍성일   63

◎ 빨간 피터의 고뇌: 우울증에 대한 철학적 단상

 ……………………………………………………… 김봉규   91

◎ 자살은 언제나 악인가?

.... 김용해　115

◎ 한국사회의 자살에 대한 윤리적 고찰

.... 심현주　141

◎ 자살위기의 이해와 대처

.... 강이영　175

◎ 자살예방책: 그 한계와 대안

.... 이순성　191

◎ 죽음의 철학적 함의와 죽음교육의 필요성

.... 김용해　223

서론:
죽음의 욕망에서 삶의 욕망으로

심현주(편집자)

한국은 10여 년간 OECD국가 중에서 자살률 1, 2위를 지켜오며 '자살 공화국'이라는 오명을 갖게 되었다. 이런 상황에 직면해서야 한국 사회는 죽음에 대한 담론을 시작한다. 일상의 이야기이면서도 삶과는 멀다고 여겨지는 '죽음'은 이렇게 마지못해 일상의 담론이 된다. 이런 우리의 상황은 청소년기 때부터 학교교육을 통해 '죽음'을 배우는 선진국의 사례와 대조된다. 그들은 젊을 때부터 '죽음 준비 교육'을 통해 '삶의 자세'를 배운다.

죽음은 모든 사람에게 피하고만 싶은 두려운 순간이리라. 그렇다고 어느 누구도 죽음을 피할 수는 없다. '탄생이 인생이듯 죽음도 인생'이라는 문구는 너무나 많은 의미를 포함한다.

장 폴 사르트르(J-P. Sartre, 1905~1980)의 말처럼, 삶에 마침표가 되는 죽음의 순간은 나의 인생을 더 이상 수정 불가능하게 만드는 순간-삶이 완성되는 순간이다. 나의 죽음은 내 인생을 나의 고유한 것으로 만드는 사건이다. 이렇게 한 사람의 죽음은 그가 살아온 인생의 전 과정과 무관하지 않다. 오히려 삶의 전체를 완성시키는 한 개인의 인생에서 너무나 중요한 사건이다. 이런 맥락에서 사르트르는 죽음에 대한 책임을 촉구했는데, 이는 자신의 인생에 대한 책임을 역설한 것이다.

2008년 11월 라디오 평화방송은 '웰다잉'이라는 3부작 특집프로그램을 진행했다. 여기에서 독일의 한 사진작가가 전시회를 열었던 사진첩에 대해 소개되었다. 그 사진첩에는 죽음을 앞둔 환자들의 얼굴과 그들이 죽은 직후의 얼굴이 대조되어 있다고 한다. 사진작가의 말에 따르면, 죽은 직후의 얼굴에는 그들의 삶이 고스라니 드러난다고 한다. 삶의 희로애락이 죽음에도 묻어난다는 것이다. 이 방송에서 소개한 사진첩은 죽음이 삶의 전 과정과 밀접한 관련을 갖는다는 사실을 입증하는 하나의 사례다. 그러므로 죽음은 역설적으로 인생을 성찰하게 한다. 이런 측면에서 죽음에 대한 교육은 인간과 인생에 대한 이해에 깊이를 더한다. 곧 죽음에 대한 존중은 삶에 대한 존중이며, 생명에 대한 존중이 된다. 반대로 말하면, 삶에 대한 존중은 죽은 자에 대한 존중으로 드러난다.

화장시설과 납골당과 같은 죽음과 관련한 문화를 혐오하는 우리 사회는 오히려 자살 왕국이 되었다. 자연사와는 달리 충분히 피할 수 있는 자살이 만연하는 오늘날 한국사회는 분명 죽음의 욕망으로 가득한 죽음의 사회다. 이런 상황에서 우리는 자살을 단순하게 자살행위자의 심리적·정신병적 원인을 탓하고 끝낼 수 없다. 물론 자살의 원인은 너무나 다양하고 자살행위자 개인이 처한 심리적·사회적·가정적 상황 역시 다양하다. 그렇더라도 10여 년 동안 이어지는 수많은 사람들의 자살행위는 분명 우리 사회에 중요한 메시지를 전달하고 있다. 그 메시지란 이 사회가 삶의 욕망을 어떤 식으로든 왜곡시키고 있다는 것이다. 삶의 욕망을 왜곡시키는 사회의 메커니즘이 바로 자살 왕국의 진정한 모습이다. 대체로 스트레스와 우울증과 같은 심리적·정신적 문제가 자살의 직접적 원인으로 규명된다. 이 설명은 틀리지 않을 것이다. 심리적·정신적으로 온전한 사람이 인간의 보편적 생존본능에 역행하는 행위를 할 수 있겠는가? 그러나 이런 정신의학적 설명만으로 자살의 근본 원인이 밝혀질 수 없다. 일부에서는 죽음을 사람의 본능적 욕망이라 여기며, 자살행위를 인간의 자유행위로 인식하는 경향도 있다. 이런 사상적 경향은 인간의 본능에 대한 철학적 문제를 제기하면서도 동시에 문제의 상황을 간과할 수 있는 위험성을 갖는다. 일반적 시각으로 본다면, 사람이 '죽고 싶다'는 마음을 가질 때는 고통과 절망의 순간이다. 또는 '철학자의 죽음'과 같이 어떤 사명이나 신념을 위해 죽음도 마다하지 않는 자세일 것이다. 고통을 회피하고자 하는 마음이나 자신이 옳다고 생각하는 신념을 위해 죽음도 각오하는 자세는, 뒤집어 생각해보면 삶에 대한 욕망이 아닐까 싶다. 고통이 없는 삶, 올바른 신념이 존중되는 삶을 추구하는 욕망일 것이다. 이 욕망은 생명을 유지하고, 정신적으로 올곧게 살고 싶다는 존재론적 본성으로 여겨진다. 우리는 그런 생명을 향한 본성을 존중하고 실현시켜야 할 마땅한 의무를 가지고 있는 셈이다.

이런 삶에 대한 욕망을 죽음의 욕망으로 왜곡하는 사회의 메커니즘이란 무엇인가? 한마디로 말한다면, 존재의 의미를 상실시키는 사회구조이다. 사회구조는 사회구성원의 삶의 조건으로서 거시적 차원에서 구성원의 사고방식과 생활방식을 규정한다. 사회정책, 사회질서, 법 등이 그런 기능을 하며, 사회구성원의 삶에 직·간접적으로 개입한다. 최근에 '부양의무자' 명목으로 많은 수의 기초생활자 노인들이 수급자 대상에서 제의되거나 급여삭감 조치되었다. 그 직후 가족과 단절되어 살길이 막막한 노인들의 자살이 보도되었다. 구조조정으로 해직된 기업 노동자들의 이혼과 자살 소식도 줄을 이었다. 하늘 높은 줄 모르고 치솟는 등록금으로 고민하는 대학생들의 자살도 끊이지 않는다. 오랜 시간 어렵게 공부한 노력을 인정받지 못하는 시간강사들과 비정규직 노동자들의 자살 역시 지속적으로 이어진다. 화려한 생활상 뒤편에서 공허감에 몸부림치던 연예인들의 자살도 유행처럼 퍼진다. 더 이상 나열할 수 없을 정도로 수많은 사람들이 자신의 생명을 스스로 거둔다. 이들은 모두 물질적·정신적 빈곤의 상태에 놓여 있었다. 삶의 의미를 찾을 수 없었을 그들은 자살이라는 생물학적 죽음에 앞서 존재의 의미를 잃은 실존적 죽음의 상태에 놓여 있었다. 복지정책, 교육정책, 사회적 노력의 인정 등에 관련된 사회구조는 이렇게 그 구성원에게 희망이나 절망을 키운다. 더 나아가 구조의 기능들은 총체적으로 구성원 개인들이 궁극적으로 추구해야 할 삶의 목표와 행복의 가치를 규정한다. 예컨대, 오늘날과 같이 경제제일주의 사회구조는 무한경쟁을 통한 성공, 소비를 통한 만족을 행복의 기준으로 만든다. 이런 기준들은 끝내 불행을 가져오는 허위적인 것들이다. 공동체성을 지닌 사람의 본성을 파괴하여 사람들 사이의 유대 대신에 내적 공허감을 키운다. 자유경쟁을 통한 성공신화는 사람들로 하여금 잡을 수 없는 무지개를 찾아선 것처럼 무한경쟁의 끝없는 궤도를 쫓게 만든다. 그 결과는 도달할 수 없음에 대한 허탈감이다. 그럼에도 그런 거짓된 삶의 목적과 행복의 가치는 일상생활을 지배하고 사람들에게 내재화된다. 사회구조의 힘이다.

거짓이 거짓으로 판명되었을 때, 우리가 할 수 있고 해야 하는 일은 삶을 포기하는 것이 아니다. 실존적 죽음이 생물학적 죽음으로 연결되어서는 안 된다.

죽음에 대한 성숙한 자세는 나의 존재에 대한 책임을 받아들일 수 있도록 하고, 실존적 죽음을 극복하는 자세를 알려주며, 그래서 삶을 어떻게 완성해야 할지를 알려준다. 실존철학자들에 의하면 실존적 죽음은 삶의 뒷면이다. 삶은 늘 고통과 절망, 전쟁과 이별과 같은 실존적 죽음을 동반한다. 따라서 이런 죽음을 대면하는 자세는 삶의 성숙도를 반영한다. 성숙한 삶은 실존적 죽음에 자신을 포기하지 않으며 무관심하지도 않다. 그보다는 그런 죽음의 상황을 극복하고자 한다. 이것이 바로 인간의 자유의지가 갖는 위대함이다.

오늘날 한국사회의 자살 신드롬이 단순하게 개인의 정신질환 탓이 아니라면, 내가 속해 있는 사회구조의 탓이라면, 자살은 결코 개인적 차원의 문제가 아니다. 그렇다면 자살하는 사람들과 한 집단에서 살고 있는 우리는 그들의 죽음에 동조자 내지 방관자일 수 있다.

본 단행본 총서는 특별히 자살에 관련한 내용들을 선별해서 소개한다. 서강대 생명문화 연구소에서 본 단행본을 발간하는 목적은 단순히 그 담론들을 소개하는 데 있지 않다. 오히려 우리 사회에 만연되어 있는 죽음의 욕망을 삶의 욕망으로 바꾸는 데 있다. 본 연구소는 '인간생명'에 대해 관심을 몰두하며, 오랜 기간 '죽음'을 연구해 왔다. 여러 계층의 자살 문제에서 나타나는 왜곡된 죽음관과 인간자유론, 사회적·의학적 원인, 그리고 여러 철학적·종교―문화적 관점에서 본 죽음관과 생명관 등이다. 이런 연구 성과들은 그동안에 학술

심포지엄과 본 연구소의 정기 간행물 『생명연구』를 통해 소개되었다. 본 단행본은 자살에 대한 주요 내용들 중에서 몇 편을 선택하여 수정·보완한 것이다. 자살행위가 인간의 진정한 자유행위인가에 관련한 윤리적·철학적 판단과 자살을 예방하기 위한 의학적·사회적·교육적 대처방안이 다루어진다.

우리는 지금 죽음의 욕망이 가득한, 실존적 죽음의 상태에 있는 우리 사회를 어떻게 대면할 것인가? 본 단행본에서 소개하는 논문들이 그 문제에 대해 깊이 숙고할 수 있는 계기가 되기를 바란다.

한국사회의 자살:
정신의학적 측면에서의 이해와 대처[1]

남윤영(국립서울병원 기획홍보과)

I. 서론

자살이란 스스로 죽으려는 의도를 가지고 자기 파괴적인 행동을 통해 사망에 이르게 된 행동을 말한다. 자살은 지난 10여 년 동안 한국사회의 안정을 위협하는 문제로 대두되었다. 국내 사망원인 통계를 보면 2000년 6,460명이 자살로 사망을 하였지만, 2007년에는 12,174명으로 약 두 배 가까이 증가하였다. 인구 10만 명당 자살사망률은 14.6명에서 24.8명으로 약 70% 정도 증가하였고, 1997년 사망원인 중 7번째에서 2007년 4위로 상승하였다. 이런 결과들은 자살이 한국사회에서 중요한 공중보건학적 문제인 것을 보여준다.

지금까지 자살을 이해하기 위해 국내외에서 많은 연구들이 진행되

---

1) 본 논문은 『생명연구』 11집(2009년 봄)에 수록되어 있다.

어 왔지만 하나의 원인으로 어떤 사람의 자살을 모두 설명하는 것은 불가능하다. 왜냐하면 자살은 한 개인이 인생에서 마지막으로 취하는 행동으로 그 사람이 살아온 삶을 모두 이해해야 왜 그 사람이 그 순간에 자살을 했는지 이해할 수 있기 때문이다. 지난 수십여 년 동안 자살의 원인을 규명하기 위해 시도된 많은 연구들은 정신질환을 포함한 정신의학적 문제들이 중요한 위험인자일 것이라고 보고하고 있다. 그리고 자살이 성공하기까지 자살 희생자의 마음속에서 서로 비슷한 생각과 갈등이 있을 것을 시사한다. 따라서 한 사람의 자살을 이해하고 예방하기 위해서는 정신의학적 문제들에 대해 올바른 이해와 대응이 필요하다.

본 원고에서는 자살을 정신의학적 측면에서 정신질환들의 영향과 자살 희생자들의 심리를 규명하고 자살을 예방하기 위한 방법에 대해 논의하고자 한다.

Ⅱ. 자살성(suicidality)의 개념

자살성이란 자살사고, 자살 계획, 자살시도 및 자살 등 자살과 관련된 행동들로 이루어진 일련의 연속적인 개념을 말한다. 이 개념은 한 사람이 자살에 대한 생각을 가지고, 더 나아가 자살시도, 궁극적으로 자살을 통한 사망에 이르기까지 주위 환경이나 성격 특성, 유전적 특징 등 개인의 행동에 영향을 줄 수 있는 생물학적·심리적·사회적 요인들과의 상호작용을 통해 자살위험이 점진적으로 발전한다는 의미를 가지고 있다(Kees van Heeringen, 2001). 이전에 시행된 단면-후향적인 연구들은 자살사고자, 자살시도자, 자살사망자들이 서로 다른 인구사회학적·정신병리학적 특징들을 가질 것을 시사한다. 그러나 자살시도자들에 대한 장기간 동안의 추적 연구와 자살사망자들에 대한 심리학적 부검 연구 결과들은 이들 자살성이 서로 관련되어 있다는 것을 보여주고 있다. 따라서 자살은 자살사고부터 자살시도, 자살사망으로 연결되는 자살성의 개념으로 이해하는 것이 필요하며 자살성은 다음과 같이 정의할 수 있다(O'Carroll et al., 1996).

① 자살
자살이란 스스로 죽으려는 의도를 가지고 자기 파괴적인 행동을 통해 사망에 이르게 된 행동.
② 자살시도
치명적이지 않은 결과를 동반한 자해성의 행동으로써, 스스로를 죽이려는 의도를 내적으로나, 외적으로 가지고 있다는 근거가 있는 행동.
③ 자살위협
대인관계에서 자기-파괴적인 소망을 언어적 혹은 비언어적 형태로 위협적으로 표현하는 것.
④ 자살사고
어떤 사람의 죽음과 연관되어 동인(動因, agent)으로서의 기능을 하는 생각.

Ⅲ. 자살의 원인

서론에서 언급하였듯이 하나의 원인으로 희생자의 자살을 모두 설명하는 것은 어떤 사람이 자살행동을 하기까지 그 사람의 내부에서는 유전자적 특징, 성격이나 대응방식, 대인관계, 우울증이나 불안, 심리적 초조감과 같은 정신병리, 누적된 스트레스, 음주, 실직이나 이혼, 가족관계 붕괴와 같은 대인관계의 어려움, 신체질환 등이 서로 복잡하게 작용하고 있기 때문에 불가능하다. 그리고 의미 있는 자살의 원인을 규명하기 위한 연구도 다음의 이유들로 인해 매우 어렵다. 1) 자살은 한 개인이 인생에서 마지막으로 취하는 행동이기 때문에 자살의 원인을 규명하기 위해 당사자에 대한 직접적인 조사 또한 불가능하다. 2) 자살은 매우 드물게 발생하는 현상이기 때문에 통계적으로 의미 있는 위험 요인들을 규명하기 위해서는 상당한 규모의 모집단을 정하여 시간의 흐름에 따라 어떤 사람이 자살을 하는지 관찰해야 한다. 그러나 이러한 연구방법은 많은 시간과 비용이 들고, 또 윤리적인 문제를 가지고 있기 때문에 실제로 연구를 수행하는 것은 불가능하다. 3) 약 1/3 정도의 자살희생자는 유서를 남기지 않는데, 이런 경우 자살할 의도가 있었는지를 밝히는 것도 매우 어렵다. 유서를 남긴 희생자만을 대상으로 조사하는 것은 전체 자살희생자를 대표한다고 보기 어렵다. 따라서 자살원인에 대한 대부분의 연구들이 희생자 주위 친구나 가족들을 대상으로 자살 전에 어떤 심리학적 특징과 행동양상을 보였는지를 조사하는 후향적-간접적인 방법을 통해 자살원인과 위험요인들을 조사하고 있다.

1. 자살 원인의 다양성

일반적으로 자살은 원인적 측면에서 다차원적이며 인간생활사 전체에 걸쳐 있는 문제이다 (Hider, 1998). 1) 개인적 측면－유전적・가족적 원인, 성격적 특성, 정신질환, 자살시도의 과거력 등, 2) 사회적 측면－실업, 이혼, 심리적, 신체적, 성적 학대 등, 3) 정신의학적 측면－우울증, 조울병, 알코올 사용장애 등 정신질환, 4) 심리적 측면－절망감, 좌절 및 분노, 5) 의학적 측면－암, HIV 감염 등 소모성 신체질환 등 (그림 1). 특히 정신질환이나 약물남용, 정신병리적 현상과 같은 정신과적인 문제들은 자살원인과는 별개로 자살희생자의 60～90%가 자살할 당시에 이미 앓고 있었다고 한다(Brent, et al., 1993; Harris & Barraclough, 1997). 이 같은 이유에서 정신의학적인 문제들이 자살 위기에 놓인 사람들에 대한 일종의 표시가 될 것으로 기대된다.

그러나 (그림 2)와 같이 실제 한 사람이 자살에 이르기까지 다양한 사회・환경・문화적 스트레스와 개인적인 대처능력에 의해 자살위기가 영향을 받아 변화할 수 있으며(Bonner & Rich, 1987), 자살 희생자의 2/3 이상은 자살할 때까지 정신건강 서비스를 받아본 경험이 전혀 없었기 때문에(Kessler, et al., 1996), 정신 건강 서비스만으로는 자살예방을 위한 대응책으로는 불충분하다.

또 정신질환이 항상 자살위험을 가장 높이는 것은 아니다. 인도에서 시행된 조사에서는 정신질환이나 알코올 사용 장애의 자살과의 연관성을 보고한 서구와 달리 보다 수치심, 부끄러움, 경제적 어려움, 가족 갈등 등이 보다 직접적으로 자살위험과 관련된 것으로 나타났다(Bhatia et al., 1987). 결국 정신질환과 자살위험 사이의 관계는 한 개인이 속한 사회－문화 공동체에 따라 달라질 수 있다.

2. 자살의 강화인자(potentiating factors)

대부분의 자살은 정신질환이라는 선행인자와 강화인자의 조합으로 일어난다. 자살의 강화인자는 '충분조건'으로도 불리며, 가족과 사회 환경, 인격 요소, 신체질환, 삶의 스트레스, 과거의 자살행동, 자살 도구의 존재 등이 해당된다. 그러나 자살에 취약한 사람들—즉, 정신질환자—이라 하더라도 매우 적은 경우에서만 강화인자에 의해 자살의 역치를 넘어 자살에 이른다. 또 실직이나 이혼, 가정 폭력이나 갈등 등과 같은 주요한 사회적 스트레스들의 상당수가 알코올 오남용이나 우울증과 같은 정신질환과 밀접한 관계가 있기 때문에 자살의 선행인자로서의 정신질환을 고려하지 않고 사회 요인들만으로는 자살위험을 설명하는 것은 불충분하다(Jacobs, 2003). 자살의 강화인자로는 다음이 포함된다(표 1).

표 1. 자살의 강화인자

종류	특징
가족력	• 자살행동의 가족력 • 정신질환 및 약물오남용의 가족력
가정환경	• 비기능적 가정 예) 부모의 이혼, 별거, 가족 갈등 혹은 스트레스, 부모의 법적 문제
인격 장애	• 경계성 인격 장애
생활 사건	• 대인관계에서의 상실이나 갈등
신체질환	• 만성, 소모성 신체질환
치사적인 자살도구 소지	• 가정에서의 총기 보관 • 약물(농약)

3. 언론보도와 자살

최근 사회 저명인사들의 자살이 잇따르면서 TV나 신문들은 이들의 자살사망을 비중 있게 다루고 있다. 특히 많은 기사들에서 희생자들이 자살로 사망한 것을 선정적인 제목과 함께 보도하거나, 사망 동기를 추측하거나 단순화하고 있고, 자살에 사용된 방법 등이 세부적으로 묘사되고 있다(한국자살예방협회, 2007). 유명인사들의 자살에 대한 보도 후 일정 기간 동안 자살로 인한 사망이 증가하며(Cheng et al., 2007, Yip et al., 2007), 우울증 환자들의 자살사고나 자살시도 위험에 직접적으로 영향을 미친다고 한다(Cheng et al., 2007). 국내에서도 2005년도에 유명 여배우의 자살이 보도된 후 1개월 동안의 자살자가 1개월 전에 비해 남성에서 1.3배, 여성에서 1.4배씩 각각 유의하게 증가한 것으로 조사되었다(Nam, 2008). 이 같은 결과들은 언론의 자살 묘사가 다른 사람들의 자살위험에 직접적으로 영향을 줄 수 있음을 보여준다.

4. 선행인자로서의 정신질환

자살의 60~90%는 정신질환이나 약물오남용, 정신병리적 현상과 같은 정신과적인 문제들이 관련된다고 한다(Brent, et al., 1993; Harris & Barraclough, 1997). 이러한 자살과 정신질환 사이의 연관성은 자살 위험에 대한 평가의 출발점으로 정신질환의 진단 여부를 확인하고 그것이 자살의 선행인자인지를 고려하는 부분으로 적합하다는 것을 시사한다. 그리고 자살사망의 2/3 이상은 정신과 서비스를 받아본 경험이 전혀 없었다는 점(Kessler, et al., 1996)은 자살위험이 높은 사람에게 보다 적극적으로 정신의학적 측면에서 개입을 했을 때보다 효과적으로 자살을 예방할 수 있는 도구가 될 수 있음을 보여준다. 자살과 관련된 가장 흔한 정신질환은 주요 정동장애(양극성 장애와 주요 우울장애), 알코올 의존, 정신분열병이다.

1) 우울증

우울증(주요 우울장애)은 성인 정신건강 상의 문제 중 가장 흔하고 일반적인 질환이다. 2006년 전국 정신질환 실태 역학조사 결과 국내 성인의 약 5.6%(남성 3.6%, 여성 7.6%)가 일생 동안 주요 우울장애를 앓는 것으로 추정되었고, 2001년 조사에서 보고된 주요 우울장애 평생 유병률 4.0%(남성 2.0%, 여성 6.2%)보다 증가한 수치이다(보건복지부, 2006). 이 같은 비율은 당뇨병의 국내 평생 유병률 7.7%와 비교해 볼 때 매우 높은 수치이다. 우울증은 증상의 정도에 따라, 증상의 종류에 따라 여러 가지 형태로 나타날 수 있지만, 잦은 재발이 특징인 질환이다.

자살사망자 중 정신질환이 확인된 60~90% 가운데 약 59~87%가 자살 당시 주요 우울장애를 앓고 있었다(Brent, et al., 1993; Harris & Barraclough, 1997). 주요 우울장애 환자들 중 일평생 자살로 사망하는 비율은 3.4%~15% 정도로, 주요 우울장애를 앓고 있지 않는 건강한 성인에 비해 약 자살위험이 약 20~30배 정도 높다(Guze & Robins, 1970; Inskip et al., 1998; Blair-West et al., 1999). 특히 노인에서는 젊은 연령층의 환자들보다 자살위험이 훨씬 높은데 그 이유로 대부분의 노인환자들이 우울증 진단이나 관련된 치료를 제대로 받지 못하기 때문인 것으로 추정된다. 또 젊은 연령층의 자살자의 4%가 첫 번째 우울증 삽화 중에 자살하지만 고령인 우울증 환자들에서는 약 60% 정도가 이 기간 중 자살해서 젊은 층과 큰 차이를 보인다(Conwell et al., 1996).

또 우울증 환자들의 자살위험은 함께 동반된 다른 정신병리 현상들에 의해서도 영향을 받는다. 심한 불안증상, 수면장애, 절망감, 알코올 오남용이나 중독 등의 문제들은 우울증 환자들의 자살위험과 밀접하게 관련된다(Nam et al., 2006). 특히 우울증과 함께 알코올 의존증이 동반된 환자들의 자살위험은 단독으로 우울증만을 앓고 있는 환자들에 비해 3배 이상 높다(Cheng, 1995). 한편 치료받지 않은 우울증 환자는 치료받은 우울증 환자에 비해 약 자살위험이 2배 정도 더 높았다는 보고는 우울증의 치료 여부가 우울증 환자들의 자살위험 사이의 연관성을 시사한다(Angst et al., 2002).

그러나 우울증 진단 자체가 자살위험을 높이는 것은 아니기 때문에 많은 주의가 필요하다. 예를 들어, 우울증 환자라고 하더라도 치료계획을 잘 세워서 정신과 의사와 긴밀한 관계 가운데 치료를 받고 있거나, 일상 사회생활 속에서 기능을 잘 유지하고 있는 경우, 가족이나 친구들이 격려와 따뜻한 지지를 꾸준하게 주고 있는 환자들은 그렇지 못한 환자들에 비해 자살위험은 낮아질 수 있다.

2) 알코올 사용 장애

우울증 이외에 자살위험과 흔히 관련되는 정신질환은 알코올 오남용 및 의존과 같은 알코올 사용 장애이다. 자살 희생자의 약 50% 정도는 자살시도 당시 술에 취한 상태이며, 알코올 사용 장애는 적어도 자살의 40% 이상에서 영향을 준다(Henriksson et al., 1993; Cheng, 1995). 그리고 알코올 사용 장애 환자의 5∼10%는 자살로 사망한다(Rossow & Amundsen, 1995; Inskip et al., 1998). 국내의 역학조사에서 알코올 사용 장애의 평생 유병률은 2006년 16.2%로 2001년의 15.9%에 비해 증가 하였다. 특히 남성에서의 알코올 사용 장애 유병률은 25.5%로 매우 높은 편이다(보건복지부, 2006).

알코올 의존 환자들 중 남성, 50세 이상 고령자, 공격성 및 충동 성향이 높은 사람, 알코올 이외의 다른 중독성 물질 오남용 문제가 동반된 사람의 경우 자살위험이 더욱 높다(함병주 등, 2007). 알코올 장애를 가지고 있던 자살 희생자 중 약 45∼70%가 사망 당시 주요 우울장애를 동시에 앓고 있었고 알코올 사용 장애와 우울증이 함께 있는 사람들에게서 자살시도가 더욱 빈번하게 일어난다는 점은 우울증이 알코올 장애 환자들의 자살위험을 더욱 증가시킬 것을 시사한다 (Murphy et al., 1992; Henriksson et al., 1993; Cheng, 1995).

또 알코올 환자들 가운데 이혼이나 가족 관계 내에서의 갈등, 실직, 재정적 곤란 등과 같은 부정적인 사건을 경험한 사람의 비율이 자살 희생자 가운데 더 높다는 점은 이러한 생활사건이 자살위험에 영향을 준다는 것을 보여준다. 그리고 알코올 사용 장애가 일찍 생긴 사람이나 오랫동안 알코올 장애를 앓아온 사람, 알코올과 관련된 신체 질환을 앓고 있는 사람도 자살위험이 높다(함병주 등, 2007).

3) 정신분열병

우울증이나 알코올 사용 장애 외에도, 정신분열병, 불안장애(공황장애, 범불안장애, 광장공포증 등), 섭식장애 등 정신과적 치료가 필요한 다양한 질환들을 가진 환자들의 자살위험이 건강한 성인들에 비해 높아져 있다. 특히 자살은 정신분열병 환자들의 조기 사망 원인 중 가장 흔한 원인이며, 약 4~10% 정도의 환자가 결국 자살로 생을 마감한다(Nam et al., 2006). 정신분열병 환자들의 자살위험은 정상인 들보다 약 10~40배 정도 높다(Caldwell & Gottesman, 1990).

정신분열병 환자들의 자살위험은 병이 발병한 직후, 급성기, 입원 및 퇴원 직후에 가장 높으며, 40세 이전일 때 가장 위험하다가 나이 가 들어감에 따라 점차 줄어든다(Nam et al., 2006). 특히 자살의 가족 력이 있거나 독신일 때, 사회적으로 고립되어 있을 때, 주요 생활 사 건을 경험했을 때, 과거 자살시도 경험이 있을 때, 실직이나 해고, 만 성 질환이 함께 있을 때 환자들의 자살위험은 높아진다(Caldwell & Gottesman, 1990).

절망감과 우울증은 정신분열병 환자에게 있어서 가장 중요한 자살 예측 요인이다. 자살한 정신분열병 환자의 우울증은 심리적인 불편감 과 절망감, 정신-운동지체가 주로 나타나며, 우울한 기분이 오랫동 안 지속되는 것이 특징이며, 주요 우울장애 환자들과는 차이가 있어 이들의 우울증은 주요 우울장애와 다른 기전에 의해 유발될 것으로 추측된다(Drake & Cotton, 1986). 그리고 자살시도자는 일생동안 더 많 은 우울 삽화를 경험한다(Gupta et al., 1998). 특히 자주 재발을 하며 만성적인 경과를 보이는 환자들이나 병이 생기기 전에 사회적 기능 이 좋았던 환자들, 지능이 높고, 추상적인 사고기능이 보존된 환자들 에서 우울증이 잘 발병하기 때문에 많은 주의가 필요하다(Drake & Cotton, 1986). 정신분열병의 유형과 자살위험 사이에도 유의한 관계 가 있다. 예를 들어 편집형 정신분열병 환자들은 음성 증상이 두드러진 환자에 비해 자살위험이 높다(Fenton et al., 1997).

특히 정신분열병 환자들은 다른 환자들보다 자신의 자살의도를 분명히 표현할 가능성이 더 적기 때문에 이들의 자살위험을 평가하는 데 주의가 필요하다. 진단의 아형과 병의 경과에 따른 위험인자에 덧붙여 동반된 우울증이나 약물남용은 정신분열병 환자의 자살위험을 크게 증가시키는 요소이다.

Ⅳ. 자살자의 마음

자살 희생자의 심리는 특정한 이론만으로 이해하기는 어렵다. 자살과 관련된 행동은 (그림 1)과 같이 다양한 유전적·가족적 원인, 성격, 정신질환, 자살시도의 과거력, 생활사적 스트레스, 학대의 경험, 절망감, 좌절 및 분노와 같은 심리적 상태, 신체질환 등의 복잡한 상호작용에 의해 결정되기 때문이다. 자살 연구의 선구자였던 쉬나이드먼(Edwin Shneidman)(1984)도 자살이 논리적이고 심리적인 현상이기는 하지만 합리적인 자살이란 있을 수 없고, 하나의 이론만으로 자살을 이해하기 보다는 현실적으로 고통스러움·괴로움으로 인해 나타나는 결과로 이해해야 한다고 주장하였다(Berman et al., 2006).

1. 정신분석학적 이론 측면에서의 이해

정신역동 이론에서는 자살을 자신의 내부를 향한 공격적/적대적 충동의 표현, 즉 양가적이고 내재화된 사랑하는 대상을 향한 공격으로 이해한다. 프로이드(Sigmund Freud)는 사랑하는 대상을 상실함으로

써 경험하는 고통과 분노 때문에 사랑했던 대상을 계속 유지하기 위
해 대상과 계속 동일시하게 되고, 이러한 동일시의 결과로 자신의 일
부로 내재화된 대상에게 공격성이 표출되어 스스로를 해치는 자살로
표현된다고 설명하였다(Berman et al., 2006).

대상관계 이론에서는 자살성을 분리·개별화 과업의 실패로 나타
난다고 보았다. 이 이론에 따르면 자살이란 대인관계의 맥락에서 비
롯되는 행동으로, 나쁜 내적 대상의 자아를 제거하고 이상화되고 절
대화된 사랑하는 대상과는 재결합하려는 시도이다. 예를 들어 자신에
게 상처를 줌으로써 자기 속에 내재된 증오하는 대상을 해치는 것과
동일시한 결과로 자살을 한다(Green, 1961). 애착이론에서는 자살이란
분리·개별화 실패에 대한 해결책으로써 공생(symbiosis) 상태로 돌아
가려는 퇴행적 소망의 표현이라고 설명한다(Maris et al., 2000).

자아심리학에서는 견딜 수 없을 만큼의 강한 외로움, 고립감을 경
험하면서 무가치감이나 죄책감과 같은 부정적인 자기-판단에 의해
압도될 것이라는 위협으로부터 자살에 대한 취약성이 생긴다고 본다.
예를 들어, 자기를 돌봐줄 수 있는 내적, 외적인 자원이 없다면 외로
움과 고립감은 더욱 깊어지게 된다. 이럴 때 자살은 자기가 무너져
버리는 경험을 회피하기 위한 수단이 된다(Maris et al., 2000). 한편 자
살을 새로운 자아가 다시 태어나기 위한 마술적이고 전능적인 행동
(Jung, 1959)이나 환상적으로 영생을 얻기 위한 원시적인 행동으로도
설명될 수 있다(Zilboorg, 1936).

2. 인지행동 이론 측면에서의 이해

자살 희생자의 무의식적 갈등을 다룬 정신분석학적 설명과 달리 인지행동적 접근에서는 학습과 인지의 영역을 통해 자살자의 마음을 이해하려고 시도하였다. 쉬나이드먼(1986)은 자살사망에는 심리적인 측면에서 열 가지 공통점이 있다면서 자살의 목적을 특정 심리학적 필요에 대해 반응하거나 교정되는 것으로 보았다(표 2). 쉬나이드먼의 이론에 의하면 심리적 측면에서의 개입이 생물학적, 환경적 측면보다 자살예방에 중요할 것이 시사된다.

표 2. 자살의 열 가지 공통점

1. 자살의 공통된 목적은 해결방안을 찾으려는 것이다.
2. 자살의 공통된 목표는 의식의 흐름을 완전히 끝내려는 것이다.
3. 자살을 유발하는 공통된 자극은 참을 수 없는 정신적 고통이다.
4. 자살의 공통된 스트레스 요인은 정신적 요구의 좌절이다.
5. 자살에 수반되는 공통된 정서는 절망감(hopelessness)과 무조감(helplessness)이다.
6. 자살에 대한 공통된 내적 태도는 자살을 할 것이냐 아니면 구조와 개입을 구할 것이냐의 양가감정이다.
7. 자살에서의 공통된 인지상태는 시야의 협착(constriction)이다.
8. 자살에서의 공통된 행동은 불편감을 주는 영역으로부터의 도피이다.
9. 자살에서의 공통된 대인관계에서의 의미는 자살하려는 의도를 표출하는 것이다.
10. 자살도 그 사람의 인생에 걸친 대응방식과 공통적으로 일관된다.

자살 희생자들의 인지 기능은 절망감, 문제-해결 능력의 결여, 완벽주의나 비기능적 태도, 비이성적 믿음 등으로 특징지어진다. 인지이론에 따르면 자살행동은 어떻게 할 수 없는 고통에 의해 유발되고 이 고통에 대해 도움을 호소하는 것으로써, 일종의 좌절, 벗어날 수 없고 구원받을 수 없는 상황에 대한 반응으로 나타나는 것이다(William & Pollack, 2001).

V. 자살의 예방

　자살위험은 사람에 따라 단기간 동안 급격하게 변하는가 하면, 시간이 지남에 따라 서서히 누적되어 자살시도로 연결되는 등 다양하게 나타날 수 있다. 또 자살은 원인적 측면에서 다차원적이며 인간생활사 전체에 걸쳐 있는 문제로 한 개인의 마음속에서 주위 환경, 자신의 대응 전략, 무의식적 소망, 유전적 체질 등 다양한 요인들의 복잡한 상호작용을 통해 나타날 수 있다. 이런 이유들로 인해 자살은 정확하게 예측하기 불가능하다. 실제로 대부분의 희생자들은 자살을 타인의 간섭을 받지 않는 개인적인 장소나 시간에 시도하거나 혹은 타인이 미처 손 쓸 겨를도 없이 충동적으로 시도한다. 자살 희생자의 주위 사람들 대부분 사전에 이들의 자살 가능성을 전혀 알아채지 못한 경우가 흔하다. 따라서 자살은 예방이 불가능하다고 생각되는 것이 일반적이다. 또 자살은 개인의 결정에 의해 일어난 지극히 사적인 일로 여겨서 자살예방을 개인이나 가족의 책임으로 돌리는 일도 흔하다.

　그러나 정신의학적 측면에서 자살의 원인을 살펴본 것과 같이 자살위험에 영향을 줄 수 있는 많은 요인들이 실제로는 적극적인 정신보건 서비스의 개입을 통해, 사회·문화적 환경의 변화를 통해, 소속된 공동체 구성원들의 태도 변화를 통해, 그리고 마지막으로 개인의 변화를 통해 조절이 가능한 것들이다. 따라서 자살은 예방이 가능하며, 개인의 수준부터 전 사회적인 환경조성에 이르기까지 인생사의 전 영역을 아우르는 문제이다.

　특히 희생자의 2/3 이상이 정신보건 서비스를 받아본 경험이 전혀 없었다는 보고는(Jamison & Baldessarini, 1999; Kessler, et al., 1996) 정신보건 서비스 이외의 보다 포괄적인 사회-환경 분야에서의 예방적 접근이 자살예방에 더 유리하거나 최소한 정신보건 분야와 연계되어야 할 것을 시사한다. 실제로 정신질환이 자살과 밀접한 연관성을 가지고 있고, 정신질환자의 자살위험이 정상인들에 비해 높은 것은 사실이지만 자살예방에 있어서 정신의학적 개입이 차지하는 비중은 제한적이다. 예를 들어 외국 조사를 보면 비록 노인 우울증 환자의 자살위험이 높지만 노인 자살자의 8%만이 우울증으로 진료를 받은데 비해, 약 50%는 정신과 전문의가 아닌 다른 의사로부터 진료를 받았다고 한다(Klap et al., 2003). 이를 토대로 지역사회의 비정신과 전문의들을 대상으로 우울증 진단과 치료를 강화하고, 지역사회의 노인들을 대상으로 직접적인 서비스를 제공하였을 때 이들의 우울증과 자살위험이 일상적인 우울증 치료만을 받았던 노인 환자들에 비해 현저하게 줄었다고 한다(Bruce et al., 2005; Unutzer et al., 2006). 또 지역사회의 경찰, 우편배달부, 소방관, 자원봉사자들이 노인들을 방문하고, 정기적인 전화 통화를 통해 노인들이 필요한 서비스를 제공했을 때도 우울 증상과 자살위험이 감소하였다(De Leo et al., 1995). 이와 같이 임상 현장에서 정신과 의사가 환자를 치료하는 범위를 넘어서, 지역사회구성원들이 노인들과 직접 접촉하여 사회적으로 고립되어 있다는 느낌을 줄여주고 보다 민감하게 노인들의 요구에 대해 반응하는 등 정신의학적 영역 이외의 사회 환경적 요인들에 대해 함께 개입함으로써 노인들의 자살위험을 효과적으로 줄일 수 있다.

실제로 UN과 WHO은 '자살예방을 위한 국가전략 개발'이라는 보고서를 통해 자살예방을 위해 국가는 자살예방을 위한 사회구성원들의 연대와 책임을 강조하면서 우울증 등 자살위험과 밀접히 연관되는 정신질환에 대한 대책 수립, 공중보건에 대한 투자증대, 사회 각 분야 사이의 파트너십 확대, 개인과 지역사회의 역량강화, 정신건강 증진을 위한 기반확대 등을 포함하는 포괄적인 정책을 수립하여 자살문제에 대응할 것을 요청하고 있다(WHO, 1998).

자살예방을 위한 사회문화적 여건을 조성하기 위해서는 개인, 공동체, 지역사회와 국가는 다음과 같은 목표들을 달성하도록 노력해야 한다.

1) 전문가, 관련 단체 및 공공 조직뿐만 아니라 일반 국민들까지 예방 활동에 관심을 갖게 하기 위하여 자살예방과 관련된 사회 전반적인 영역에서의 자원들을 개발.

2) 서비스 영역에 따라 따로 구분되어 진행되고 있는 자살예방 관련 활동들(건강, 정신보건, 알코올/약물 남용, 교육, 인권)을 통합하고 보다 포괄적인 범위에서 다학제적으로 제공.

3) 한국사회 및 각 공동체 문화적 배경에 맞는 활동의 개발.

4) 통합된 자살예방 활동들을 이끌어 갈 수 있는 국가 역량을 개발.

이와 같이 자살예방을 위한 사회-문화-환경을 조성하기 위해 보건-의료 영역에서는 자살이나 정신질환에 대해 일반 사람들이 관용적이고 이해할 수 있도록 환경을 조성하는 것이 필요하다. 두 번째로 필요한 것은 개인과 사회가 음주에 대한 허용적인 태도를 버리고 다른 건강한 대처방안을 통해 스트레스에 적절하게 대응할 수 있도록 역량을 개발하는 것이다. 음주는 자살위험을 급격하게 증가시킬 수 있기 때문에 문제해결 방안으로 적절하지 못하다. 따라서 보다 건강하고 본인에게 유익한 새로운 문제해결 방안을 개발하도록 돕는 것이 필요하다. 세 번째로 필요한 것은 삶의 위기에 처했을 때 주위 사람들이나 전문가들의 도움을 적절히 받을 수 있도록 정신보건 서비스 인프라와 함께 서비스 사이의 연계체계를 마련해야 하고 지역 간 서비스 불균형을 해소하도록 노력해야 한다. 그리고 우울증을 앓고 있는 사람들이나 이미 자살시도를 한 사람들에게 필요한 사회－제도적 방안을 마련하여야 한다. 이 외에도 언론보도의 자살예방을 위한 순기능강화, 학교 자살예방 프로그램의 강화, 실업 및 이혼과 같이 사회통합을 저해하고 자살위험을 증가시킬 수 있는 사회－환경적 요인들을 감소시키는 노력, 농약 음독이나 고층 건물에서의 추락과 같이 우리 주위에서 쉽게 자살에 활용될 수 있는 도구들에 대한 접근제한 등도 자살예방을 위해 국가와 사회공동체가 함께 노력해야 하는 분야들이다(남윤영 등, 2006).

일반적으로 사용되는 자살예방 활동의 보건－의료 모델은 개인과 공동체의 대응능력을 대상으로 하는 공중보건학적 측면에서의 접근과 고위험 집단을 대상으로 하는 건강관리 능력증진 방안으로 구성된다. 공중보건학적 접근에는 사회 인프라 구축과 강화, 자살에 대한 일반인들의 인식 변화 및 관련 지식의 증진, 사회－환경－문화에 대한 대책 수립, 사회구성원들 사이의 연계망 구축, 연구－조사 활성화 등이 포함된다. 그리고 건강－관리 측면의 접근이란 자살위험이 높은 집단(정신질환자, 실업자, 이혼가정, 학대 피해자, 자살시도자 등)을 찾아내고, 이들의 진단과 치료방법을 개선하며, 자살시도자에게 더 나은 재활 기회를 제공하는 것을 말한다. 그리고 잠재적 자살위험군(청소년, 독거노인, 교도소 재소자 등)들은 각각의 대상에 포함되지 못하기 때문에 두 체계 사이의 긴밀한 협조를 통해 대응하도록 노력해야 한다(남윤영 등, 2006)(그림 3).

VI. 결론

　자살은 한 개인 안에서 이루어지는 복잡한 과정에 의해 일어나기 때문에, 어느 누구도 한 개인이 자살을 언제 시도할지 정확하게 예측하는 것은 불가능하다. 이 때문에 많은 사람들이 자살은 예방할 수 없다고 생각한다. 그러나 자살은 예방이 가능하다. 왜냐하면 자살위험을 높이거나 영향을 주는 요인들 대부분이 조금만 주의를 기울이면 쉽게 발견할 수 있고 또 적극적으로 예방을 위해 개입을 한다면 조절이 가능하기 때문이다.

　자살위기에 처한 사람이 명확하지 않게 도움을 요청할 때 주위에 있는 사람이, 그 사람이 속한 공동체가, 더 나아가 한국사회가 얼마나 잘 준비된 상태로 그 사람을 도와줄 수 있느냐가 급증하는 우리 사회의 자살을 예방하는 데 있어서 중요하다.

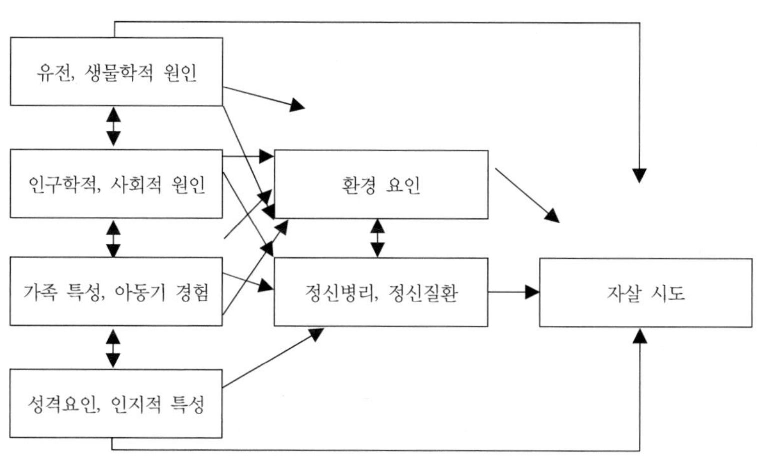

그림 1. 자살의 원인들(Hider, 1998)

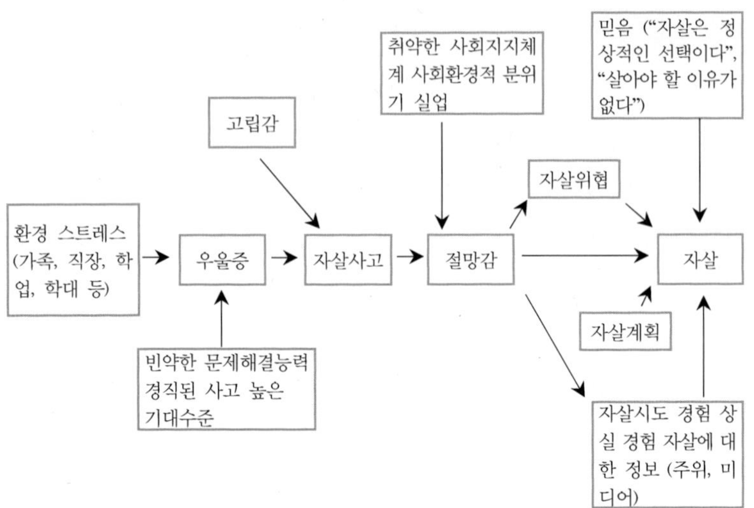

그림 2. 자살의 경로 (Bonner & Rich, 1987)

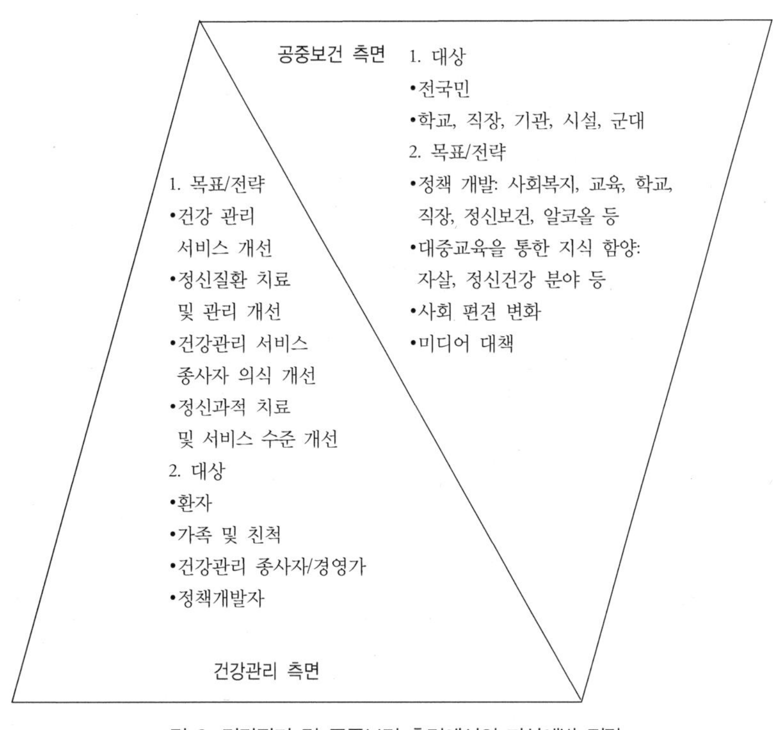

그림 3. 건강관리 및 공중보건 측면에서의 자살예방 전략

참고문헌

이홍식 편저, 『자살의 이해와 예방』, 서울: 학지사. 2006.
보건복지부, 『정신질환 실태 역학조사』, 2006.
한국자살예방협회, 『생명존중 정신건강증진 사업 보고서』, 2007.

Angst F, Stassen HH, Clayton PJ, Angst J, "Mortality of patients with mood disorders: follow-up over 34-38 years", *J Affect Disord* 2002;68(2-3), pp.167-181.
Blair-West GW, Cantor CH, Mellsop GW, Eyeson-Annan ML, "Lifetime suicide risk in major depression: sex and age determinants", *J Affect Disord* 1999;55(2-3),

pp.171-178.

Bhatia SC, Khan MH, Mediratta RP, Sharma A, "High risk suicide factors across cultures", *Int J Soc Psychiatry* 1987;33(3). pp.226-236.

Bonner RL, Rich AR, "Toward a Predictive Model of Suicide Ideation and Behaviour, Some Preliminary Data in College Students", *Suicide and Life threatening Behaviour* 1987;17, pp.50-63.

Brent DA, Perper JA, Moritz G, Allman C, Friend A, Roth C, et al. "Psychiatric risk factors for adolescent suicide: a case-control study", *J Am Acad Child Adolesc Psychiatry* 1993;32, pp.521-529.

Bruce ML, Ten Have TR, Reynolds CF 3rd, Katz II, Schulberg HC, Mulsant BH, Brown GK, McAvay GJ, Pearson JL, Alexopoulos GS, "Reducing suicidal ideation and depressive symptoms in depressed older primary care patients: a randomized controlled trial", *JAMA* 2004;291(9), pp.1081-1091.

Caldwell CB, Gottesman II, "Schizophrenics kill themselves too: a review of risk factors for suicide", *Schizophr Bull* 1990;16(4), pp.571-589.

Cheng AT, Hawton K, Lee CT, Chen TH, "The influence of media reporting of the suicide of a celebrity on suicide rates: a population-based study", Int *J Epidemiol* 2007;36(6), pp.1229-1234.

Cheng AT, Hawton K, Chen TH, Yen AM, Chang JC, Chong MY, Liu CY, Lee Y, Teng PR, Chen LC, "The influence of media reporting of a celebrity suicide on suicidal behavior in patients with a history of depressive disorder", *J Affect Disord* 2007;103(1-3), pp.69-75.

Cheng AT, "Mental illness and suicide. A case-control study in east Taiwan", *Arch Gen Psychiatry* 1995;52(7), pp.594-603.

Cohen LJ, Test MA, Brown RL, "Suicide and schizophrenia: data from a prospective community treatment study", *Am J Psychiatry* 1990;147(5), pp.602-607.

Conwell Y, Duberstein PR, Cox C, Herrmann JH, Forbes NT, Caine ED, "Relationships of age and axis I diagnoses in victims of completed suicide: a psychological autopsy study", *Am J Psychiatry* 1996;153(8), pp.1001-1008.

De Leo D, Carollo G, Dello Buono M, "Lower suicide rates associated with a Tele-Help/Tele-Check service for the elderly at home", *Am J Psychiatry* 1995;152(4), pp.632-634.

Drake RE, Cotton PG, "Depression, hopelessness and suicide in chronic schizophrenia", *Br J Psychiatry* 1986;148, pp.554-559.

Fenton WS, McGlashan TH, Victor BJ, Blyler CR, "Symptoms, subtype, and suicidality in patients with schizophrenia spectrum disorders", *Am J Psychiatry* 1997; 154(2), pp.199-204.

Green MF. Suicide, "The sullivan point of view", *Am J Psychoanalysis* 1961.

Gupta S, Black DW, Arndt S, Hubbard WC, Andreasen NC, "Factors associated with suicide attempts among patients with schizophrenia", *Psychiatr Serv* 1998; 49(10), pp.1353-1355.

Guze SB, Robins E, "Suicide and primary affective disorders", *Br J Psychiatry* 1970;117, pp.437-438.

Harris ED, Barraclough B, "Suicide as an outcome for mental disorders", *Br J Psychiatry* 1997;170, pp.205-228.

Henriksson MM, Aro HM, Marttunen MJ, Heikkinen ME, Isometsä ET, Kuoppasalmi KI, Lonnqvist JK, "Mental disorderss and comorbidity in suicide", *Am J Psychiatry* 1993;150(6), pp.935-940.

Hider P. Youth Suicide Prevention by Primary Health Care Professionals: A Critical Appraisal of the Literature. Christchurch, NZ: Department of Health Outcomes and Health Technology Assessment, 1998.

Inskip HM, Harris EC, Barraclough B, "Lifetime risk of suicide for affective disorders, alcoholism and schizophrenia", *Br J Psychiatry* 1998;172, pp.35-37.

Jacobs DG, editor. *Practice Guideline for the Assessment and Treatment of Patients With Suicidal Behaviors*. VA: American Psychiatric Association, 2003.

Jung C, "The archetype and the collective unconcious", In *The collected works*, vol 9. part 1, London: Routledge and Kegan Paul, 1959.

Kees van Heeringen, editor. *Understanding Suicidal Behaviour*, Chichester: John Wiley & Sons, 2001.

Kessler RC, Nelson CB, McKinagle KA, Edlund MJ, Frank RG, Leaf PL, "The epidemiology of co-occurring addictive and mental disorders: Implications for prevention and service utilization", *Am J Orthopsychiatry* 1996:66, pp.17-31.

Klap R, Unroe KT, Unutzer J, "Caring for mental illness in the United States: a focus on older adults", *Am J Geriatr Psychiatry* 2003;11(5), pp.517-524.

Maris RW, Berman AL, Silverman MM, editors. *Comprehensive textbook of suicidology*, New York: Guilford Press, 2000.

Murphy GE, Wetzel RD, Robins E, McEvoy L, "Multiple risk factors predict suicide in alcoholism", *Arch Gen Psychiatry* 1992;49(6), pp.459-463.

Nam YY, "Media reporting of the suicides as a suicide risk factor in Korea", IASP regional conference, 2008 Oct.31-Nov.3, Hong Kong, China, p.61.

Nam YY, Kim CH, Lee HS, "Suicide and mental disorder: evidence of an increased risk of suicide in mental disorder and the risk factors associated with suicide", *Psychiatry Invest* 2006;3(2), pp.36-50.

O'Carroll PW, Berman AL, Maris RW, Moscicki EK, Tanney BL, Silverman MM, "Beyond the Tower of Babel: a nomenclature for suicidology", *Suicide Life Threat Behav* 1996;26(3), pp.237-252.

Rossow I, Amundsen A, "Alcohol abuse and suicide: a 40-year prospective study of Norwegian conscripts", Addiction 1995;90(5), pp.685-691.

Shneidman ES, "Some Essentials for Suicide and Some Implications for Response", In: Roy A, editor. *Suicide. Baltimore*: Williams and Wilkins;1986, pp.1-16.

Unutzer J, Tang L, Oishi S, Katon W, Williams JW Jr, Hunkeler E, Hendrie H, Lin EH, Levine S, Grypma L, Steffens DC, Fields J, Langston C; for the IMPACT Investigators, Reducing suicidal ideation in depressed older primary care patients, J Am Geriatr Soc 2006;54(10):1550-6.

United Nations/World Health Organization. Prevention of Suicide: Guidelines for the formulation and implementation of national strategies(ST/ESA/245), Geneva: World Health Organization;1996.

Williams JMG, Pollock L, "Psychological aspects of the suicidal process", In: Van Heeringen C, editor. *Understanding suicidal behaviour: the suicidal process approach to research, treatment and prevention, Chichester*, UK: Wiley;2001, pp.76-94.

Yip PS, Fu KW, Yang KC, Ip BY, Chan CL, Chen EY, Lee DT, Law FY, Hawton K, "The effects of a celebrity suicide on suicide rates in Hong Kong", J Affect Disord 2006;93(1-3), pp.245-252.

Zilboorg G, "Suicide among civilized and primitive races", Am J Psychiatry 1936;92, pp.1347-1369.

스펙터클로서의 연예인의 죽음[1]

이명원(문학평론가)

1. 죽음의 두 양상

한 개인에게 죽음은 일회적이고 절대적인 사건이다. 인류가 출현한 이래 가족과 친족은 물론 더 넓은 공동체의 차원에서도 죽음에 대한 애도(哀悼)를 둘러싼 복잡한 의식들이 매우 정교한 형태로 존재했다는 것은, 인간에게 죽음이야말로 산다는 일을 '의미화'하는 데 있어 매우 근본적인 사건으로 인식되어 왔음을 유추할 수 있다.

죽음은 인간이 결코 불멸의 존재가 아니라는 '한계'에 대한 자각을 가능케 한다. 그 '한계상황'에 대한 자각이야말로 삶의 근본적인 의미를 묻고, 그 의미화 추구과정으로서의 삶에 대한 근원적인 성찰을 가

---

[1] 본 논문은 『생명연구』 14집(2009년 겨울)에 수록되어 있다.

능케 하는 동력이다. 만일 '죽음'이라는 한계상황 또는 절대사건이 존재하지 않는다면, 인간조건에 대한 근원적 탐구는 사실상 무의미해진다. 앤서니 T. 크론먼의 지적처럼, '우리가 지닌 힘이 우리에게 가치를 지니고 그 힘의 사용이 조금이라도 의미를 지니는 것은 오직 우리가 죽을 수밖에 없기 때문'이다.[2][3]

그러나 죽음에 대한 인식과 의미부여가 인간역사에서 항상 동일한 것이었다고 보기는 어렵다. 스페인의 라스코 동굴벽화에 그려져 있는 사자(死者)의 그림을 그리거나 보았던 고대인들과, 오늘날 인터넷과 케이블 유선방송으로 연예인들의 죽음을 지켜보고 있는 대중들의 죽음에 대한 감각과 의미화의 성격이란 그 문명사적 격차만큼이나 대단히 이질적인 것이다.

전자의 경우, 죽음이라는 사건은 연약한 인간존재가 절대적인 운명과 섭리에 스스로를 조화롭게 일치시키는 '신성한 사건'으로 인식되었을 것이다. 이 유사한 사례를 우리는 미국의 이른바 '서부개척기' 서부지역에 거주했던 수쿠아미 족(族)의 추장 시애틀이 땅을 팔라던 백인들에게 행했던 연설기록에서 확인할 수 있다.

> 우리의 전사들은 수치심에 사로잡혔으며 (백인에게―인용자) 패배한 이후로 헛되이 나날을 보내면서 단 음식과 독한 술로 그들의 육신을 더럽히고 있다. 그리 많은 날들이 남아 있지도 않다. 몇 시간, 혹은 몇 번의 겨울이 더 지나가면 언젠가 이 땅에 살았거나 숲 속에서 조그맣게 무리를 지어 지금도 살고 있는 위대한 부족의 자식들 중에 그 누구도 살아남아서 한때 그대들만큼이나 힘세고 희망에 넘쳤던 사람들의 무덤을 슬퍼해 줄 수 없을 것이다. 그러나 내

---

2) 앤서니 T. 크론먼, 한창호 역, 『교육의 종말』(모티프북, 2009), p.230.

3) 앤서니 T. 크론먼, 한창호 역, 『교육의 종말』(모티프북, 2009), p.230.

가 왜 우리 부족의 멸망을 슬퍼해야 하는가? 부족이란 인간들로 이
루어져 있을 뿐 그 이상은 아니다. 인간들은 바다의 파도처럼 왔다
가는 간다. 자기네 하느님과 친구처럼 함께 걷고 이야기하는 백인
들조차 이 공통된 운명에서 벗어날 수는 없다. 결국 우리는 한 형
제임을 알게 되리라.[4]

백인들의 침략 앞에서 '그러나 내가 왜 우리 부족의 멸망을 슬퍼해
야 하는가?'라는 반문을 던지고 있는 시애틀 추장의 당당함은 부족의
멸망조차도 근원적으로는 바다의 파도처럼 왔다 가는 인간존재의 공
통된 운명에 불과하다는 사실을 장엄하게 긍정한 데서 나오는 평정
심에 근거한다.

반면, 오늘의 대중들에게 미디어를 매개로 목격되는 대중문화에는
비교적 흔해빠진(연예인들의 죽음을 포함하여) 죽음의 목도 행위란, 우
리들의 일상적인 삶의 감각을 이미 장악하고 있는 스펙터클(spectacle)의
일부인 것이다. 스펙터클이란 무엇인가.

> 삶의 각각의 측면에서 떨어져 나온 이미지들은 공통의 흐름 속에
> 융합된다. 그 흐름 속에서 삶의 통일성은 다시는 재건될 수 없다.
> 편파적으로 관찰된 현실, 자체의 고유한 일반적 통일성 속에서, 별
> 개의 거짓세계, 한갓된 관조의 대상으로 펼쳐진다. 세계에 대한 이
> 미지들의 전문화는 자율적인 이미지들의 세계 속에서 재발견되고
> 완성된다. 그 세계에서 기만자들은 그 자신을 기만한다. 스펙터클
> 일반은, 삶의 고착된 전도(顚倒)와 마찬가지로, 살아 있지 않은 것
> 의 자율적 운동이다.[5]

스펙터클의 세계에서 활력을 얻는 것은 범람하는 이미지들인데,

---

4) '시애틀 추장연설 ─ 우리는 결국 모두 형제들이다', 『녹색평론선집1』(녹색평론사, 1993), p.20.
5) 기 드보르, 이경숙 역, 『스펙터클의 사회』(현실문화연구, 1996), p.10.

이것은 삶의 통일성을 구성하는 것에 기여하기보다는 그것의 파편화와 분자화를 가중시킨다. 이를 기 드보르는 '현실사회의 비현실성', '거꾸로 뒤집혀진 세계'라는 표현을 통해서 비판하고 있는데, 왜냐하면 스펙터클이란 '삶에 대한 시각적 **부정**이자 삶에 대한 부정의 **가시화**'이기 때문이다.[6]

오늘을 사는 개인에게도 가령 육친의 죽음은 여전히 삶의 근원적 존재근거를 되묻게 하는 의미 있는 사건임에 분명하지만, 그 사건의 충격효과조차도 넓은 범주에서는 스펙터클화된 뒤집혀진 현실의 감각체계에 포섭되어 있다는 점에 우리는 주목해야 한다. 이미 우리들이 살고 있는 현대적 삶의 조건 속에서 죽음은 보험산업과 상조산업을 통해 경험화된 상품의 일종인 것이다. 동시에 우리들의 현대적 감각과 지각구조를 구성해내고 있는 대중 미디어에 의해 생산·재현·해석되는 죽음들이, 그것을 바라보고 있는 대중들에게 전율적인 삶의 한계에 대한 각성으로 이끌고 있다고 보기는 어렵다. 죽음은 범람하되 이에 대한 대중의 수용 감각은 실상 서먹하게 둔화되고 있는 현실이 부정할 수 없는 오늘의 상황이다.

이 글은 이러한 문제의식을 기반으로 하여 최근 우리 사회에 커다란 충격을 주었던 연예인들의 잇따른 자살과 이에 대한 대중들의 수용 감각에 대한 분석을 통해서, 연예인의 죽음이 내포하고 있는 사회문화적 의미를 검토해 보고자 한다. 이러한 논의과정 속에서 죽음과 애도를 둘러싼 인간사회의 의미화의 변화양상에 대한 분석도 동시에 진행해보고자 한다.

---

6) 기 드보르, 위의 책, p.13.

2. 죽음의 현대적 조건 – 생물학적 쇠퇴

　최근 잇따른 연예인들의 자살은 그것을 목격한 대중들에게 커다란 충격으로 다가왔다. 탤런트 안재환, 최진실, 장자연 등은 그 죽음의 정황은 각기 다르지만, 모두 자살로 생을 마감했다. 이들의 죽음으로부터 장례에 이르기까지의 전 과정은 신문과 방송 그리고 인터넷을 통해 실시간 보도되어 심각한 사회적 논란을 낳았을 뿐만 아니라, 모방자살을 포함한 부가적인 사회적 문제도 낳았다.

　그러나 이 사건이 종료되고 얼마간의 시간이 흐른 현재의 시점에서 보자면, 이들의 죽음을 진심으로 애통한 심정으로 기억하고 있는 대중은 드물다고 말해도 과언이 아니다. 사건이 발생할 당시의 그 가열된 취재보도와 연예인들의 화려한 외관 이면에 존재했던 개인사적 비극에 대한 공감, 그리고 장자연의 자살을 통해서 불거진 연예 매니지먼트 산업의 노예화된 계약구조와 같은 핵심적인 논란은 그 애도의 열기가 가열되었던 것과 반비례하여 차가운 망각의 기억 뒤편으로 사라졌다고 볼 수 있는 것이다.

　여기서 내가 문제 삼고자 하는 것은 이들의 자살을 둘러싸고 있는 문제의 진실을 밝히자는 데 있지 않다. 안재환의 자살에 있어 유력한 원인이 되었던 연이은 사업실패와 이에 따른 자금압박, 최진실의 죽음에 강력한 단서로 제기되었던 개인사적 불행과 우울증, 그리고 장자연의 죽음에 직접적인 원인이 되었다고 말하는 연예계의 노예계약 관행과 사회지도층 인사가 포함된 성상납 관행들에 대한 분석은 스포츠신문으로부터 법정의 판결문에 이르기까지 다채로운 시각과 결론을 낳고 있다.

그러나 한 인간의 죽음에 내재되어 있는 근본적인 의미를 산 자들의 입장에서 유추하는 것은 실제로는 산 자들의 호사취미에 불과할 뿐, 그 죽음의 '내적 의미'에 도달하는 것은 언제나 불충분하다. 이는 죽은 자의 준비된 유서가 존재한다고 해도 마찬가지다. 설사 유서에 고백되어 있는 죽음을 촉발하거나 결심하게 한 요소들이 나열되어 있다고 할지라도, 살아 있는 자들이 죽음을 결심한 당사자들의 내면적 혼란 상태와 결단을 전적으로 이해하는 것은 불가능하며, 죽은 자 역시 자신의 죽음이 거느리고 있는 의미의 총체를 완전히 이해한 상황에서 죽음에 직면했다고 보기는 어렵다.

요컨대 이 글에서 문제 삼고자 하는 것은 여러 연예인들의 죽음을 미디어를 통해 접하고 그것에 반응하는 한편, 집단적인 애도의 제스처를 취했다가도 그리 길지 않은 시간이 지나면 사건 자체를 기억의 저편으로 밀어내 망각해버리는 대중들의 일반화된 감각과 우리들이 살아가고 있는 대중문화의 현실, 더 나아가서는 오늘의 '문명화' 사이에 어떤 관련성이 있는가에 대한 검토이다. 중요한 것은 한 충격적인 죽음이 발생했다는 것이 아니고, 오늘의 대중문화 환경 속에서 우리들 자신이 그 죽음에 어떠한 '의미부여'를 하고 있는지, 또 이러한 죽음을 둘러싼 집단화된 '애도의 메커니즘'이 은폐하고 있는 진실은 과연 무엇인지에 대한 질문인 것이다.

이를 위해서는 일단 '죽음'에 대한 인간들의 '의미화'의 역사에 대한 검토가 필요하다. 이런 관점에서 출발할 경우, 우리는 인류학자인 마가렛 로크(Margaret Lock)의 논의를 참조하는 것이 유용하다.[7] 마가

---

7) 마가렛 로크, '고통의 치환', 『사회적 고통』(그린비, 2002)에서 논의.

렛 로크는 필립 아리에스와 지그문트 바우만의 연구를 거론하면서, 죽음에 대한 인식 및 의미화가 계몽주의 이전과 이후로 크게 갈린다고 주장한다. 그의 주장에 따르면 계몽주의 이전인 대략 13세기까지 인간사회에서는 '길들여진 죽음'이라는 개념이 존재했다고 주장한다. 이러한 개념에는 죽음과의 친교는 두렵거나 절망적인 것이 아니라, 소극적 체념과 신비주의적 믿음의 중간 정도에 속하는 것으로, 운명은 죽음을 통해 드러나고 죽는 것은 사라지는 것이 아니라 단지 잠들어갈 뿐이라는 대중적 인식이 지배했다는 것이다.

그러다가 중세를 지나면서 죽음을 '개별화된 사건'으로 인식하는 시각이 출현한다. 즉 중세유럽의 예술작품 속에는 죽을 수밖에 없는 자신의 운명을 명백히 인식하나 '죽음과의 친교'에는 실패한 인물들의 모습이 명백히 나타나기 시작했다는 것이다. 그러나 죽음에 대한 인식이 급격한 변화를 겪게 되는 것은 계몽주의 이후이다. 합리적이고 비판적 이성이 고양되면서, 이제 죽음에 대한 심성구조(mentality)의 급격한 변화가 나타난다는 것이다. 이제 죽음은 더 이상 인간이 순응해야 될 체념적이고 순응적인 운명이 아니라, 적극적으로 그것에 대항하고 도전해야 마땅할 사건으로 인식되기 시작한다. 이러한 죽음 관념의 급격한 변화는 이전에는 없었던 '불멸의 완성'이라는 개념으로 인간의 관념을 이동시킨다. 로크는 이러한 불멸성의 출현이 죽음을 '생물학적' 개념에서 '문화적' 개념으로 변용하는 분기점을 이룬다고 지적한다.

> 바우만은 '모두가 죽는다는 사실은 어쩔 수 없다 하더라도, 불멸은
> 우리 스스로 이룩해야 한다. 불멸은 단순한 죽음의 부재가 아니라

죽음에 대한 부정이요, 도전이다'라는 언급을 통해서, 인간이 죽을 수밖에 없는 운명을 타고난 것에 대해 인지함으로써 불멸의 개념에 관한 문화적 양식을 구축했다고 한다. 따라서 그의 평가에 따르면, 불멸의 완성성은 모든 사회에서 삶의 의미를 좌우하는 원천으로 작용하며, '자연의 일부'였던 죽음을 문화적 피조물로 변형시켜 생물학적인 죽음의 변화를 초해하고, 그것이 다시 '사회의 재생산'에 결정적인 역할을 하는 사회제도와 행동양식을 구출하는 원자재를 제공한다.[8]

이후 죽음에 대한 도전과 부정의 파토스를 내포하고 있는 '불멸성' 개념의 문화적 창조와 급진화는 근대 합리주의 철학의 진전과 과학혁명 과정 속에서 또 한 번의 혁명적 변화에 직면하게 된다. 즉 죽음과 질병에 깃든 문화적이고 초월적인 의미는 없으며, 그것은 다만 '의학적'으로 퇴치하거나 정복해야 할 대상(육체)에 불과하다는 시각의 출현이 그것이다. 이런 관점에 서면 죽은 자의 육체 곧 시체는 '생물학적 실패' 이외의 다른 의미가 아니다. 동시에 과학기술과 의학의 발전경향은 죽음과 질병에 맞서는 것을 당연시한다.

그래서 죽음이란 간명하게도 '생물학적 쇠퇴'로 의미화하는데, 그랬을 때 (대중)문화는 오로지 육체에 대한 마지막 처분이 자아내는 공포와 혼란에 대한 '애도의 영역'으로 남겨진다. 그러나 '애도의 영역'인 문화가 죽음의 문화적이고 초월적인 의미를 강력하게 환기시키고 있는가 하면, 그렇지 않다는 것이 로크의 주장이다. 그는 '현대는 대중매체를 통해 끔찍한 죽음의 장면이 감춰지거나 여과되지 않은 채로 등장하는 시대'이지만, '이러한 끔찍한 결말이 우리 자신이 아닌 남의 일에 속하며, 우리 자신이 죽을 운명임을 인식하지 못하게 하는

---

8) 마가렛 로크, 위의 책, pp.152-153.

것은 분명한 역설'이라고 지적한다.[9]

　의학을 포함한 과학기술의 발전이 죽음을 통한 인간 운명의 한계에 대한 자각을 차단하고 있다는 지적과 유사하게 크론먼은 다음과 같이 진술한다.

> 과학기술을 통해 우리의 유한성이 우리 삶의 유의미한 조건이라는 사실이 힘을 잃는다. 과학기술로 인해 우리는 죽을 수밖에 없는 운명과 의미 사이의 상관성을 망각하면 우리의 한계를 떠올리고 성찰하려는 노력이 덜 소중하고 덜 중요하게 보인다. 과학기술로 인해, 이루어지거나 이루어질 수 있는 상상의 공간이 흐려지면서 우리가 상상의 공간을 찾고 거기에 머무르거나 심지어 그것이 존재한다는 점을 떠올리기가 점점 어려워진다. 마침내 명상과 경이감의 주체로서 과학기술이 지닌 힘 그 자체의 유의미성을 좌우하는 그 조건이 은폐된다.
> 우리 문명은 저 유례없는 통제력으로 특징지어진다. 우리 문명은 또한 죽을 수밖에 없는 운명적 사실에 대한 비할 바 없는 억제로도 특징지어지는데, 이 역시 과학기술의 결과다. 과학기술로 인해 우리와 관련된 진실이 모호해져 버린다.[10]

　결국 현대의 문화적 조건 속에서 죽음은 실종되어 버렸다는 판단이 가능하다. 죽음은 의미화되는 대신, 열광적으로 구경거리의 대상이 되다가 급격히 망각된다. 그러나 범람하는 대중문화에서의 '죽음'의 빈번한 재현과 애도의 집단화가 갖고 있는 성격에 대해서는 생각해 볼 문제가 없는 것이 아니다.

---

9) 마가렛 로크, 위의 책, p.155.
10) 앤서니 T. 스톤먼, 앞의 책, p.234.

3. 대중 토템(totem)으로서의 연예인

앞에서 언급한 대로 현대인들에게 죽음은 '의미화'의 존재론적 가치를 지니지 않는다. 설사 그것이 개별적인 수준에서 육친의 죽음에 직면해 충격과 애도의 의식들을 거행하게 만든다고 할지라도, 죽음이라는 개별적인 사건을 인간운명에 깃든 한계성의 자각과 이를 통한 현실에서의 의미추구의 일환으로 사유하는 일은 점점 더 찾기 어려운 사건이 되고 있다.

진실은 어느 편인가 하면, 한편에서 죽음은 생명공학과 유전공학에 기반한 불멸성 검증의 목표이자 쇠퇴하는 육체에 대한 저항의 물질적 조건으로 인식되고 있으며, 다른 한편에서는 생명보험과 번성하는 상조회사의 이익추구 수단으로 전락되어 있다. 죽음은 과학주의와 산업주의 아래서 그 의미화의 동력을 현저히 상실하고 있는 것이다.

하지만 죽음이라는 사건에 직면할 것이 분명한 인간의 공포와 불안과 혼란은 그러한 문명화의 과정 속에서도, 해결되지 않는 '정념(情念)의 잉여'로서 여전히 남아 있다. 대중문화를 포함한 일련의 문화적 텍스트와 실천행위는 이 정념의 잉여를 주된 표현과 소통의 대상으로 간주하는데, 일견 그것의 능동적인 체현자처럼 나타나 대중들의 열광이 집약되는 인물들이 연예인이다.

우리는 연예인을 스타(star)로서 간주한다. 그것은 연예인들이 잡다한 대중들의 기대욕망을 온몸으로 체현하는 인물로 인식하는 동시에, 그것을 갈망하는 대중들을 통합시켜 신비한 지도력을 발휘하는 대중 토템(totem)으로 기능한다는 것을 의미한다. 연예인들이 현대적 영웅으로서의 대중 토템으로 기능하고 있다는 사실은 지금 이 시간에도 온오프라인에서 활동하고 있는 이른바 팬덤(fandom) 문화의 뜨거움을 보면 잘 알 수 있다. 팬덤 문화는 자신이 숭배하는 연예인을 토템으로 간주하는 고유한 부족문화의 자율적인 체계와 질서, 금기처럼 독특한 토템문화의 의례가 이 후기현대의 현실 속에서도 변형되기는 했지만 강렬한 영웅표상으로서 존재한다는 것을 의미한다.

그런 점에서 현대의 '연예인 숭배'는, 고대적인 사회에서의 '토템 숭배'와 매우 유사한 성격을 띠고 있다는 사실을 우리는 알고 있다. 지그문트 프로이드의 토템에 대한 논의를 참고해 보면, 그 점은 뚜렷해진다.

> 오스트레일리아 원주민에게는 종교적·사회적 제도가 없다. 대신 그런 제도가 있어야 할 자리에 '토테미즘'이 있다. 오스트레일리아 원주민 종족은 작은 규모의 혈족, 혹은 씨족으로 나뉘는데, 이 혈족이나 씨족의 이름은 나름대로 섬기는 토템의 이름에 따른다. 그렇다면 무엇이 토템 노릇을 하는가? 보통의 경우 동물(먹을거리가 되는 동시에 무해한 동물도 있고, 위험해서 공포의 대상이 되는 동물도 있다)이 토템노릇을 하지만 드물게는 식물이나, 혈족 전체와 특별한 관계가 있는 자연현상(비 혹은 물 같은)이 그 자리를 차지하는 수도 있다. 일단 그 토템은 혈족이 공동으로 섬기는 조상인 동시에 수호령(守護靈)이자 보호령(保護靈)이다. 이들에게 하늘의 뜻을 내리는 수호령이나 보호령은 다른 혈족에게는 위험한 존재이지만, 이들만은 알아보고 지켜 준다. 대신 혈족의 구성원들은 자율적으로 부과된 신성한 의무를 진다. 말하자면 토템은 죽여서도 안 되고, 훼손해서도 안 되며 그 고기를 먹어서도(혹은 토템으로 인한 부수적인 이득을 취해서도) 안 된다는 것이다. 토템의 범위는 한 개체에 국한되는 것이 아니라 그 종류에 속하는 모든 개체에 두루 미친다. 이따금씩 혈족은 큰 잔치를 베푸는데 이때 혈족은 의례적인 춤을 통하여 토템의 동작이나 특성을 묘사하거나 흉내 내고는 한다.[11]

---

11) 지그문트 프로이드, 이윤기 역, '토템과 터부', 『종교의 기원』(열린책들, 1997), p.210.

대중들은 그들이 숭배하는 각각의 연예인들을 토템으로 숭배하고, 그런 마술적인 열정에 힘입어 자신의 정념을 투사하며, 때로는 이 연예인 토템을 수호해야 한다는 열정을 품을 수 있지만, 문제는 이 '대중 토템'으로서의 연예인은 고대적인 토템처럼 대중들의 직접적인 삶의 안정과 미래전망에 초월적으로 개입하지 않는다는 점이 차별적이다.

냉정하게 말하면, 대중 토템으로서의 연예인은 빛나는 스크린의 표면에서만 간신히 그의 전능한 역량을 뿜어낼 수 있지만, 토템으로서의 그의 삶은 그가 실제로 살아가고 있는 생활세계와의 극단적인 분리와 은폐를 통해서만 가능해진다는 점에서, 분열적 존재일 뿐만 아니라 불완전한 환영에 불과한 것이다. 요컨대 그는 스펙터클의 담지자가 갖고 있는 일반성의 한계 안에 갇혀 있다.

> 스타로서 무대에 등장한 스펙터클의 담지자는 개성의 대립물, 다시 말해서 그 자신뿐만 아니라 다른 사람들 속에 들어 있는 개성의 적이다. 그 담지자는 동일시의 모델로서 스펙터클로 옮겨감으로써, 사물의 경로에 대한 순종의 일반법칙에다 자기 자신을 일치시키기 위해서 모든 자율적인 자질들을 폐기해 버린다. 유명인사 따라 소비하기는 각기 다른 유형의 개성들을 피상적으로 대변하고, 이런 각 유형들이 소비의 총체에 대한 동등한 접근권을 갖고 있으며 거기서 유사한 행복을 찾아낸다는 사실을 보여준다. 유명인사로 판정되기 위해서는 공인된 인간적 자질들을 완벽하게 갖추고 있어야 한다. 스타들 사이의 공식적 차이는, 모든 면에서의 그들의 탁월성이라는 것의 전제인 공식적 유사성에 의해 일소된다.
> (……)
> 자신의 인격 속에 체제 자체를 구현하고 있다고 칭송받는 인물들은 그들의 실제 모습 때문에 유명해진 것이 아니다. 오히려 그들은 가장 사소한 개인적 삶의 현실을 은폐함으로써 위인이 된 것이고, 누구나 이 사실을 알고 있다.[12]

위의 인용문에서 우리는 '가장 사소한 개인적 삶의 현실을 은폐함으로써 위인이 된 것'이라는 표현에 주목할 필요가 있다. 오늘의 대중들이 열광하고 있는 대중 토템으로서의 연예인은 그 자신의 '개인적 삶'을 은폐하고 심지어는 희생함으로써 '스타'가 된 것이다. 그가 불특정 다수의 대중들에게 열광의 대상이자 '동일시의 모델'로서 기능할 수 있는 것은, 실제로는 연예인 자신의 '자율적인 자질들'이 발현된 까닭이 아니라, 반대로 그가 '사물의 경로에 대한 순종의 일반법칙에다 자기 자신을 일치'시켰기 때문이다.

사물의 경로에 대한 '순종의 일반법칙'은 오늘과 같은 대중소비사회에서는 자본의 논리에 의해 작동되면서도, 실제로는 그것이 내밀하게 은폐된 채 대중들의 리비도(libido)가 승화되는 듯한 효과를 뿜어내는 배역(配役)의 이미지들이다. 가령 배우 최진실의 경우, 그것은 일찍이 일련의 CF광고를 통해 형성된 '귀여운 여인'의 이미지였고, 이것은 배우의 실제의 삶의 역정이 이혼과 이에 따른 고통으로 점철된 것이 분명한 사실임에도 불구하고, 여전히 대중들에게 죽지 않는 명료한 최진실 이미지를 형성했던 것이다. 배우인 최진실 개인의 입장에서는 이러한 대중표상과 그 자신이 처해 있는 일상의 처절한 고독 사이에서, 균형을 잡는 것은 매우 어려운 일이었을 것이다. 이것은 비단 최진실이라는 특정 배우뿐만이 아니라, 이른바 스타성을 갖고 있는 모든 연예인들이 공히 직면할 수밖에 없는 정체성의 분열이 초래한 위기의식을 잘 보여준다.

그 위기의식에 따른 연예인의 내면적 공허감을 발터 벤야민은 피

---

12) 기 드보르, 위의 책, pp.43-45.

란델로(Pirandello)의 소설 『영화화 되다』에서의 다음과 같은 부분을 인용하면서 설명해 나간다.

> 영화배우는 마치 유배지에 있는 것처럼 느낀다. 그는 무대로부터 유배되었을 뿐만 아니라 자기 자신의 인격으로부터도 유배되고 있는 것이다. 그는 막연한 불안감과 함께 무어라고 꼬집어 설명하기 어려운 공허감을 느끼는데, 이러한 공허감이 생겨나는 까닭은 그의 육체가 자기 자신에게서 떠나버리는 것처럼 느껴지기 때문이다. 다시 말해 그는 순간적으로 사리지며, 또 그의 실체, 그의 삶, 그의 목소리, 그가 불러일으키는 소음 등도 자신에서 이탈되어 무성의 영상으로 바뀌고, 그러고 나서는 한순간 스크린에서 명멸하다가 다시 정적 속으로 사라져버리는 그런 느낌에서 공허감이 생겨나는 것이다.[13]

'한순간 스크린에서 명멸하다가 다시 정적 속으로 사라져버리는 그런 느낌'의 공허감을 대중들은 간파하지 못한다. 대중 토템으로서의 연예인은 이것을 한 영웅적 개인이 그러하듯 자신의 내면에서 해결되지 못하는 난제로 보존하면서도, 그것의 궁극적인 해결을 끝없이 지연시키고 은폐한다. 그것이 대중 토템으로서 연예인이 삶을 살아가는 방식이다.

오늘과 같은 대중문화사회에서 부족의 토템 기능을 하는 것은 유력정치인도 현실의 영웅도 아니다. 대중들은 그들이 나날이 접속하는 멀티미디어에 반복적으로 재현되는 대중 토템으로서의 연예인을 자신의 혈족(血族)으로 간주하고 기꺼이 이를 숭배한다. 이것을 더욱 가중시키는 것은 브라운관 바깥의 냉혹한 현실기제임에 분명한 가혹한 자본주의적 임노동의 고통이 초래한 도피욕구와 통로를 찾지 못한

---

13) 발터 벤야민, '기술복제시대의 예술작품', 『발터 벤야민의 문예이론』(민음사, 1983), p.212.

리비도(libido)가 그 지향대상을 찾아 유랑하다가 결과적으로 브라운 관에 반복적으로 등장하는 이미지-토템에 고착된 까닭이다.

그런 점에서 오늘의 유력한 연예인들은 대중 토템이면서, 영웅의 출현이 봉쇄된 시대의 의사(pseudo) 영웅으로서의 기능을 대행한다. 그 정도는 다르지만, 현실의 연예인 역시 개인적으로는 평범한 보통의 일상인이 직면하게 되는 일상의 비루한 고통에 고스란히 노출되어 있지만, 오직 이에 대한 은폐와 정체성의 분리를 통해서만 대중 토템으로서의 자신의 존재근거를 확보하게 되는 것이다. 오늘의 대중들에게서 무차별적으로 드러나는 현대적 토템숭배로서의 연예인에 대한 열광적 관심의 집중은 그렇게 확대되고 보존된다.

4. 미디어 애도의 메커니즘 - 대중들의 상징폭력

따라서 연예인의 죽음은 자연인으로서의 한 개인의 죽음을 의미하는 것이 아니다. 그것은 이 대중문화의 시대의 스펙터클의 담지자인 '대중 토템'의 죽음을 의미한다는 점에서, 미디어를 통한 애도의 메커니즘이 무엇을 의미하는가를 우리는 좀 더 꼼꼼하게 사유할 필요가 있다. 이를 위해서는 먼저 사자(死者)에 대한 애도가 뜻하는 바가 무엇인지를 알 필요가 있거니와 이에 대해서는 프로이드의 논의를 참조하는 것이 유용하다.

앞에서 프로이드의 「토템과 터부」에서의 논의를 일부 인용했지만, 이 논문에서 그가 여러 신화적·인류학적 증거를 들이대면서 추론하고 있는 것은 토템이즘의 뿌리에는 '아버지 살해'라는 원초적 사건이 은폐되어 있다는 사실이었다. 프로이드는 여러 인류학적 저작을 거론하면서 이른바 '토템 향연(饗宴)'을 분석하고 있는데, 이것을 오늘의 현대적 개념으로 변용하자면 사자(死者)에 대한 장례와 애도의식 정도로 규정할 수 있을 것이다. 프로이드의 주장을 경청해 보도록 하자.

> 토템 향연의 축제를 원용할 경우, 우리에게는 이 질문에 답할 가능성이 열린다. 어느 날 문득 추방당했던 형제들이 힘을 합하여 아버지를 죽이고 그 고기를 먹어버림으로써 부군(父群)을 결딴낸다. 말하자면 자군(子群)은 단결함으로써 혼자서는 도저히 불가능하던 일을 성취시키고 마침내 부군의 결단을 성사시킨다(문명의 발달로 인한 신무기개발이 형제들에게 우월감을 고취했는지 모른다). 그들은 식인종이었으니, 살해한 아버지의 고기를 먹었을 것임은 두말할 나위도 없다. 폭력적인 원초적 아버지는, 아들 형제들에게는 누구에게나 선망과 공포의 대상이자 전범(典範)이었다. 이들 형제들은 먹는 행위를 통해 아버지와의 일체화를 성취시키고, 각자 아버지가 휘두르던 힘의 일부를 자기 것으로 동화시켰다. 아마도 인류 최초의 제사였을 토템 향연은 이 기억할 만한 범죄행위의 반복이며 기념 축제였을 것이다. 그리고 이 범죄행위로부터 사회조직, 도덕적 제약, 종교 같은 것들이 비롯되었을 것이다.[14]

위의 설명에 따르면, 이른바 원시적 단계에서의 토템 제의와 이에 따른 애도의 메커니즘이란, 그들이 죽인 대상에 대한 '죄의식'을 덜기 위한 필요성에서 출발했다는 것을 알 수 있다. 그러나 이 사자(死者)에 대한 애도의 메커니즘으로서의 토템향연은 모순적이고 양가적인 (ambivalent) 감정에 의해 지배당할 수밖에 없다. 즉 아버지를 죽인 아들들의 입장에서 죽은 아버지는 '선망'의 대상이자 '공포'의 대상이었던 까닭이다. 아들들에게 생전의 아버지는 권력욕과 성욕의 막강한 장애물이었지만, 그들은 아버지를 제거함으로써 그 증오를 해소하게

---

14) 지그문트 프로이드, 앞의 책, pp.403-404.

되자마자, 반대로 아버지와의 일체화라는 소망을 실현시키려 하는 것
이다. 이로부터 일종의 자책이라 할 수 있는 죄의식이 생겨나는 바,
토템향연을 통해서 이것은 무리 전체의 집단 자책으로 확대되고, 죽
은 아버지는 살아 있을 때보다 더욱 강력한 존재로 성화(聖化)된다는
것이다.[15]

원시적 단계에서의 이 토템향연은 문명화가 진행됨에 따라 종교의
식으로[16], 부족단계를 넘어서 공동체가 국가단위로 이행하게 되면
민족영웅으로서의 전사자에 대한 국민적 애도의식으로 변형된다. 일
본의 지식인 다카하시 데쓰야는 『국민과 희생』에서 일본의 전범을
기리는 추모시설인 야스쿠니 문제를 거론하면서, 근대 국민 개념의
발명자인 독일의 피테나 프랑스의 르낭 등의 논설 모두에, '희생의
논리'가 개입되어 있다는 점을 밝히고 있다. 즉 근대적 국민 개념의
성립에는 공동체의 영광이라는 논리도 있지만, 사실상 이들을 국민공
동체로 결합시키는 데에는 '희생이라는 감정으로 묶인 연대감'이 매
우 중요한 역할을 했다는 것이다.

> 패전국의 지식인으로서 르낭은 이렇게 말한다. 전쟁에서 승리한 독
> 일인은 독일제국을 만들고 지금은 환희에 싸여 있을지도 모른다.
> 그러나 '승리에 환희하는 것'만이 국민을 강고하게 만드는 요소는
> 아니며, 패배의 고뇌와 그 전쟁에서 스러져간 인명들, 전사자들에
> 대한 애도의 감정이 국민들을 하나로 묶는 데 오히려 더 큰 가치가
> 있다고 그는 덧붙인다. '애도는 의무를 부과한다'는 말은 필시 희
> 생된 전사자들을 애도함으로써, 그들이 바친 국민과 조국을, 자신
> 들이 다시 새롭게 지켜내야 한다는 의무를 부과하는 것이다.

---

15) 지그문트 프로이드, 위의 책, p.406.

16) 프로이드는 같은 책에 수록된 '인간모세와 유일신교'에서 희생제의와 종교의 기원의 연관성에 대해 소상
　　하게 분석하고 있다.

르낭이 사용한 '애도'의 원어는 'deuil'로 프로이드가 말하는 '상실의 작업'에 나오는 '상실(죽음)'과 똑같은 말이다. 국가적 추도를 구실로 한, 국가적·국민적 현창 시스템인 야스쿠니 시스템에 매우 가까운 관념이 여기에 있다.[17]

그런데 '애도'에 개입되는 '희생의 감정'과 함께 동반되는 것이 '망각의 논리'라는 점을 다카하시 데쓰야는 날카롭게 지적하고 있다. 프로이드의 논의에서도 이 점은 이미 설명되고 있는데, 즉 희생된 아버지에 대한 '애도' 작업은 아버지를 죽인 주체가 바로 희생제의를 행하고 있는 아들들 자신이라는 사실의 은폐 또는 망각에 기인한다는 사실이 그것이다. 따라서 희생자에 대한 애도 작업은 실제로는 그 희생을 가한 주체가 바로 자신이라는 사실로부터 파생되는 죄의식을 봉쇄하거나 은폐하기 위한 의식적·무의식적 메커니즘의 일환이라는 점에 우리는 주목할 수 있다.

그렇다면 여기서 우리가 문제 삼고 있는 연예인의 죽음과 이에 대한 미디어를 통한 애도작업과 대중들의 반응을 우리는 어떤 관점에서 볼 수 있을까.

우선적으로 거론할 점은 이들 연예인들의 경우 역시 애도 작업의 일반화된 메커니즘을 따르고 있는 것은 유사하지만, 오히려 애도의 과정 속에서 은폐되었던 이들의 개인사와 고통스러운 삶의 궤적이 폭로됨으로써, 죽음이라는 충격적인 사건은 개인화되어 대중들의 기억 속에서 망각되었다는 점이 지적되어야 할 것 같다.

최초 단계에서 연예인들의 죽음은 대중 토템의(그것이 자발적이건 비자발적인 죽음이건 간에) 희생이라는 관점에서 커다란 충격으로 제

---

17) 다카하시 데쓰야, 이목 역, 『국가와 희생』(책과함께, 2008), p.142.

시된다. 지상파와 케이블 텔레비전은 물론, 일간지와 스포츠신문, 그리고 인터넷에서는 한 연예인이 자살했다는 충격적인 기사가 빠른 속도로 전송된다. 팬덤임을 자임했던 대중들은 물론 평소에는 해당 연예인에 대해서 별다른 관심이 없던 대중들조차 중계 방송되는 '애도의 행렬'에 감정을 이입시키면서 사건을 충격으로 받아들인다.

대중들이 이것을 하나의 충격으로 받아들이는 것은 각각의 연예인들이 '대중 토템'이기 이전에, 고유한 고통과 내면을 지닌 한 사람의 자연인이었다는 사실에 대한 자각을 그들이 죽은 이후에야 비로소 깨닫게 되었다는 사실 때문이다. 사실 대중 토템으로서의 연예인들의 개인적인 삶은 그들이 미디어를 통해서 재현하고 있는 삶과의 완벽한 분리를 통해서만 가능해지는 것이다. 대중적인 인기를 한 몸에 얻고 있던 연예인일수록, 그들의 개별적이고 인간적인 성격들은 체계적으로 은폐되고, 그들이 체계적으로 연기했던 배역이나 카메라 앞에서의 비주얼한 이미지로서만 상상될 수 있는 것이다. 이러한 스펙터클로서의 가상적 퍼스낼러티가 죽음에 의해 붕괴된다는 사실이야말로 대중들에게는 일종의 몽환적 상태에서 강제로 깨어남을 경험할 때의 고통과 유사한 심리상태로 이끄는 것이다.

대중에게 더욱 충격적인 것은 대중 토템으로서의 연예인들의 인간적인 한계가 미디어를 통해 실시간대로 폭로됨으로써, 스타 연예인을 둘러싸고 있던 대중숭배의 감정이 허구였음을 자각하게 된다는 점에 있다. 사실 이런 차원에서 보자면, 대중 토템의 '탈신비화'와 '탈신성화'의 기제로 작동되는 대중매체의 경쟁적 폭로성 보도와 논평은 한편에서는 스펙터클화된 대중 토템을 개별화된 인간세계로 귀환하게 하는 기능을 하는 것처럼 보인다. 그러나 그것은 표면적인 기능이고 실제로는 연예인의 죽음과 희생을 오히려 더욱 긴박한 스펙터클의 주된 무대로서 구성함으로써, 생전에 해당 연예인들이 누렸던 스펙터클화된 문화상품의 잔여적 가치를 남김없이, 최종적으로 탕진하는 것이라고 보는 것이 타당하다.

개인의 죽음으로부터 종교적 제의, 더 나아가서는 부족이나 국가의 희생제의는 희생된 당사자의 개인성을 소거하고, 그 자리에 좀 더 비범하고 초월적인 신성함의 가치를 부여함으로써, 그 희생제의를 정당화한다. 그것은 연예인의 죽음을 다루는 저널리즘의 '애도의 형식'과는 완전히 정반대의 논리에 서 있다. 죽기 직전까지 아주 평범한 병사에 불과했을지라도, 가령 전사자가 된 젊은이가 있다면, 그에 대한 국민적 애도 속에서 그의 개인성은 오히려 소거되고 초개인적 논리로서의 가치가 채색되기 마련이다. 그렇게 영웅이 된다는 것은 개인성을 지양하여 그가 속해 있는 집단의 상징이 된다는 차원에서의 '신성화(神聖化)'를 필요로 한다.

그러나 연예인의 죽음(특히 여성 연예인들)은 신성화되었던 대중 토템이 개인성의 자리로 추락하는 것과 동시에, 격하된 토템적 성격에 대한 대중들의 집단화된 상징적 폭력의 양상으로 나타난다. 그 상징적 폭력을 '대행'하는 것은 탐사저널리즘의 외양을 띤 대중 미디어들의 실시간 보도인데, 이 경쟁적 저널리즘의 장 속에서는 항상적으로 감춰진 프라이버시에 대한 폭로와 망자가 고뇌했던 인간적인 약점에 대한 과장된 보도경쟁이 진실보도라는 구호 속에 자리 잡고 있다.

결론적으로 연예인들의 죽음에 대한 대중들의 무의식은 대중 토템의 역할과 의무를 방기한 것에 대한 잠재된 분노가 '상징적 폭력'으로 분출되는 양상으로 나타나는 한편, 스펙터클화된 상징으로 기능했던 망자의 죽음을 최후의 스펙터클적 제의로 최종적으로 사건화함으로써, 생전에 상품화되었던 그 비개인적 존재의 죽음을 개인성의 영역에서조차 상품화하는 것으로 귀결된다. 그래서 스펙터클화된 최후의 희생제의가 끝나고 나면, 그 개인성조차도 급격하게 망각되고 대중은 그들의 리비도를 투사할 수 있는 새로운 스펙터클의 대상, 더 젊고 신성한 대중 토템을 향한 '정념의 투기'를 지속하는 것이다. 자살한 연예인들에게 애도는 최종적이고 일회적인 것이다.

5. 죽음의 복원

지금까지 필자는 연예인의 죽음을 '스펙터클'이라는 개념의 프리즘으로 분석해 보았다. 이제부터는 이러한 분석을 토대로 우리가 오늘의 문화적 현실 속에서 복원해야 될 가치의 하나로 '죽음의 복원'이라는 문제를 생각해 볼 것을 제안한다.

앞에서 논의한 대로 현대문명의 특징은 '죽음'에 대한 의미화와 성찰이 개인적 차원에서는 물론이고, 인류라고 하는 종의 차원에서도 실종되고 있다는 사실을 잘 보여주고 있다. 이 말은 죽음이라는 인간의 한계상황이 극복되었다는 것을 의미하는 것은 아니다. 문제는 죽음을 삶의 가장 의미 있는 사건으로 체험하고, 죽음 앞에서 삶을 성찰하고자 하는 인간의식의 운동성이 사라졌다는 것을 의미한다.

현대사회에서 죽음의 상실은 큰 틀에서 보자면, 불멸성에 대한 인간의 기획이 과학기술의 발전에 따라 점차로 확장되어간다는 사실에 의존하고 있는 측면이 짙다. 특히 일련의 생명과학의 발전은 초보적인 단계에서의 장기이식으로부터 유전자 줄기세포를 통한 질병의 완벽한 퇴치와 노화의 극복이라는 생체유토피아주의와 밀접한 연관을 맺고 있다. 근대 이전의 인간들 역시 불멸에 대한 꿈이 있었던 것은 사실이다. 그러나 그것은 대체로 정신성의 영역에서의 성취를 의미하는 것으로, 오늘날과 같은 육체성에 대한 인식이 개입할 틈은 없었다.

이와 함께 우리들 삶의 제반환경이 스펙터클화된 이미지가 집적된 세계, 더 나아가서는 현실계보다는 가상현실이 보다 생생한 삶의 장소인 것처럼 전도되는 현실 역시 죽음의 실종에 한몫하고 있는 것은 분명해 보인다. 사실 인류사가 전개된 이래 오늘처럼 빈번하게 대중들이 죽음을 간접체험하고 있는 경우는 존재하지 않았다. 우리들이 항상적으로 즐기고 있는 대중문화는 물론이고, 고전적인 저널리즘의 차원으로부터 사이버 스페이스의 세계에 이르기까지 범람하는 것은 죽음의 이미지다. 그러나 그 전율적 이미지에 대한 간접체험을 통해서 우리들 자신이 한계체험으로서의 스스로의 죽음의 의미에 대해 생각해 보는 일은 점점 희박해지고 있다.

사실 이러한 문화적 환경의 변화나 죽음에 대한 의식 부재의 현실을 구조적으로 구성하고 있는 메커니즘의 핵심에는 오늘의 자본주의적 체제의 모순이 놓여 있다. 자본주의가 전 세계적으로 확산되고, 시장의 영역이 자연계는 물론 인간의 출생과 죽음에 이르기까지 관철된 결과로 우리는 탄생과 죽음을 둘러싼 초월적이고 가치론적인 의미에 대한 시각을 보존하는 일이 갈수록 어려워지고 있다. 최근에는 죽음을 상품화한 보험산업에서 더 나아가 상조산업 등이 성업 중인데, 이는 생명을 가진 존재로서 가장 인간적인 내밀한 경험 영역조차 상품화되고 시장화 되고 있음을 우리에게 제기한다.

사실 대중 토템으로서 연예인들의 삶에서 보이는 특이성은 개인화된 죽음의 실종이라는 비극을 여과 없이 보여준다. 그러나 미디어에 의해 중계됨으로써 죽음의 최종적인 국면에서조차, 비개인적인 상품성의 회로 안으로 포섭되는 스펙터클의 논리는 그것이 비단 연예인들에 한정되는 문제는 아니다. 오늘날 대중으로 집단화되어 있지만, 사실상은 개인성을 상실하고 고립되고 있는 개인들의 삶 역시 '생명의 신비'를 자각할 수 있는 최후전망이 없는 것은 비슷한 상황이다.

그래서 오늘의 문명이 선전하고 있는 '무통(無痛)문명'의 쾌적함이나, 죽음의 퇴치나 극복을 꿈꾸는 기술유토피아주의에 대항해 인문학은 본원적인 한계조건으로서의 '죽음의 복원'에 대한 학문적 모색을 지속해 나가야 한다. 죽음이라는 한계상황에 대한 철저한 자각이 있어야만, 산다는 일의 충일함과 인간과 자연 그리고 문명의 근원적 의미에 대한 밀도 높은 성찰이 가능할 것이기 때문이다. 지금 인간에게 필요한 것은 '죽음의 망각'이 아니라 '죽음의 복원'이다. 철저하게 내면화된 죽음의 의미를 자각한 사람만이 참다운 애도의 의례에 참여할 수 있다.

참고문헌

기 드보르, 이경숙 역, 『스텍터클의 사회』(현실문화연구, 1996).
김종철 편, '시애틀 추장연설―우리는 결국 모두 형제들이다', 『녹색평론선집1』(녹색평론사, 1993).
다카하시 데쓰야, 이목 역, 『국가와 희생』(책과함께, 2002).
마가렛 로크, '고통의 치환', 『사회적 고통』(그린비, 2002).
모리오카 마사히로, 이창익 · 조선윤 역, 『무통문명』(모멘토, 2002).
발터 벤야민, 반성완 역 '기술복제시대의 예술작품', 『발터 벤야민의 문예이론』

(민음사, 1983).
앤서니 T. 크론먼, 한창호 역, 『교육의 종말』(모티프북, 2009).
지그문트 프로이드, 이윤기 역, 『토템과 터브』(열린책들, 1997).

실제적 죽음과 상징적 죽음의 간격:
자살, 이데올로기, 언론[1]

홍성일(서강대학교 신문방송학과 대학원 박사과정)

Ⅰ. 들어가며

TV를 켜거나 신문을 펼치기 전에 미리부터 가슴을 졸이는 이유 중 하나는 근래 들어 유난히 자살 소식이 잦다는 데 있다. 다른 사건·사고 보도와 달리 자살은 막을 수 있었던 사건이라는 데에서 더 큰 아쉬움과 여운이 남는다. 단지 최근에 벌어진 일련의 유명인사의 자살만을 떠올리는 것은 아니다. 접해보지 않았던 얼굴 모를 무명 씨의 자살 소식도 언론과 미디어에 차고 넘친다. 개인적인 느낌만으로 재단하는 것은 아닌데, 한국이 OECD(경제협력개발기구)에 가입한 국가 중 최근 10여 년 동안 가장 높은 자살률을 보이고 있음은 잘 알려져 있다. 그러다 보니 언론과 미디어에 노출되는 자살사건 또한 당연히

---

1) 본 논문은 『생명연구』 13집(2009년 여름)에 수록되어 있다.

많을 터이다. 하지만 이와 같은 반복적인 자살 뉴스 보도에도 불구하고 구체적으로 왜 사람들은 자살하는가에 대한 답을 찾기는 쉽지가 않다. 개인적인 이유로는 돌릴 수 없는 사회적 요인이 있을 것이란 짐작을 하지만 언론과 미디어를 통해 그에 대해 명확하고 체계적인 설명을 얻기는 쉽지 않다. 그보다는 어떻게 죽었는가가 뉴스의 중심에 서 있다. 유명인사의 자살의 경우 언론과 미디어는 사고의 현장을 중계를 하듯 자세히 보여주곤 한다. 자살과정과 자살방법까지 상세하게 보여주기도 한다. 시청자와 독자의 알 권리를 내세우지만 지나치게 자극적인 언어와 영상이 난무한다는 데에는 이의의 여지가 없을 듯싶다. 무명씨의 경우도 자살의 심층적 원인을 알 수 없다는 측면에서 별 다른 차이가 없다. 대체로 그/그녀의 죽음의 원인으로 정신병력, 경제적 궁핍 등을 지적하는데, 이 짧고 무미건조한 단어 속에서 과연 주된 죽음의 원인은 무엇인지, 왜 그와 같은 극단적 선택을 하게 되었는지를 알 길은 요원하다. 바쁜 현대인의 일상 속에서 죽음은 단신으로 처리되어 무감각하게 하루 빨리 과거 속으로 사라지는 대상처럼 여겨진다.

과거로 사라진다고 해서 오늘과 내일의 죽음까지도 사라지는 것은 아닐 것이다. 높은 자살률은 그만큼 보이지 않는 수많은 잠재적 자살이 우리 사회에 존재함을 뜻한다. 단순히 과거지사로, 개인의 비극만으로 자살을 이해할 수는 없을 노릇이다. 한국사회에서 자살은 이제 사회가 고민해야 할 문제로 대두하였다. 스스로 목숨을 끊는 행위의 근원적 원인을 찾고 그에 대한 해결책을 마련하는 일이 필요하다. 물론 이와 같은 문제를 단박에 풀 수 있는 단 하나의 답을 찾을 수 있을 것으로는 생각하지 않는다. 복잡한 요인들이 난마처럼 얽혀 있을 것임을 짐작해 본다. 자살을 막기 위한 각계각층의 노력이 기울여질 때, 엉킨 실타래를 풀 수 있는 실마리가 발견되기 마련이다. 이 글 또한 그와 같은 실마리를 찾기 위한 노력의 일환이다. 한국사회에서 자살은 개인의 문제가 아니라 우리 사회의 구조적 문제임을 부각해야 하고, 자살을 줄일 수 있는 사회적 방안을 모색해야 할 것이다.

자살의 여러 측면 중 본 논문이 주목하는 것은 자살자가 사회와 맺고 있는 관계와 자살의 의미화 방식이다. 특히나 기존의 사회적 의미체계 속에서 자살이 어떠한 방식으로 의미망 속에 기입되는지를, 어떠한 사회적 의미체계 속에서 자살이 유발되는지를 밝히고자 한다. 대체로 지금까지의 자살 논의와 예방책은 자살의 의미론적인 측면에 덜 주목하였다. 자살의 정신병리적이고 충동적인 원인을 찾고 이를 치유하는 데 집중하거나 전문적인 상담요원을 활용하여 신병비관으로 인한 자살을 막으려는 시도가 주를 이루었다. 또한 생활고로 인한 자살을 막고자 경제적 어려움을 겪는 이에게 물질적 지원을 해주는 방안도 모색되었다. 이를 통해 적지 않은 이들이 자살유혹에서 벗어날 수 있었음은 분명하다. 허나, 여전히 한국사회에서 자살률이 줄지 않고 있다는 사실은 자살을 예방하기 위한 다른 방식의 접근법이 필요함을 보여준다. 이러한 상황에서 본 연구자가 주목한 것은 자살이 사회의 지배적인 의미망으로부터의 배제로부터 촉발될 수 있다는 것이었다. 이는 병리적 접근과 경제적 접근은 소통적 접근과는 거리가 있다는 문제의식 때문이다. 자살이 스스로 삶을 마감하는 행위일 뿐만이 아니라 남겨진 이들에게 특정한 의미를 전달하는 극단적 소통의 행위라면, 자살이 갖는 보다 사회적인 차원의 의미론적 측면이 주목되어야 한다. 병리적이고 경제적인 접근법의 실효성을 의문시하는 것은 아니지만, 보다 사회적인 의미론적 측면을 간과할 경우 자살예방 논의는 자칫 미봉책에 그칠 가능성이 높다.

자살의 의미론적 측면을 밝히기 위해 본 논문은 전반부에서 개인과 주체를 구분함으로써 사회의 심층에 깔려 있는 지배적 의미체계, 즉 이데올로기를 살핀다. 이로부터 사회의 특정한 의미망으로부터의 주체 배제가 자살의 한 원인이 될 수 있음을 지적할 수 있다. 후반부에서는 사회의 지배적 이데올로기를 담고 있는 언론을 중심으로 서술할 것이다. 우리 사회의 주된 의미 제도인 언론이 어떻게 사회의 특정한 의미체계를 확대·재생산하는지, 혹은 그에 저항하여 새로운 의미의 체계를 구축할 수 있는 잠재성을 갖는지가 주된 분석대상이다. 언론은 사회의 의미체계들이 경합하는 곳으로서, 특정한 의미들의 결절점으로 위치한다. 언론이 제대로 사회적 의미를 내지 못할 경우 언로가 막힌 주체는 상징적 죽음을 맞고 이는 자칫 자살로, 즉 실재적 죽음으로 나아갈 수 있다는 것이 본 논문의 주된 주제이다.

Ⅱ. 자살 명명의 이데올로기

자살의 주체가 누구인가는 일견 명확해 보인다. 한자를 풀어본다면 '스스로 생명을 살해한다'라는 뜻의 '자살(自殺)'이 가리키듯, 자살은 자유의지로 목숨을 끊는 행위이다.[2] 자살의 주체를 개인으로 한정하고 그/그녀에게 자살의 책임을 묻는 것은 상식적인 판단처럼 보인다. 혹은 또 다른 방식으로 자살을 이해할 수도 있다. 자살의 주체를

---

2) 자살의 영어 표현인 'suicide'는 라틴어의 'sui'(자기 자신을)와 'cædo'(죽이다)의 두 낱말의 합성어이다.

익명화하고 자살의 책임을 개인 바깥으로 돌리려는 방식이 그것이다. 단적으로 최근 들어서는 자살자가 갖고 있던 정신병력에 주목하기도 한다. 제대로 된 치료를 받았다면 자살을 피할 수도 있었을 것이란 전제를 깔고 있다. 실제로 자살자의 90% 이상이 사망 당시 정신질환 을 앓고 있었다고 하니 꼭 틀린 이야기만은 아니겠다. 그럼에도 불구 하고 자살은 여전히 병사(病死)와 구분된다. 병사가 불가항력적인 반 면 자살은 여전히 자기의지의 산물이라는 의미가 강하다. 자살의 주 체와 책임은 개인에게 향해 있는 셈이다. 다른 한편으로 자살과 같은 극단적 선택을 낳은 사회 구조적 요인을 지목하기도 한다. 생활고, 가 정불화 등과 같은 개인의 비극을 낳은 불합리하고도 부정의한 우리 사회의 모순을 거론하기도 한다. 하지만 같은 상황에 처한 모든 이들 이 자살을 선택하지 않는다는 점에서 여전히 자살의 책임은 개인에 게 향해 있다.

자살에 대한 일반적 인식은 이와 같다. 종합하면, 행태주의적이고 개인주의적이다. 눈에 보이고 구체적인 자살행위를 통해 인지한다는 측면에서 행태주의적이고, 그 행동의 실행과 책임의 주체는 개인이라 는 점에서 개인주의적이다. 물론 자살자의 자살시도와 그 주검은 명 백하다. 비극이며 다시는 반복되어서는 아니 된다. 시간을 되돌릴 수 있다면 자살의 순간 그를 저지해야만 할 것이다. 법조차 자살의 방조 나 교사를 엄격히 금하고 있다.[3] 그러나 이 명증성으로 인해 우리는 행태주의 이면에 자리를 잡고 있는 구조의 문제를, 개인주의 이면에

---

3) 자살을 방조하거나 교사하는 것은 위법이다. 형법 제252조는 다음과 같다.
　　제252조(촉탁, 승낙에 의한 살인 등) ① 사람의 촉탁 또는 승낙을 받아 그를 살해한 자는 1년 이상 10년 이하의 징역에 처한다. ② 사람을 교사 또는 방조하여 자살하게 한 자도 전항의 형과 같다.

자리를 잡고 있는 사회의 문제를 놓친다. 여기에서 자살은 일종의 스펙터클과 유사한 측면이 있다. 드보르(Debord)는 '스펙터클은 기존질서가 아무런 방해도 받지 않고 행하는 자신에 관한 담화이며, 자신을 찬미하는 독백'이라고 말한 바 있다.[4] 자살로 이름붙이는 순간 자살을 야기한 기존질서는 아무런 방해 없이 존속하며, 자살의 책임이 개인으로 귀결된다는 측면에서 자살은 자신에 관한 담화이자 독백으로 머무른다. 이 와중에 개인을 자살로 몰아간 중층적이고 장기적인 구조는 망각되고 가려지기 십상이다.

드물게 자살의 보다 심층적 원인을 가리키기 위해 '사회적 자살'이라는 명명을 사용하곤 한다. 그럼에도 꼬리표처럼 붙은 '자살'이 가리키는 것은 '스스로 생명을 살해하는' 행위와 자살자 개인이다. 이것은 가장 탁월한 이데올로기적 효과가 아닌가? 알튀세는 이데올로기에 대해 다음과 같이 말한다. "이데올로기의 특성은(명백함이기 때문에 그렇게 나타나지 않게 하면서도) 명백함을 명백함으로써 부과하는 것이다. 이 명백함은 결코 **인지(recognition)를 실패**할 수 없는 것이며, 그 명백함에 앞서 필연적이며 자연스러운 외침으로 반응하는, 즉(큰소리로 혹은 '의식의 고요하고 작은 목소리'로) '분명하다! 옳다! 사실이다!'고 외치며 반응하는 명백함이다."[5] 우리는 자살을 자살로 인지하며 그 명백함(자살)을 명백함(스스로 생명을 살해함)으로만 이해할 뿐이다. 이를 통해 자살자를 자살로 마감한 구조는 질문 받지 않고 재생산된다.

---

4) Debord, G.(1967), *La Société du Spectacle*, 이경숙 역(1996), 『스펙타클의 사회』, 서울: 현실문화연구, p.19.

5) Althusser, L.(1994), Ideology and Ideological State Apparatuses, in Zizek, S.(ed)., *Mapping Ideology*, London: Verso, p.129.(original work published in 1970) 강조와 괄호는 원문.

　구조의 재생산은 동시에 구조 속에 기입되어 있는 주체의 재생산을 함축한다. 알튀세의 논의를 좀 더 따라가 보자. 그에게 있어 주체는 (1) 자유로운 주체성(subjectivity), 그 자신의 행동에 대한 책임자이자 그 행동의 저자(author)이다. 동시에 주체는 (2) 종속된(subjected) 존재, 보다 높은 권위(authority)에 복종하는 자, 그리하여 복종을 자유롭게 받아들이는 것을 제외하고 모든 자유를 빼앗긴 자이다.[6] 얼핏 자유로운 주체성과 종속된 존재는 서로 충돌하는 개념처럼 보인다. 허나, 자유를 실행하기 위해서는 최소한의 고정점이 필요하다.[7] 자아가 있어야 자유를 실감할 수 있다. 자아가 유동하면 자유는 변덕과 혼란이 될 수밖에 없다. 자유를 자유로 인식할 수 있는 역설적으로 부자유한 위치가 존재해야 자유의 개념을 도출할 수 있다. 알튀세가 개인과 주체를 구분한 것은 이와 같은 이유에서이다. 이데올로기는 개인을 호명하여 그를 구조의 주체로 만든다. 이데올로기를 통해 "개인은 **(자유로운) 주체(subject)로서 호명된다. 그로써 개인은 큰 주체(Subject)의 율법에 자유롭게 복종할 것이다.** 다시 말해 그로써 개인은(자유롭게) 자신의 종속을 받아들일 것이다. 즉, 그로써 개인은 자신의 종속의 행위와 몸짓을 '혼자 힘으로' 만들 것이다. **종속을 위하지 않는, 종속에 의하지 않는 주체는 없다.** 이것이 바로 왜 주체들이 '**혼자 힘으로' 활동(work)**하는가에 대한 이유이다."[8] 개인은 주체로 호명되어 구조 속에서 자유로이 '혼자 힘으로' 활동하지만, 이 자유는 구조에 붙들리는, 구조를 재생산하는 종속의 과정을 거쳐야만 얻을 수 있

---

6) Ibid, p.136.

7) Eaglton, T.(2005), *Holy Terror*, 서정은 역(2007), 『성스러운 테러』, 서울: 생각의 나무, p.47.

8) Althusser, L.(1994), Ideology and Ideological State Apparatuses, in Zizek, S.(ed)., *Mapping Ideology*, London: Verso, p.136. 강조와 괄호는 원문.

는 것이다.

알튀세의 이와 같은 개인, 주체, 구조의 논의는 큰 틀에서 볼 때 언어학적 전회(linguistic turn)의 도움을 받은 것이었다. 언어학적 전회가 가져온 획기적인 발상의 전환은 우리의 자유의지 밖에서 우리를 조정하는 구조의 발견이었다. 소쉬르의 언어학은 그 중심에 있었다. 소쉬르는 랑그(langue)와 파롤(parole)을 구분함으로써 구조주의의 첫 출발을 알렸다. 그에게 있어 랑그는 언어활동의 본질적인 부분으로서, 사회집단에 의해 채택된 필요한 관습들의 총체이다. 그것은, '본질상 사회적이며 개인과는 무관하다'이다.[9] 반면, 파롤은 랑그에 비해 '부차적이며, 언어활동의 개인적인 면'이다.[10] 사회적 소통을 해야 하는 인간에게 랑그의 내면화는 필수적이라 하겠다. 그 내면화의 과정은 너무나도 명백하고 자연스럽게 보여 랑그를 의식하지 못하지만, 랑그로 인해 통약 가능한 의미 전달이 가능해지고, 랑그에 의해 자유로운 의사소통 역시 가능하다. 소쉬르는 알튀세에 앞서 인간의 자율성의 자리를 지우는 급진성을 보여 주었던 셈이다.[11] 알튀세는 한 걸음 더 나아가 언어를 넘어선 이데올로기의 영역까지 확장하였다. 이들 사이에는 연속성이 있었다. 소쉬르가 중립적으로 언어의 사회성을 밝힌 지점에서 알튀세는 그 정치성을 밝혔으며 개인을 구조의 주체로 포획하는 것을 이데올로기로 파악하였다. 랑그에 붙잡히듯 개인은 이데올로기에 붙잡히며, 랑그를 통해 말을 하듯, 이데올로기를 통해 자유롭게 '혼자 힘으로' 활동하는 것이다.

---

9) de Saussure, F.(1916), *Cours de linguistique générale*, 최승언 역(1990), 『일반언어학 강의』, 서울: 민음사. p.30.

10) Ibid, p.30.

11) 원용진 · 홍성일(2008), '화폐 읽기: 화폐의 의미작용과 가치', 「한국언론정보학보」 41호, p.86.

그렇다면 자살을 더 이상 '스스로 생명을 살해한다' 혹은 '혼자 힘으로 행한다(work)'로 이해할 수는 없다. 이처럼 이해하는 것은 소쉬르적인 의미에서 '부차적이며 개인적인 면'만을 보는 셈이다. 알튀세적인 의미에서 주체가 아니라 개인만을 파악하는 셈이다. 소쉬르와 알튀세의 통찰력이 제안하는 것은 자살자는 개인이 아니라 주체라는 점이다. 그는 '혼자 힘으로' 자유 의지에 따라 목숨을 끊었고 '그 자신의 행동에 대한 책임자이자 그 행동의 저자(author)'이지만, 동시에 그는 무언가에 종속되어 있고 종속하기 위해 자살하였다. 주체의 문제를 통해 우리가 물어야 할 질문은 그와 같은 종속이 향하는 곳이 어디냐는 것이겠다. 더불어 자살자의 주체로서의 위치뿐만이 아니라 자살을 '개인의 죽음'으로 한정해 버리는 사회적 재현의 체계와 그 구조 또한 질문의 대상으로 부각한다. '자살'의 명명은 사회적 주체인 자살자를 개별적 개인으로 탈바꿈하기 때문에 이데올로기적이다. 더 정확히 말하자면 자살의 주체를 개인으로 인지(recognition)함으로써, 우리는 주체를 개인으로 바꾸어 그 이데올로기의 주체화 과정에 괄호를 치는 주체가 된다.

알튀세가 전제한 것은 주체화 이전과 이후의 다른 영역들이었다. 개인·주체, 인식(cognition)·인지(recognition)의 구분이 그와 같다. 가장 결정적인 구분은 이데올로기에 대한 그의 첫 테제에서 확인할 수 있다. "이데올로기는 개인들의 실재 존재 조건에 대한 개인들의 상상적 관계를 재현한다."[12] 실재와 더불어 재현이 따른다는 것이겠다. 재현(representation)은 인지(recognition)하는 주체의 영역이고 현시(presentation)

---

12) Althusser, L.(1994), Ideology and Ideological State Apparatuses, in Zizek, S.(ed)., *Mapping Ideology*, London: Verso, p.123.

는 인식(cognition)하는 개인의 영역이다. 주체는 자신이 만들지 않았지만 자신을 사로잡고 있는 언어와 상징을 통해, 재현의 체계를 통해, 즉 이데올로기를 통해 실재의 인식을 재현의 인지로 바꾸어 낸다.[13] 만일 이와 같은 미묘한 구분과 이데올로기에 의한 개인에서 주체로의, 인식에서 인지로의, 즉 실재로부터 언어와 상징의 재현체계로의 이동을 받아들일 수 있다면 우리는 자살에 대해서도 동일하게 이야기할 수 있다. 죽음은 두 번 반복한다. 자살은 실재의 영역에서, 상징적 영역에서 이루어진다. 이로부터 자살에서 뭉뚱그려 가려진 실재적 죽음의 구분이 가능할 것이다.[14]

Ⅲ. 자살의 의미작용 메커니즘

자살자는 자살의 저자(author)이며 동시에 권위(authority)에 종속된 주체이다. 자살은 개인의 죽음일 뿐만 아니라 주체의 죽음이기도 하다. 이로부터 역설적 상황이 빚어진다. 정의상 주체는 죽지 않아야 한다. 죽은 주체는 구조를 재생산할 수 없다. 하지만 자살은 주체를 살

---

13) 라캉(J. Lacan)의 정신분석학은 실재계, 상징계, 상상계의 세 단계를 구분하지만 알튀세는 라캉적 의미의 실재계와 상징계를 구분하는 것 같다. 개인이 주체로 호명될 때, 개인은 실재계에서 상징계로 나아가는 것으로 이해할 수 있다. 알튀세는 상징적 질서의 논리를 사회구성체의 분석에 적용하였다(홍준기, 2003). 그런 의미에서 알튀세의 '상상적' 개념은 라캉의 상징계와 가깝다. 다른 곳에서 그는 라캉의 상상계와 상징계는 상징계로 통칭할 수 있음을 밝히기까지 하였다. "상상적 세계의 이원적 매혹의 시기든, 상징적 질서의 편입을 체험으로 인정하는 시기든 모든 이행의 변증법은 그것의 궁극적인 본질에 있어서 인간질서, 상징적 세계의 낙인이 찍혀 있다. 언어학은 그것의 형식적 법칙들 다시 말해 형식적 개념을 우리에게 제공한다."(Althusser, 1964/1998, p.39.) 가령 그의 이데올로기적 호명에 대한 설명은 상징적, 언어적 작동이다. 그러나 이와 같은 방식으로 라캉의 상상계 구분을 무화할 수 있는가는 논쟁적이다. 본 논문은 상상계를 통한 이데올로기의 작동을 부정하지 않은 채, 상징의 차원에만 집중하여 논의를 전개하고자 한다. 본 논문이 초점을 맞추고 있는 것은 상징적 죽음과 상징적 자살이다. 여기서는 가설적으로 상상적 죽음과 상상적 자살은 정신 병리적 측면과 관계있을 것임을 제안한다.

14) 상징적 죽음과 실재적 죽음의 구분에 대해서는 Zizek, S.(1989), *The Sublime Object of Ideology*, 이수련 역(2001), 『이데올로기라는 숭고한 대상』, 서울: 인간사랑, p.232.

인함으로써, 그를 주체화한 상징적 질서·재현체계의 재생산을 막는다. 자살 또한 주체의 행위일 터인데, 어찌하여 이 주체는 상징적 질서·재현체계를 위기에 몰아넣는가? 이것은 '주체는 구조를 재생산한다'라는 앞서의 설명과 충돌하는 것은 아닌가? 자살자의 죽음을 주체의 죽음이 아니라 개인의 죽음으로 돌리는 것은 의문에 부쳐진 상징적 질서·재현체계를 유지하고자 하기 때문일 것이다.

구조를 위기에 빠뜨리는 주체의 역설적 상황은 상징적 죽음의 개념을 통해 해결할 수 있다. 실제의 생물학적 죽음은 단 한 번 찾아오지만 자살의 경우 그의 상징적 죽음은 그에 앞서거나, 뒤늦게 도착한다. 많은 경우 그는 사회로부터 재현되지 못하기 때문에, 이미 상징적으로 죽음을 선고 당했기 때문에 실제적으로 죽음을 선택한다. 실제적 죽음에 앞선 상징적 죽음은 그가 언어와 상징의 재현체계로부터 배제되었음을, 주체화되지 못했음을 의미한다. 이것은 명백히 기존 상징적 질서·재현체계에 포함되지 못한 주체화의 실패이다. 그러나 동시에 이것은 대안적 상징적 질서·재현체계가 존재함을 가리킨다. 언어와 상징을 통해 재현을 해야 하는 개인은 이미-언제나 주체이다. 문제는 무엇의 주체이냐는 것이겠다. 상징질서와 재현체계는 단 하나의 질서, 단 하나의 체계가 아니다. 서로 경합하고, 억압·저항하며 갈등하는 상징적 질서·재현체계들이 존재한다.[15] 그의 상징적 죽음은 그가(대안적 상징질서·재현체계의) 주체이며 동시에(지배적 상징질서·재현체계의) 죽은 주체임을 알려준다. 그는 지배적 상징질서·재현체계의 주체가 되지 못하고, 그로부터 밀려나게 된 대안적인

---

15) Laclau, E. & Mouffe C.(1987), Post-Marxism without Apologies, *New Left Review* 166, November/December, pp.82-83.

상징적 질서·재현체계의 주체이다. 그러므로 그의 상징적 죽음이 가리키는 것은 주체화의 실패가 아니라 보다 심층적인 수준에서 그를 주체화한 상징적 질서·재현체계의 배제, 억압, 패배이다.

한편 우리는 실제적 죽음 뒤에 찾아오는 상징적 삶을 생각할 수 있다. 그는 죽음을 통해 지배적 상징질서·재현체계의 주체가 되고픈 존재일 수 있다. 자살자는 실제적 죽음을 통해 다시 상징질서·재현체계 속으로 되살아온다. 실제적 죽음을 통해 그는 상징적으로 부활한다. 자살자에 대한 후일담의 홍수는 그의 죽음으로 작동하는 재주체화의 과정과 그로부터 가동되는 새로운 상징적 질서·재현체계를 드러낸다. 그는 죽음으로 주체화와 상징적 질서·재현체계를 재생산한다. 죽은 이들을 위한 응답, 죽은 이들에 대한 응답이 뒤따르게 된다는 측면에서 그의 죽음은 구성적 죽음인 셈이다.[16) 이것은 지배적 상징적 질서·재현체계로의 복귀일 수 있고, 대안적 상징적 질서·재현체계로의 복귀일 수 있다. 문제는 우리가 그의 뒤늦은 상징적 삶이 어디에 위치할지를 확정할 수 없다는 것이다. 그는 실제적으로 죽었기 때문에 그의 입으로 말할 수 없는 존재이다. 후일담은 그의 죽음의 의미를 고정하려 하지만, 최소한의 고정점이라 할 수 있는 자아가 사라졌기 때문에 그의 상징적 삶은 변덕스럽고 혼란스럽다. 그의 상징적 삶의 의미는 지배적 상징적 질서·재현체계와 대안적 상징적 질서·재현체계 사이에서 부유한다. 이 또한 우리의 상징적 질서·재현체계가 단 하나의 상징적 질서·재현체계가 아니라는 것의 증거가 될 것이다. 그의 죽음으로 인해 경합하고, 억압·저항하며, 갈등하는

---

16) Derrida, J.(1993), *Spectres de Marx*, 진태원 역(2007), 『마르크스의 유령들』, 서울: 이제이북스, p.216.

상징적 질서·재현체계들이 부상한다.

이상에서 확인할 수 있는 것은 상이한 상징적 질서·재현체계가 존재함에도 불구하고 이들 속에서 발생하는 공통적 주체화의 과정이다. 상징적 질서와 재현체계의 내용은 다르지만 주체화의 메커니즘은 동일하다. 소쉬르는 그와 같은 동일한 메커니즘이 언어의 구조에 의해 발생한다고 보았다. 그는 각각의 개별적 파롤은 동일한 랑그의 산물임을 강조하였다. 이를 따라 많은 연구자들은 언어를 사회적 실천과 사회적 현실로까지 확장하였다. 언어를 통해 사람들이 생각하고 행동하기 때문에 언어의 작동방식에 따라 사회도 변화하는 것으로 전제하였다. 언어가 의미를 내는 방식(signification)으로 사회적 현실이 조직될 수 있음을 파악하였다. 소쉬르의 언어학은 철학, 정치학, 미학 등의 다른 학문분야에 응용되어 수많은 지적 생산물을 낳았다. 알튀세의 이데올로기론 또한 소쉬르의 통찰력에 큰 빚을 지고 있다. 허나, 알튀세의 이데올로기론은 상징적 질서·재현체계의 구체적 메커니즘까지는 밝히지 않고 있다. 랑그에 해당하는 이데올로기의 존재를 드러내고 그 특징을 파악했으나 랑그의 구체적 메커니즘에까지 관심을 기울이지는 않았다. 알튀세의 논의에서 개인은 주체로 순식간에 변모한 셈이다.[17] 그렇기에 알튀세가 집중하지 않은 상징적 질서·재현체계의 구체적 메커니즘이 필요하다.

라클라우와 무페는 주체가 아니라 주체의 위치(subject position)를 물음으로써 알튀세가 지름길로 빠져나간 상징적 질서·재현체계의 메커니즘을 밝힐 수 있었다.[18] 이들 또한 알튀세의 전제를 받아들여

---

17) Pecheux, M.(1994), The Mechanism of Ideological(Mis)recognition, in Zizek, S.(ed)., *Mapping Ideology*, London: Verso, p.148.(original work published in 1982).

이데올로기는 상징적 질서·재현체계라는 결론에 이른다. 그것은 언어처럼 작동한다. 그러나 이때의 언어는 소쉬르가 이해했던 언어와는 다른 것이다. 소쉬르는 기호(sing)를 기표(signifier)와 기의(signified)의 형식으로 나눌 수 있다고 보았으며 기표와 기의의 결합이 의미작용(signification)을 불러일으킨다고 파악하였다. 중요한 것은 기호를 구성하는 기표와 기의의 연결이 자의적이라는 것이다. "이 말은 기표가 화자의 자유로운 선택에 의존한다는 의미로 이해되어서는 안 된다. … 개인에게는 한 언어 집단 속에 일단 정립된 기호를 바꿀 수 있는 힘이 없다."19) 하지만 이로써 의미가 완결되는 것은 아니었다. 기호는 홀로 의미를 내지 못한다. 기호가 의미를 갖는 것은 다른 기호와 차별적이기 때문이다. 가령, '개'란 기표가 네 발 달린 포유류 짐승 개란 기의와 결합해 의미를 낼 수 있는 것은 그것이 고양이의 기호, 늑대의 기호가 아니기 때문이다. 소쉬르는 이를 '체계로부터 발산하는 가치', 즉 개별 인간의 의지, 개별 기호의 의미작용과 무관한 차이로 파악하였으며, 의미작용을 가치의 뒤에 놓아 결국엔 의미작용을 아무 것도 아님(nothing)이라고 파악했다.

라클라우와 무페가 소쉬르를 수정하는 지점이 여기이다. 그들은 기호와 기표의 결합이 맺는 의미작용의 우선성을 강조하였다. 기표와 기의는 그 자의성으로 인해 다양한 의미를 파생할 수 있다. 라클라우와 무페가 주장하는 것은 기호결합의 정적 상태가 아니라 기표와 기의의 분리 가능성과 동적 운동이다. 그로부터 발생하는 차이체계의

---

18) Laclau E. & Mouffe, C.(1985), *Hegemony and Socialist Strategy*, London: Verso.

19) de Saussure, F.(1916), *Cours de linguistique générale*, 최승언 역(1990), 『일반언어학 강의』, 서울: 민음사. p.87.

닫힘이 아니라 차이체계의 열림이다. 그들은 다음과 같은 예를 든다. "식민지의 경우 지배 권력의 현존은 매일매일 분명하게 나타나는데, 그것은 옷, 언어, 습관, 피부색의 차이와 같은 다양한 내용물을 통해서이다. 이들 각각의 내용물은 피식민 민족으로부터 식민 지배민족을 차별화하는 공통적 기능을 담당하므로 등가적이다. 허나, 바로 그 이유로 인해 이들 각각의 내용물은 차별화의 계기(moments)와 조건을 만들 수 있는 특성을 잃고 대신에 부유하는 요소(elements)로써의 성격을 얻는다. 등가로 인해 비록 첫 번째 의미에 기생하고는 있지만 그 것을 전복하는 두 번째 의미가 만들어지는 것이다."[20] 정리하자면, 기호들 사이의 차이는 그것이 차이를 낸다는 이유로 등가적으로 묶여질 수 있으며 이로 인해 등가적인 기호들 사이의 다양한 접합이 가능해진다. 이 와중에 기표는 기의와 분리되어 수많은 기표와 기의의 결합, 즉 의미작용이 가능하다. 소쉬르는 완전히 닫힌 체계를 상정함으로써 의미작용의 역동성과 서로 다른 기호 사이의 묶음을 파악하지 못한 한계를 갖는다. 소쉬르 식의 '어떠한 떠다니는 기표도 모두 배제해버리는, 즉 완전히 성공적인 차이의 체계는, 어떠한 접합도 불가능하게 만들 것이다'라는 한계이다.[21] 소쉬르의 논의는 자동적 주체를 함축하지만 라크라우와 무페는 주체 위치를 상정함으로써 등가와 차이의 논리로 접합된 복수의 상징적 질서·재현체계를 생각할 수 있게 해 준다. 주체화가 이루어지는 곳은 개인을 주체 위치 속으로 할당할 때이다. 부유하는 기표의 요소는 특정한 계기에 묶여 질서를 부여 받아 접합되며 주체화를 위한 자리를 마련한다. 각각의 기호

---

20) Laclau E. & Mouffe, C.(1985), *Hegemony and Socialist Strategy*, London: Verso, p.127.

21) Ibid, p.134.

들은 질서 속에서 서로를 함축하고 불러낸다. 그에 따라 일단 자리를 부여 받게 되면 주체는 그를 붙잡은 상징적 질서·재현체계의 논리를 재생산한다. 그러나 이 또한 한시적인데, 그것은 기호의 접합가능성 때문이다. 기호의 체계는 열려 있으며, 다른 상징적 질서·재현체계로의 주체 위치를 마련하고 있다. 그러므로 라클라우와 무페에게 있어 주체 위치의 최종적 고정은 불가능하다. 기표와 기의를 분리시킴으로써 주체 위치는 마련되지만, 동시에 이는 새로운 주체 위치를 마련하는 출발점이기도 하다. 심지어 라클라우와 무페는 데리다를 인용해 '초월적 기의의 부재는 의미작용의 놀이와 영역을 무한히 확장한다'고까지 극한으로 밀어붙인다.[22]

하지만 우리는 여기에서 라클라우와 무페의 극단적인 언어적 환원을 어디까지 수용할 수 있는가를 결정해야 한다. 앞서의 자살의 상징적 죽음의 측면은 지배적인 상징적 질서·재현체계가 있음을 가리켰다. 각각의 상징적 질서·재현체계가 경합하고 억압·저항하며 갈등함을 파악하였다. 허나, 라클라우와 무페가 제안한 놀이로서의 접합으로부터는 억압·저항과 갈등을 파악하기가 요원하다. 이와 같은 일이 발생하는 것은 현실은 언어처럼 작동하지만 결코 언어 그 자체가 아니기 때문이다.[23] 현실 속에서는 분명 다른 것에 대한 무언가의 결정과 지배의 문제가 발생한다. 다양성을 부정하는 것은 아니지만 복합적 통일성 속의 다양성을 밝혀야 한다. 홀은 라클라우와 무페의 통찰력을 높이 사면서도 그들이 부정하고자했던 의미의 고정성에 더

---

22) Ibid, p.112.
23) Hall, S.(1996), 포스트모더니즘과 접합: 스튜어트 홀과의 대담, 임영호 편역(원저 출판연도 1986), 『스튜어트 홀의 문화이론』 서울: 한나래, p.127.

큰 강조점을 부여한다. 그는 선택과 결합에 의해 등가의 연쇄를 만들어 냄으로써 의미를 고정시키려는 작업을 제외한다면 이데올로기로 얻을 수 있는 장점은 아무 것도 없다고까지 이야기한다.[24] 이와 같은 지적은 대체로 라클라우와 무페가 현실 속에서 작동하고 있는 제도의 문제를 간과했다는 지적으로 집중한다.[25] 가령, 옷의 차이, 언어의 차이, 습관의 차이, 피부색의 차이 등이 접합하여 식민 지배국에 대한 반식민운동의 계기를 마련하고, 이를 통해 새로운 상징적 질서·재현체계 속에서 반식민적 주체 위치를 마련할 수는 있으나, 그 효과는 이를 조직화하고 상시화할 수 있는 제도적 장치의 유무에 따라 다를 것이다. 식민 지배국이 경찰, 군대, 정치기구의 제도를 통해 반식민운동의 주체 위치를 억압할 수 있는 보다 유리한 위치에 있음을 부정할 수 없다. 알튀세가 이데올로기적 국가 장치를 개념화한 것은 이데올로기가 단지 상징이 아님을 보여주기 위해서였다. 알튀세는 '이데올로기적 국가 장치에서 정확히 그 모순적인 모습으로 지배 이데올로기가 마침내 현실화(realized)되는 한에 있어, 지배계급은 이데올로기적 국가 장치 안에서 활성화(active)된다'고 지적하였다.[26] 따라서 우리는 구체적인 상징적 질서·재현체계의 메커니즘뿐만이 아니라, 현실 속 의미를 고정하려는 세력 관계와 이데올로기적 국가 장치의 작동을 파악해야만 한다. 그것은 오늘날 단연코 언론이라는 제도적 장치를 통해 이루어지고 있다.

---

24) Hall, S.(1996), 의미작용, 재현, 이데올로기: 알튀세르와 후기 구조주의 논쟁, 임영호 편역(원저 출판연도 1985), 『스튜어트 홀의 문화이론』 서울: 한나래, p.66.

25) Mouzelis, N.(1988), Marxism or Post-Marxism?, *New Left Review* 167 January/February, p.112.

26) Althusser, L.(1994), Ideology and Ideological State Apparatuses, in Zizek, S.(ed)., *Mapping Ideology*, London: Verso, p.112.

Ⅳ. 자살 – 의미의 결절점: 언론

언론은 매일 매일의 뉴스를 전달함으로써 한 사회의 공통적 상징적 질서·재현체계를 구축한다. 언론은 부유하는 의미가 결정되고 고정되는 장소이다. 알튀세가 이데올로기적 국가 장치 중 하나로 언론을 거론한 것은 우연이 아니다. 그렇다고 해서 언론이 국가에 완전히 종속되어 있다는 뜻은 아니다. 이데올로기가 상대적 자율성을 갖듯, 언론 역시 상대적 자율성을 갖는다. 그럼에도 불구하고 언론은 사회 전체의 시스템 속에서 '복합적 통일성 속의 다양성'을 구축한다. 때로는 사회의 지배적 상징적 질서·재현체계를 거스르기도 하지만 전체적으로 볼 때 그것은 통일성 속의 변이라 할 수 있다.

홀 등은 언론이 서로 모순되어 보이는 뉴스를 전파하면서도, 또한 각 언론사가 서로 충돌하는 이념적 지형에 놓여 있으면서도 이것이 결코 지배적 상징적 질서·재현체계의 통일성을 해치지 않는 수준에서 이루어짐을 설득력 있게 보여주었다.[27] 그 이유로 홀 등은 1) 언론(media)의 관료적 조직, 2) 뉴스 가치의 구조, 3) 뉴스 이야기 자체의 구성 계기를 든다.[28] 분석 상의 이유로 각각을 구분하였지만 이들은 실은 뫼비우스의 띠처럼 각각의 꼬리를 물고 들어가며 복잡하게 얽혀 있다. 첫째로 미디어의 관료적 조직은 다양한 뉴스들에 통일성을 부여하는 제도적 기능을 담당한다. 매일매일 생산되는 사건에 대처하기 위해 만들어진 언론사주 – 국장 – 부장 – 기자로 내려오는 위계적,

---

27) Hall, S., et al.(1978), *Policing the Crisis: Mugging, the State and Law and Order*, London: Macmillan Press.

28) Ibid, pp.53–57.

관료적 조직구조는 사건을 걸러(filtering) 선별, 배열하여 의제를 설정하는 게이트키퍼(gatekeeper)를 구조적으로 양산한다. 이들 게이트키퍼들은 각기 흩어져 산재하는 뉴스에 통일성과 방향성을 부여한다. 이것은 또한 2) 뉴스 가치의 구조로부터 비롯하는 것이기도 하다. 전문직 종사자로서의 저널리스트는 특정한 뉴스 가치를 내면화하여 무엇이 뉴스가 될지, 무엇이 뉴스가 되지 않을지에 대한 '전문적 이데올로기'(professional ideology)를 갖고 있다. 그에 따라 각 게이트키퍼들은 뉴스를 선별하기 마련이다. 대체로 특이하거나, 극적이거나, 저명인사와 관련될 경우 뉴스 가치는 높다. 앞서의 소쉬르의 논의를 적용하자면 뉴스 가치는 차이로부터 발생하는 셈이다. 허나, 단순한 차이가 아니라 라클라우와 무페가 이야기한 것처럼 차이들의 등가를 재조직화할 수 있는 차이에 뉴스 가치가 높다. 그와 같은 차별화가 이루어지는 지점은 3) 뉴스 자체의 구성 계기이다. 1)과 2)에 비해 잘 드러나지 않지만 저널리스트들은 독자들이 이해 가능한 형태로 뉴스를 구성해야 한다. 그 주요한 방식은 동일화(identification)와 맥락화(contextualisation)라고 홀 등은 설명한다. 나타난 것(presentation)을 재현(representation)해야 하고, 인식(cognition)을 상징적으로 인지(recognition)할 수 있도록 만들어야 한다. 독자들에게 영향을 이미―항상 미치는 지배적 상징질서·재현체계의 지평 속에서 사건을 확인하고(identify) 이를 다른 것과의 관련성 안에서 설명해야(contextualize) 의미가 전해질 수 있다. 이는 대체로 우리 사회는 무엇이며 어떻게 작동하고 있는가란 가정들 위에서 구축된 것이기에 이데올로기적이다.

이와 같은 언론에 대한 논의 속에서 최근 벌어진 두 개의 자살사건을 Ⅱ장과 Ⅲ장을 통해 살펴본 상징적 죽음과 의미작용 메커니즘으로 살펴보도록 한다. 하나는 연예인의 자살이었고 다른 하나는 노동자의 자살이었다.

연예인 장 모 씨의 자살은 높은 뉴스 가치를 갖는 것이었다. 오랜 무명 생활 끝에 최근에야 각광을 받는 시점에 이루어진 것이기에 그녀의 자살은 극적이었다. 연예인이란 그녀의 직업은 그녀가 보통 이들의 자살과는 다른 차별적인 지점이었다. 그녀의 자살에 앞서 짧은 시기 동안에 다수의 연예인이 자살했던 점 또한 뉴스 가치를 높였다. 대체로 연예인의 자살을 극심한 우울증 혹은 채무관계로 설명하는 지배적인 상징적 질서·재현체계가 작동하였고 장 모 씨의 자살 역시 최초에는 그와 같이 연쇄적 의미체계 속에서 구성되었다. 그러나 장 모 씨의 자살의 이유가 그것(만)이 아니었음을 알려주는 정황들이 밝혀지며 뉴스는 다른 방식으로, 다른 의미의 체계와 접합하기 시작한다. 장 모 씨는 유서를 통해 그녀가 원치 않는 행위를 강요받았음을 적고 있었다. 사회의 유력인사들이 그녀의 죽음과 관련되었다고 했다. 특히 그중에는 유력 언론사의 간부까지도 포함되어 있었다. 장 모 씨가 죽기 직전 한 지인에게 남겼다는 글이 언론을 통해 공개됐다.

> "근데 이렇게 누구에게라도 말하지 못하면 숨이 막혀 죽을 것 같아. 회사도 아닌, 술집도 아닌 웃긴 곳에서 생각하고 싶지 않은 일이 일어났고… 난 오라면 오고 가라면 가고, 벗으라면 벗어야 하고. 여기저기… 새로운 옷이 바뀔 때면 난 또 다른 사람을 만나야 하는 요즘이야."[29]

그녀는 체계적으로 사회의 지배적인 상징적 질서·재현체계로부

---

29) 미디어오늘, 2009년 3월 24일자, "더러운 포식자들…"에서.

터 배제되었음이 드러났다. 그녀의 실제적 죽음에 앞서 상징적 죽음이 선고된 셈이었다. 그녀의 실제적 죽음은 그녀의 상징적 부활을 가져왔다. 그는 죽어서 더 자주 언급되고 화제가 되었다. 그녀의 죽음으로부터 대안적인 상징적 질서·재현체계가 활성화되었다. 비주류 매체들은 장 씨의 죽음의 심층적 원인에 대한 기사들을 쏟아내기 시작했다. 연예 매니지먼트 시스템 전반에 대한 문제에서부터 시작하여 사회적 지배층의 도덕적 해이에까지 새로운 의미들이 그녀의 새로운 상징적 삶에 접합되었다. 한편, 다른 곳에서는 여전히 연예인 개인의 우울증과 채무관계로 죽음의 원인을 돌리려는 의미체계가 작동하였다. 언급된 언론사 간부가 속해 있는 곳에서 특히 그러했다. 이 매체는 대안적인 상징적 질서·재현체계가 일정하게 힘을 얻기까지는 침묵으로 일관하였다. 마침내 지배적인 상징적 질서·재현체계가 위기에 봉착하자 이 언론사는 자사의 이름을 대안적인 의미체계 안으로 접합하려는 이들에 대해 법적인 고소를 할 것임을 분명히 하였다. 현실적 세력관계의 불평등적 배분으로 인해 차츰 장 모 씨의 죽음에 대한 이야기가 잦아들기 시작하였다. 대안적인 상징적 질서·재현체계는 기존의 상징적 질서·재현체계에 밀리기 시작하였다. 경찰은 언론사 간부가 연루되어 있는지 확인할 수 없었음을 공표하였고 해당 언론사는 더욱 자사의 매체를 통하여 지배적인 상징적 질서·재현체계를 확산하였다. 죽은 자는 말이 없기에 진실은 오리무중이었다. 죽은 자는 말이 없기 때문에 지배적인 상징적 질서·재현체계의 힘 앞에 무력하였다. 하지만 대안적인 상징적 질서·재현체계에서 여전히 그녀는 상징적으로 되살아나고 있다. 유령처럼 떠돌며 특정한 계기와 조건 하에서 다른 무언가와 접합할 가능성을 여전히 갖은 채로 말이다.

또 다른 죽음은 수배를 받던 노조 간부의 자살이었다. 그 또한 이미 실제적 죽음에 앞서 상징적으로 죽은 이였다. 화물연대 소속 택배 노동자였던 그는 건당 30원의 배달 수수료 인상을 위해 파업을 벌였고, 그로 인해 78명의 노동자와 함께 해고되었다. 해고에 맞서 시위를 벌이다 업무방해 혐의로 체포영장이 발부되어 수배중인 상태였다. 수배와 함께 그의 언어와 말이 전해질 수 있는 공간은 차단당했다. 어쩌면 그가 사회와 소통할 수 있는 유일한 방법은 극단적 선택일는지도 모른다. 그는 지배적인 상징적 질서·재현체계로부터의 배제로 인해 죽음으로 내몰렸을 수 있다. 그는 지배적인 상징적 질서·재현체계의 주체가 되지 못하였다. 그러나 그는 다른 상징적 질서·재현체계의 주체가 되었다. 그는 유서를 통해 자신의 죽음이 결코 개인의 죽음이 될 수 없음을 밝혔다.

> "이런 선택을 할 수 밖에 없었습니다. 적들이 투쟁의 제단에 제물을 원하고 있었습니다. 동지들을 희생시킬 수 없었습니다. (…) 저의 죽음이 세상을 바꿀 거라고 생각하진 않았습니다. 힘없는 노동자들이 길거리에 내몰린 지 43일이 되도록 아무 힘도 써보지 못해서는 안 된다는 절박한 심정으로 호소하기 위해 선택한 것입니다. 눈을 감으면 깜깜할 것입니다."[30]

그의 자살은 '사회적 자살'이었다. 그의 선택에 대한 옳고 그름을 판단하기에 앞서 그는 피고용자의, 노동자의, 경제적 하층민의 상징적 질서·재현체계 속에서 주체 위치를 할당받고 그에 따라 자신의 상징적 질서·재현체계의 재생산을 위하여 스스로 목숨을 마감하였음을

---

30) 프레시안, 2009년 5월 11일자, "죽음의 굿판을 걷어치워라!"에서.

지적해야 한다. 그의 상징적 질서·재현체계가 맞선 것은 고용주의, 자본가의, 경제적 상류층의 상징적 질서·재현체계였다. 다른 한편으로 그는 자신의 죽음을 통해 지배적인 상징적 질서·재현체계에 진입해 파장을 일으키고자 했을 수도 있다. 그러나 지배적인 상징적 질서·재현체계는 소극적 대응과 침묵으로 일관 중이다. 검색 사이트에서 자살자의 유서를 검색하면 그에 대한 뉴스를 검색할 수 있는데, 지배적인 주류 매체는 이를 기사화하지 않고 있음을 확인하였다. 중앙 일간지는 <한겨레>와 <경향신문>밖에 보도하지 않았다. 그렇다면 그의 자살이 뉴스 가치가 떨어지기 때문일까? 죽음은 삶의 연속성에서 분리되기 때문에 특이한 사건이며, 더욱이 자살은 일반적 죽음과 차이나기 때문에 더욱 그러하다. 사회적 양극화가 심화되며 노동시장의 불안정성이 가중되는 상황 속에서 이를 비판하며 자살한 노조 간부의 죽음은 분명 뉴스 가치가 높아 보인다. 그럼에도 많은 지배적 언론이 그의 자살을 소극적으로 다룬다는 사실은 그의 자살이 주류 언론매체에게 있어 뉴스 자체의 구성 계기가 되지 못하기 때문으로밖에 해석되지 않는다. 독자들이 그의 자살에 동일화(identification)하는 것을 원치 않아서일 수 있고, 그의 자살을 한국사회에 맥락화(contextualisation)하지 않기 위함일 수 있다. 주류 매체가 상정하는 상징적 질서·재현체계에 그를 위한 주체 위치는 마련되어 있지 않은 셈이다. 주류 매체가 파악하고 있는 우리 사회와 그 작동방식은 다분히 고용주의, 자본가의, 경제적 상류층의 편에 서 있는 것 같다. 그러나 그의 되살아난 상징적 삶은 수명을 다하지 않았다. 많은 비주류 매체들이 그의 죽음을 기억하고 있다. 많은 노동자들이 그의 죽음으로 시작해 연대를 맺고 있다. 그의 죽음－의미는 다양한 방식으로 주체 위치를 할당받으며 다른 의미와 접합하고 있음을 대안적인 상징적 질서·재현체계 안에서 확인할 수 있었다.

V. 사회적 자살의 심층으로

한국사회에서 점증하는 자살 증가는 미디어의 형식과 실천에 있어서도 변화를 가져오는 중이다. 보건복지가족부는 최근 동반자살에 대해 동반자살자 모집방법, 자살현장 및 자살방법의 자세한 묘사 등을 여과 없이 보도하는 언론에 대해 심각한 우려를 표하였다.[31] 행정기구만 그리 생각한 것은 아닌데, 한 연구자가 최근 2년여의 언론 자살 보도를 모니터링한 결과(2006년 1월~2008년 8월) 신문은 72%(적절 27.9%, 부적절 49.1%, 매우 부적절 22.9%), 방송은 80.6%(적절 19.3%, 부적절 39.6%, 매우 부적절 41%)가 부적절하게 자살을 보도한 것으로 나타났다. 이와 같은 비판은 지난 2004년 언론인을 포함하는 각계 전문인들이 구성한 자살보도권고기준이 유명무실하다는 지적과 함께 한다.[32] 많은 경우 이러한 상황을 바꿀 수 있는 해법으로 기자들이 자율적으로 제정한 자살보도권고기준을 보다 철저히 준수할 것을 제안한다.

그러나 자살보도권고기준이 능사가 될 수는 없다. 그것의 긍정적 기능을 부정하지는 않지만 권고기준은 최소한의 보도의 질만을 유지해줄 뿐이란 점을 유념해야겠다. 김연종은 보도준칙이 외부에서 부과

---

31) 이투데이, 2009년 4월 24일자, "언론 자살보도 모방 자살 원인된다 ─복지부, 동반자살자 모집·자살방법 등에 대한 신중한 보도 요청".

32) 김연종(2005), '자살보도권고기준과 한국 신문의 자살보도 행태분석', 「한국언론학보」 제49권 6호, 12권.

된 것이 아니라 언론사의 내적 규제 장치이며, 그리하여 언론 스스로의 자유와 독립을 지시한다고 파악하지만,[33] 한편으로 보도준칙의 존재로 인해 언론인들은 권고기준의 최소한의 요건만을 충족하는 선에서 보도를 마무리할 가능성 또한 있다. 본문에서 살펴보았듯이 이는 기존의 사회관, 이데올로기만을 의심에 부치지 않고 재생산하는 것이다. 그에 따라 자살보도권고기준은 우리 사회의 상징적 질서·재현체계가 복수로 나뉠 수 있음을 상정하지 않는 것 같다. 자살보도권고기준은 대체로 자살을 개인의 죽음으로 파악하며 이를 개인적 비극으로 한정하는 편이다. 그 와중에 수많은 '사회적 자살'이 상징화되지 못하고, 언어화되지 못하며 우리의 사회로부터 배제된다. 자살보도권고기준에서 한걸음 더 나아가 우리 사회의 지배적인 상징적 질서·재현체계의 빈틈을 찾고 그로부터 배제되는 사람들의 이야기를 들을 수 있어야 한다. 이는 새로운 상징적 질서·재현체계를 마련키 위한 저널리스트의 심층적 실천으로부터 비롯될 수 있다. 이를 요구하고 응원할 수 있는 수많은 지지 세력이 있어야 가능할 수 있다. 죽음의 의미를 발굴해 이를 대안적인 의미체계와 접합하는 시도와 상징적 죽음이 실제적 죽음으로 나아가지 않게 하기 위한 적극적인 개입과 지지가 언론인과 우리 모두에게 요구된다.

다른 한편에서는 미디어에 대한 통제를 통해 자살의 사회화를 막으려는 시도가 있다. 자살과 관련된 인터넷 사이트를 폐쇄하고 자살을 금칙어로 설정하여 아예 자살에 대한 논의 자체를 막으려 하는 것 같다. 이는 언론과 미디어가 자살—의미의 결절점이라고 지적한 우리

---

33) Ibid, pp.162-163.

의 전제와 맞아 떨어진다. 언론과 미디어는 의미가 경합하고 고정되기 위한 장소이다. 그러나 이와 같이 아예 언론과 미디어에서 자살을 내모는 방식은 무리가 있어 보인다. 어찌 보면 이는 풍선효과를 낳을 수 있다. 사회적 심층의 근본적 수준에서 상징적 질서·재현체계의 경합에서 밀려난 이들이 구조적으로 발생하는 상황에서 결절점의 장소만을 막으려는 것은 자살에 대한 근본적 처방이 될 수는 없다. 문제의 근본적 처방을 내리지 않는 상황에서 단순히 한쪽을 막는 행위는 다른 한쪽을 부풀리는 행위이다. 앞서의 자살보도권고기준의 사례처럼 보다 심층적인 수준에서 발생하는 상징적 질서·재현체계의 경합을 파악할 때 보다 근본적인 자살예방이 가능할 것이다.

살펴본 바와 같이 언론과 미디어는 물리적 충돌을 상징적 충돌로 전환시켜 순화된 방식으로 표출할 수 있는 곳이다. 그에 따라 우리는 세계를 인식하고 우리의 실천의 준거로 삼는다. 언론과 미디어는 우리 사회가 갖는 경합하는 상징적 질서·재현체계의 장소이다. 물론 많은 경우 언론과 미디어는 지배적인 상징적 질서·재현체계의 무대이기도 하다. 허나, 기호의 접합 가능성은 닫힌 체계를 열 수 있는 가능성을 안고 있다. 저널리스트의 실천과 개별 주체들의 노력 여하에 따라 구조는 느리지만 긍정적인 방향으로 변화할 수 있다. 섣불리 패자의 퇴장을 요구하는 것이 아니라 승자와 패자가 계속 부닥치게 하고 승부가 엎치락뒤치락 할 수 있는 제도를 마련하는 것이 중요하다. 자살과 관련하여 언론과 미디어가 갖는 책임의 막중함은 아무리 강조해도 지나치지 않을 것이다.

참고문헌

Althusser, L.(1998), 프로이드와 라깡, 김동수 편역, 『아미엥에서의 주장』, 서울: 솔, pp.17-43.(원저 출판연도 1964).

Althusser, L.(1994), Ideology and Ideological State Apparatuses, in Zizek, S.(ed)., Mapping Ideology, London: Verso(original work published in 1970).

Debord, G.(1967), La Société du Spectacle, 이경숙 역(1996), 『스펙타클의 사회』, 서울: 현실문화연구.

Derrida, J.(1993), Spectres de Marx, 진태원 역(2007) 『마르크스의 유령들』, 서울: EjB, p.216.

Eaglton, T.(2005), Holy Terror, 서정은 역(2007), 『성스러운 테러』, 서울: 생각의 나무.

Hall, S.(1996), 포스트모더니즘과 접합: 스튜어트 홀과의 대담. 임영호 편역(원저 출판연도 1986), 『스튜어트 홀의 문화이론』, 서울: 한나래, pp.103-134.

______.(1996), 의미작용, 재현, 이데올로기: 알튀세르와 후기 구조주의 논쟁, 임영호 편역(원저 출판연도 1985), 『스튜어트 홀의 문화이론』, 서울: 한나래, pp.61-101.

Hall, S., et al.(1978) Policing the Crisis: Mugging, the State and Law and Order. London: Macmillan Press.

Laclau E. & Mouffe, C.(1985), Hegemony and Socialist Strategy, London: Verso.

________________,(1987), Post-Marxism without Apologies, New Left Review 166, November/December.

Mouzelis, N.(1988), Marxism or Post-Marxism?, New Left Review 167 January/February.

Pecheux, M.(1994), The Mechanism of Ideological(Mis)recognition, in Zizek, S.(ed)., Mapping Ideology, London: Verso(original work published in 1982).

de Saussure, F.(1916), Cours de linguistique générale, 최승언 역(1990), 『일반언어학 강의』, 서울: 민음사.

Zizek, S.(1989), The Sublime Object of Ideology, 이수련 역(2001), 『이데올로기라는 숭고한 대상』, 서울: 인간사랑.

김연종(2005), '자살보도 권고기준과 한국 신문의 자살보도 행태 분석', 「한국언론학보」 제49권 6호, 12권, pp.140~165.

원용진·홍성일(2008), '화폐 읽기: 화폐의 의미작용과 가치', 「한국언론정보학보」 41호, pp.75-107.
홍준기(2003), 『라캉과 현대철학』, 서울: 문학과 지성사.

빨간 피터의 고뇌:
우울증에 대한 철학적 단상[1]

김봉규(서강대학교)

길을 떠나며

1. 우울증 일반

우울증의 사전적 의미는 '무관심과 개인적 무가치함의 경험을 수반하며, 지속적이고 극심한 낙담과 절망을 느끼는, 심리적, 생리적 측면이 비정상적으로 침체된 상태'를 말한다. "우울증에 빠지면 모든 활동, 모든 감정, 더 나아가 인생자체의 무의미함이 자명해진다. 이 사랑 없는 상태에 유일하게 남아 있는 감정은 무의미함이다."[2]

의학적 규정과 관련하여 서울대학병원의 보고서에 따르면, '우울

---

1) 본 논문은 『생명연구』 16집(2010 여름)에 수록되어 있다.

2) 앤드류 솔로몬, 『한낮의 우울증』, 민음사, p.23.

증, 즉 우울장애(depressive disorder)는 의욕 저하와 우울감을 주요 증상으로 하여 다양한 인지 및 정신 신체적 증상을 일으켜 일상 기능의 저하를 가져오는 질환'이다. 우울장애는 일시적 우울감과는 구분되는데, 평생 유병률이 15%, 특히 여자에서는 25% 정도에 이르며, 감정, 생각, 신체 상태, 그리고 행동 등에 변화를 일으키는 심각한 질환이다.

심각한 증상은 자살사고로, 우울증 환자의 2/3에서 자살을 생각하고 10~15%에서 실제로 자살을 시행한다. 그 외에 삶에 대한 에너지 상실, 과업수행의 어려움, 우울증 환자의 4/5 정도에서 보이는 수면장애 및 식욕감소, 체중저하, 또한 일부의 경우에 역으로 나타나는 식욕증가와 수면시간증가의 비전형적 양상, 나아가 90% 정도에서 관찰되는 불안증상. 성욕 저하, 집중력 저하와 같은 인지기능 저하 증상, 그리고 원인이 명확하지 않은 신체증상 등이 있다.

일반적으로 우울증은 여성질환으로 알려져 있지만 최근 환자의 성비가 역전되는 현상이 나타나고 있다. 삼성서울병원의 우울증 환자 통계에 따르면 2007년까지 여성 환자의 비율이 75~80%였으나 2008~2009년 우울증 환자 중 남성 비율이 35~45%다. 일부 병원에서는 남성 환자의 비율이 60~70%에 이른다고 한다. 원인은 경제적 불안감이다. 환자 100명 중 30~40명은 경제문제가 주요 원인이며 이들 중 70% 이상은 실직이나 주식·펀드 폭락을 경험한 40~50대 남성과 그 가족들이다. 영어단어 'depression'은 '불경기'와 '우울증'의 뜻을 함께 지니고 있는데, 실제 무직자가 직장인보다 2.7배이며, 월 가구 소득수준 200만 원 미만의 비율은 300만 원 이상 보다 2.3배 높다고 한다.[3]

---

3) 데일리 뉴스 2009년 2월 6일자.

2. 우울증에 대한 철학적 사유의 자리매김

우울증은 다양한 관점에서 접근 가능하다. 원인의 경우도 아직 명백히 규명되지 않은 상태이다. 의학교과서는 우울증의 원인을 크게 3가지로 나누는데, 첫째, 생물학적(대뇌 속 신경전달물질 기능 이상) 요인, 둘째, 사회적(사별·이별·실직·불황 등) 요인, 셋째, 심리적(의존적, 열등감, 지나치게 양심적인 사람) 요인이다. 반면 서울대병원은 다른 정신질환과 같이 다양한 생화학적, 유전적 그리고 환경적 요인을 언급하고 있다.[4] 양자를 비교해서 종합하면 개인적 차원과 환경적 내지 사회적 차원으로 구분할 수 있을 것이고, 전자의 경우는 다시 생화학과 유전학적 관점을 포괄하는 생물학적 영역과 심리적인 부분으로 나눌 수 있다고 본다.

우울증에 대한 방대한 영역을 고려할 때 본 논문이 지향하는 우울증에 대한 철학적 사유는 방법론적 제한을 요구한다. 일단 개인적·생물학적 영역은 논의에서 제외된다. 또한 경제 등 사회적 문제 그리고 경험과학으로서 심리적 고찰 역시 연구의 대상으로 보지 않는다. 양자의 문제는 사회학과 심리학에서 보다 더 용이하게 접근할 수 있을 것이다. 나아가 우울증은 명확히 하나의 의학적 질병이다. 따라서 그 병 자체에 대한 진단 및 치료의 임상적 접근은 의사의 몫이지 철

---

4) (1) 생화학적 요인: 최신의 뇌 영상기기를 이용한 연구에서 우울증 환자의 뇌에 변화가 있음을 보고하고 있다. 이 변화의 중요성에 대해서는 아직 불분명한 면이 있으나 궁극적으로 원인을 가려내는 데 도움을 줄 것이다. 신경전달물질이라 불리는 뇌 안의 물질이 감정 등의 뇌 기능과 연결이 되어 있고 우울증 발생에 역할을 하는 것으로 보인다. 호르몬 불균형도 하나의 원인이 될 수 있다.
   (2) 유전적 요인: 일부 연구는 우울증을 가진 가족 내에서 우울증이 더 잘 발생하는 것으로 보고하고 있다. 연구자들은 우울증을 발생시키는 유전자를 찾기 위해 애쓰고 있는 중이다.
   (3) 환경적 요인: 자신을 둘러싸고 있는 환경도 우울증 발생에 영향을 줄 수 있다. 이런 환경적 요인은 삶에 있어서 대처하기 어려운 상황들인데, 사랑하는 사람을 잃는 것, 경제적 문제, 그리고 강한 스트레스 등을 예로 들 수 있다(서울대병원 홈페이지).

학자의 몫이 아니다. 우울증에 대한 철학적 사유는 의미론적 내지 심층적 영역에 집중된다. 철학은 우울증의 현상적 실재에 대해 그 현상의 배후와 의미를 질문하는 것이다. 원인의 경우 실직이나 이별 등 우울증의 현상적 원인보다는 혹시 존재할지 모르는 심층적 원인을 사유한다. 증상을 언급하는 것이 아니라 그 증상이 함유하고 있는 의미를 질문함으로써 증상의 심층부를 공략한다. 따라서 치료의 영역 역시 증상 자체의 현상적 제거보다는 그 한계와 의미에 대해 질문함으로써 근원적 치료를 지향한다. 인간의 심리적 기제보다는 존재론적 배경에 주목함으로써 우울증이란 현상적 질병의 내면에 은폐된 질병을 겨냥하는 것이다. 결론적으로 철학은 메타치료를 지향한다. 우울증에 대한 가시적 연구와 성과를 바탕으로, 때로는 그것으로부터 분리, 독립하여 우울증의 비가시적 측면을 바라보는 것이다.

본 논문은 F. 카프카의 <빨간 피터의 고백>과 S. Freud의 <쾌락원칙을 넘어>를 중심으로 소위 우울증에 대한 철학적 고찰을 시도해보고자 한다. 빨간 피터는 우리의 이야기이다. 그는 우울증의 그늘에 항상 노출되어 있는 일상적 현대인의 모습을 상징화한다. 그리고 그러한 상황에 내재된 빨간 피터의 근원적 욕망에 대해 프로이드는 새로운 시각을 제시한다.

논문이 궁극적으로 지향하는 것은 우울증과 인간의 관계에 대한 실험적 시도, 즉 우울증에 대한 시각 전환을 통해 일종의 코페루니쿠스적 전복을 시도하는 것이다. 물론 논문의 목적은 단순한 시각전환이 아니라 그것을 통해 가능하길 희망하는 우울증의 심층부에 대한 접근이다.

기본적으로 우울증에 대한 우리의 전제는 그것을 질환이나 문제로 보는 부정적 시각이다. 그런데 우울증은 현대인의 일반적 질환이다. 진단성 중증우울증은 아니더라도 인간은 누구나 우울한 듯 보인다. 앤드류 솔로몬에 의하면 "우울증은 우리가 자신에 대해 의식하는 존재인 이상 완전히 없앨 수 없다."[5] 그래서 논문은 그 시각의 뒷모습을 보고자 한다. 그리고 조심스럽게 질문을 던진다. 혹시 인간이 우울증을 원하지 않는데 우울하게 되는 것이 아니라 오히려 우울함을 원하기 때문에 우울증에 걸리는 것은 아닐까? 물론 논문은 우리가 의식의 차원에서 우울함을 거부한다는 사실을 인정한다. 인간은 누구나 행복하길 원한다. 비록 그것이 무엇인지 누구도 분명하게 설명하지는 못함에도 불구하고 기호는 유지된다. 하지만 거부는 또 다른 욕망의 표현일 수 있다. 그리고 정말 우울증의 뿌리로부터 벗어나길 원한다면 먼저 우리 내부에 존재하는(그 존재가 사실이라는 전제하에) 그것을 향한 지향성에 주목할 필요가 있다. 만약 우울증을 향한 욕망이 사실이라면 우리는 우울증의 현상적 치료와 그 억압된 새도에 대한 분석과 이해를 병행해야 할 것이다. 그리고 분명한 사실은 이러한 철학적 시도가 우울증의 문제로 구체화되지는 않았지만 이미 존재하고 있다는 사실이다. 반야심경이나 성경은 아마 그 대표적 사례가 될 것이다.

모든 사물과 현상에는 양면성이 있다. 동시에 모든 사물은 다면적 시각을 내포한다. 따라서 본 논문은 우리가 '우울증'이라 부르는 현상의 뒷모습, 또는 그 현상의 다면적 관점에서 탈취한 한 단면을 노출시킬 것이다. 그리고 어쩌면 그 관점이 우울증에 대한 이해, 아니 사실은 그것을 통한 우리 존재에 대한 시각을 조금 더 열어주길 기대해

---

5) 앤드류 솔로몬, 『한 낮의 우울』, 민음사, 2004, p.24.

본다.

길 위에서

1. 존재의 셰도 – 빨간 피터의 고뇌

우울증은 언어학적으로 우울장애(depressive disorder)로 표현되는 점에서 일단 '인간정신에 내재하는 일종의 무질서, 정확히 혼란스러운 내지 어긋난 질서'로 규정할 수 있을 것이다. 그런데 무질서는 질서를 전제한다. 그런 의미에서 질서를 정상으로 본다면 우울증은 일종의 정상에서 일탈한 상태로 설명할 수 있다. 따라서 우울증에 대한 담론의 핵심은 소위 '정상'이라고 불릴 수 있는 질서와 무질서에 대한 의미파악에 있다고 해도 과언이 아니다. 논리는 간단하다. 무엇이 정상인지, 즉 질서인지 알면 일탈상태가 무엇인지 그리고 어떤 경로를 통해 발생하는지 규명할 수 있을 것이기 때문이다.

'늑대인간'은 늑대일까 인간일까? 답은 간단하다. 생물학적 관점에서 늑대인간은 인간이다. 하지만 사회적 관점에서 그는 늑대이다. 늑대인간의 지혜는 무엇인가? 그것은 인간으로 '있는 것'과 인간으로 '존재하는 것'이 다르다는 것이다. 人間이 '사람 사이의 존재'를 의미하듯 단순한 '살아 있음'이 아닌 '관계로의 진입'이 인간존재를 만드는 것이다. '타인과 함께함'은 그러나 타인과 함께하는 방법에 대한 교육 또는 훈련을 필요로 한다. 사회화는 결국 근본적으로 인간의 '늑대적인 것'을 인간인 존재로 '길들이는 것'을 의미한다. 늑대가 인간이 되는 것이다.

카프카는 「학술원에 드리는 보고」에서 길들여진 늑대인간으로서 현대인이 지니는 양방향적 욕망을 설명하고 있다. 하나는 침팬지인 빨간 피터가 원하는 우리로부터의 탈출, 즉 '황금해안'에 대한 그리움이다. 그것은 오이디푸스 콤플렉스에서 드러나는 모(母)에 대한 욕망이며 라캉의 실재계에 대한 그리움, 젖을 먹고 엄마의 품에 잠들고 있는 아기의 환상이다. 다른 하나는 우리로부터의 '출구'이다. 여기서 출구는 사회에 대한 절충의 상징이며, 따라서 생존과 제한된 행복추구를 의미한다. 언어를 통한 상징계로의 진입, 그리고 그것을 통해 주체로 존재하기를 선택하는 것이다. 문제는 인간으로 '있는 것'에서 인간으로 '존재하는 것'으로의 이행에 포기와 억제 그리고 그에 따른 고통이 수반된다는 것이다. 빨간 피터는 침팬지로서의 정체성을 포기하고 인간을 모방한다. 침 뱉고 악수하고 술 마시고 마지막으로 '헬로'라고 내뱉는 언어를 통해 그는 인간으로의 전환을 이룬다. 습관과 예절, 문화와 언어를 통해 사회로의 진입을 시도하는 것이다. 그것은 그레고어 삼사의 길로 접어들었다는 것을 의미하며 이미 그 전의 모습인 벌레를 포기했다는 것을 말한다. 결국 유럽의 평균지성에 도달한 빨간 피터는 인간으로서, 다시 말해 사회적 정상인으로 살아간다. 하지만 문제는 '밤'이다. 밤이면 그는 암컷 침팬지와 잠을 잔다. 아침이면 상대에 대한 혐오감을 느끼면서도 밤엔 그와의 동거를 갈구하는 것이다. 프로이드의 생각은 옳았다. '억압된 것은 반드시 되돌아온다.'

아기는 웃는다. 아이는 원칙적으로 우울해 보이지 않는다. 그런 의미에서 생물학적으로 우울증을 가진 인간이 태어나기보다는 우울증에 빠지기 쉬운 성향을 가진 존재가 태어난다고 보는 것이 타당할 것이다. 결국 우울증은 후천적인 자극으로부터 삶의 정신적 질서가 파괴되고 그로 인해 삶 자체의 무의미함을 느끼는 현상이라고 볼 수 있을 것이다. 빨간 피터의 이야기는 그러한 질서의 붕괴가능성이 우리에게 항상 상존하고 있음을 드러낸다. '인간으로의 존재'는 인간으로의 '있음'에 대한 욕망을 항상 내재한다. 왜냐하면 '밤'은 제도의 부재를 의미하며, 제도의 파괴를 의미하고, 정체성의 은폐를 상징하기 때문이다. 그리고 '암컷 침팬지'로 상징되는 반사회적 욕망 내에는 질서로부터의 일탈, 무질서로의 회귀 또는 질서에 대한 적응의 거부가 포함되어 있기 때문이다. 여기서 빨간피터의 고뇌가 지니는 의미론적 고찰이 요구된다. 그것은 프로이드나 카프카가 생각했듯 반사회적 행위만을 의미하는 것일까?

카트리나가 덮친 뉴올리언즈 또는 지진으로 폐허가 된 아이티에서 보이는 무법천지, 나영이의 미래를 빼앗은 조두순이나 강호순 또는 경찰이 없음에 불법유턴을 시도하는 평범한 시민의 모습만을 의미하는 것일까? 일탈은 항상 양면적으로 일어난다. 그것은 행위를 통한 적극적 모습을 보이기도 하지만 단순히 참여는 하되 열의가 없는 무기력함 등 동기부여의 결여 상태와 같은 소극적 양태도 존재하는 것이다. 공부를 싫어하는 아이가 수업을 빼먹거나 가출을 하기도 하지만 정상적으로 수업에 참석하면서도 흥미 없는 얼굴에 무기력한 모습으로 창문만 쳐다보기도 하는 것이다.

빨간 피터의 고뇌가 전해주는 메시지는 분명하다. 우울증은 존재의 결여를 의미하는 것이 아니다. 그것 역시 하나의 존재양식이다. 다시 말해 보통 우리는 우울증이라는 의사의 진단이후 우울증을 만나는 것으로 생각하지만 사실 우울증은 항상 우리와 함께 공존하고 있다. 인간은 누구나 우울한 것이다. 이는 근본적으로 우울감과 우울증

의 경계가 모호하다는 것을 의미하며, 의학적 진단의 사실 본질적이
라기보다는 목적 중심적으로 볼 수 있다.[6] 인간의 삶과 우울증은 불
가분의 관계에 있는 것이다.[7]

> 삶은 슬픔을 내포한다. 우리는 결국 죽게 될 것이며 각자 자율적인
> 육체의 고독 속에 갇혀 있으며, 시간은 흘러가고, 지나간 날들은
> 다시 똑같이 되풀이되지 않는다. 고통은 무력한 세상의 첫 경험이
> 며 평생 우리를 떠나지 않는다. 우리는 안락한 자궁에서 떨어져 나
> 오는 것에 대해 분노하며 그 분노가 사그라지기 무섭게 세상의 고
> 뇌가 그 자리를 메운다. 내세에서는 완전히 다를 것이라는 약속을
> 믿는 사람들이라도 현세에서 고통 받는 걸 피할 수 없다.[8]

---

6) 진단미국 정신의학회(American Psychiatric Association)의 정신장애진단 통계편람(DSM-Ⅳ-TR)의 진단기
   준은 다음과 같다. 다음의 증상 중 5가지 이상이 동일한 2주일 동안에 나타났고, 예전과 기능 차이를 나타
   낸다.
   ① 거의 하루 종일 우울증을 보임: 주관적 설명(예: 슬프거나 공허함)이나 타인에 의한 관찰(예: 눈물을 글
      썽임)에 의해 거의 매일 하루 종일 우울한 기분이 보임.
   ② 주관적 설명 또는 타인에 의한 관찰로 거의 매일 하루 대부분의 활동에서 흥미가 현저하게 감소됨이 나타남.
   ③ 식이조절을 하지 않는 데도 불구하고 체중감소 또는 증가가 나타남(예: 1개월에 체중의 5% 이상 변화)
      또는 거의·매일 식욕의 감소 또는 증가가 보임.
   ④ 거의 매일 불면 또는 과수면.
   ⑤ 거의 매일 정신운동흥분 또는 지체(단순히 안절부절못하거나 느려진다는 주관적 느낌뿐 아니라 타인에
      의해서도 관찰이 가능함).
   ⑥ 거의 매일 피로 또는 에너지 상실.
   ⑦ 거의 매일 단순한 자기비난이나 아픈 데 대한 죄책이 아닌 무가치감 또는 과도하고 부적절한 죄책이 보
      임(망상적일 수도 있음).
   ⑧ 거의 매일 사고와 집중력의 감소, 결정 곤란을 보임(주관적 설명 또는 타인에 의해 관찰됨).
   ⑨ 죽음에 대한 반복적인 생각(죽음에 대한 공포가 아님), 구체적 계획이 없는 반복적인 자살사고 또는 시
      도나 자살을 자행하려는 구체적 계획.
   여기서 '거의 매일'이라는 기준은 다분히 추상적이다. 따라서 5가지 이상의 증상이 나타난다는 것도 사실
   확정하기 힘들다. 중증 우울증의 경우 신경전달물질체계에 문제가 발생하는 의학적 질병임이 분명하며 항
   우울제의 투여를 통해 자살로 이어질 수 있는 우울증을 억제할 수 있다는 점은 인정된다. 그럼에도 불구하
   고 일례로 정상적인 퇴직의 경우 역시 우울증으로 이어질 수 있다는 점은 적어도 인간이면 누구나 우울증
   을 향한 지향성을 가지고 있다는 점을 시사하는 것이다. 그런 의미에서 우울증진단은 사실 자살을 막기 위
   한 목적 지향적 진단이라고 보는 것이 더 설득력이 있어 보인다.

7) 앤드류 솔로몬, 『한낮의 우울』, 민음사, 2004, p.24.

8) 앤드류 솔로몬, 같은 곳. 석가모니 역시 인생을 고(苦)로 규정했다. 깨달음을 얻은 후 처음 만난 비구니들에
   게 설법한 그의 팔고, 즉 생노병사애증구오는 다음과 같다. 생노병사(生老病死), 애별이고(愛別離苦), 원증
   회고(怨憎會苦), 구불득고(求不得苦), 오온성고(五蘊盛苦).

솔로몬은 그러나 우울증을 일반적 견해에 따라 제거의 대상으로 보고 있다. 삶 자체가 고통이기 때문에 우울증은 발생하며 극복하고 싶으나 근본적으로 해결할 수 없다는 것이다. 하지만 위에서 우리가 확인한 것처럼 빨간 피터는 사실 우울하지 않기를 원하는 데 우울한 것이 아니라 우울하기를 원하기 때문에 우울한 것이다. 그런 의미에서 우울증은 건전한 사회인의 페르조나에 은폐된 또 다른 자연스러운 모습, 즉 존재의 새도이며 그것은 우울증이 지향하는 그곳 곧 황금해안을 향한 욕망의 또 다른 표현인 것이다. 따라서 우울하지 않은 것처럼 보이는 인간은 그렇게 보일 뿐, 사실 우울함을 잊고 살 뿐일 가능성이 높다. 그 망각은 우리가 사회적 성공이나 쾌락 또는 행복이라 부르는 기호의 순간 발생한다. 빨간 피터는 정상적 사회인으로서의 삶이 충분한 쾌락을 줄 때에만 우울증을 향한 자신의 욕망, 즉 탈사회적 욕망을 간과할 수 있는 것이다. 이것은 왜 우울증이 사회적 문제로부터 주로 발생하는지에 대한 논리적 이유를 제시해준다. 경제문제나 이별 등의 사건은 사회적 주체에게 스트레스로 다가오지만 사실 그 자극은 그의 보다 근원적 스트레스로 방향을 돌리게 하며 망각되었던 욕망에로의 의식전환을 가져오는 것이다. 즉 사회적 주체로서 개인이 원하는 것이 표면적으로는 소위 사회적 정상인으로서의 존재 또는 질서이지만 심층적으로는 무질서(disorder)라는 점이다. 이것은 나아가 자살이 근본적으로 관계의 단절로 발생한다는 사실에 대한 또 다른 설명을 가능케 한다. 즉 관계의 단절은 사회화되었던 주체에게 고통으로 다가오는 것이 사실이지만 반대로 사회화로 강요되었던 주체에게는 이제 더 이상 관계로의 진입에 대한 의무나 강박이 존재하지 않는다는 것을 의미한다. 즉 자신이 근본적으로 원했던 관계로부터의 자유, 황금해안을 원한 빨간 피터처럼 '그냥 혼자 자유로이 있음'의 상태로 회귀할 가능성을 의미할 수 있기 때문이다. 이것은 곧 피터나 늑대의 인간화가 스트레스를 의미하며 우울증에의 욕망은 그에 대한 소극적 저항임을 드러낸다. 그리고 그것은 때로 극단적 행동을 통해 적극적 결과로 이어진다. 적지 않은 사람들이 자살을 일종의 해방으로 생각한다는 사실이 사유의 자연스러운 귀결일 수 있는 것이다.

'정상'이나 '질서'라는 단어는 상대적 개념이며 동시에 변증법적 구조 안에 있다. 어쩌면 바로 이 점이 문제를 복잡하게 만드는 요인인지도 모른다. 라즈니쉬에 의하면 금식하는 자가 폭식하기 쉽다. 금연은 흡연에 대한 욕망의 또 다른 표현일 수 있다. 경건이 방탕의 다른 얼굴인 것과 마찬가지이다. 그런 관점에서 질서는 무질서의 또 다른 표현일 수 있다. 삼사가 벌레인지 벌레가 벌레인지 구분하는 것이 간단한 문제는 아닌 것이다.

2. 해리의 욕망

S. 프로이드는 제1차 세계대전 이후 「쾌락원칙을 넘어서」[9]에서 그 전까지 정신분석학의 핵심개념인 쾌락원칙에 죽음본능인 타나토스를 첨부한다. 그리고 리비도 개념을 타나토스에 어울리는 에로스로 대체한다. 즉 리비도가 대상뿐만 아니라 자아에게도 향한다고 수정함으로써 생존본능인 에로스로 확장한 것이다.

---

9) S. 프로이드, 박찬부 역, 『쾌락원칙을 넘어서』, 열린책들.

프로이드는 '불쾌를 피하고 쾌를 얻도록 방향을 잡는'[10] 쾌락원칙을 정신과정, 즉 '마음속에 존재하나 어떤 방식으로도 묶이지 않는 흥분의 양과 연결'[11]시킨다. 그리고 '불쾌를 흥분의 양의 증가에, 그리고 쾌는 그것의 감소에 해당'[12]하도록 규정한다.

프로이드는 전쟁에서 돌아온 군인들에게서 발견되는 외상성 신경증과 그들이 경험하는 꿈에 주목한다. 일반적으로 꿈은 쾌락원칙에 기반한다. 그런데 병사들의 꿈은 반복적으로 그들로 하여금 고통의 현장으로 되돌림으로써 반복강박과 연결되어 있는 것을 발견한다. 물론 이 경우 꿈은 그가 제시한 어린이의 포르트－다(Fort-da) 놀이처럼 고통스러운 상황을 극복 또는 지배함으로써 그 원인을 제거하려고 하는 기능을 수행한다. 다시 말해 쾌락원칙과 근본적으로 어긋나는 것이 아닌 것이다. 하지만 그럼에도 불구하고 그러한 현상은 쾌락원칙에서 독립된 자율적 기제를 상정하게 한다. 즉 보다 근원적인 원칙이나 본능을 가정하게 하는 것이다. 프로이드는 나아가 반복강박이 '쾌락의 가능성을 전혀 포함하고 있지 않은 과거의 경험, 그리고 억압된 본능충동에서조차도 만족을 가져올 수 없었던 과거의 경험을 회상해 낸다는 사실'에 주목한다.[13] 그러한 반복강박은 정상인의 모습에서도 발견되어진다.

예컨대, 어떤 사람은 시간이 얼마 지나면 자신이 은혜를 베푼 상대에게－이들 각자가 다른 면에서는 서로가 얼마나 다툴지 모르지만－

---

10) S. 프로이드, 같은 책, p.9.

11) S. 프로이드, 같은 책, p.10.

12) 같은 곳.

13) S. 프로이드, 같은 책, p.28.

분노를 사고 버림받는다. 따라서 이 사람은 베은망덕의 온갖 쓰라림을 맛보는 운명을 타고난 것처럼 보인다. 그리고 여자와의 정사 문제가 항상 같은 단계를 거치고 같은 결론에 도달한다는 문제점을 갖고 있는 사람도 이 부류에 속한다.

여기서 프로이드가 강조하는 것은 인간의 내부에 쾌락원칙을 초월하는 반복강박이 실제로 존재한다는 사실이다. 그리고 그는 그 반복강박을 본능과 연결한다. 그에 의하면 본능은 철새나 연어 등에서 보이는 유기적 반복강박의 사례처럼 '이전의 상태를 복원하려는 유기적 생명체에 내재한 어떤 충동'이다. 그리고 그 본능에 따르면 모든 생명체는 유기물에서 무기물로 환원하려는 본능을 지니고 있다.

그러면 모든 유기적 본능은 보수적이고, 이 본능은 역사적으로 습득되고 이전의 상태를 회복하려는 경향이 있다고 가정해보자. 그렇다면 유기적 발달의 현상은 그 원인을 외부의 장애적 영향에서 찾아야 한다는 말이 된다. 기본적인 생명체는 바로 그 시작에서부터의 변화에 대한 의지를 갖고 있지는 않았을 것이다. (…) (결국) 유기적 생명체의 진로에 생기는 모든 변화는 보수적인 유기적 본능에 의해 접수되고 앞으로의 반복을 위해서 저장된다. 그러므로 그러한 본능은 변화와 발전을 향해 움직여 가는 힘들이라는 잘못된 인상을 주기 쉽다. 사실 그 본능은 단순히 옛 것이나 새로운 길을 따라 원래의 목표에 도달하려고 한다. 모든 유기체들이 추구하는 이 마지막 목표를 구체적으로 설명하는 것은 가능하다. 만약 생명체의 목표가 아직 달성되지 않은 상태에 있다면 그것은 본능의 보수적 성격과 모순될 것이다. 그 목표는 (옛) 상태, 즉 과거 어느 시점에서 생명체가 떨어져 나왔고 또 지금까지 발전해 나온 길을 굽이굽이 거슬러 돌아가려고 하고 있는 그 어떤 처음의 상태임에 틀림없다. 만약 우리가 살아 있는 모든 것은 '내적인' 이유로 해서 죽는다─다시 한 번 무기물이 된다─는 것을 하나의 예외 없는 진리로서 받아들인다면, 우리는 '모든 생명체의 목적은 죽음이다'라고 말하고 또한 뒤를 돌아보면서 '무생물체가 생물체보다 먼저 존재했다'라고 말하지 않을 수 없을 것이다. 삶의 특성들이 그 성격을 알 수 없는 어떤 힘의 작용에 의해서 과거 어느 땐가 무생물속에 나타나게 되었다. 그것은 아마도 형태상 생물의 특수층에서 의식의 발달을 유도했던 것과 비슷한 과정이었을지도 모른다. 그때까지 무생물체였던 것 속에 생겨난 긴장은 긴장 그 자체를 없애 버리려고 노력했다. 이런 식으로 해서 첫 번째 본능, 즉 무생물 상태로 돌아가려는 본능이 생기게 된 것이다. (…) 그리고 이런 관점에서 보면 자기 보전본능, 자기주장의 본능, 지배본능의 이론적 중요성은 크게 감소한다. 그것들은 구성본능으로서, 유기체가 그 길을 따라 죽음에 이르는 것을 확보해 주고 유기체 그 자체에 내재한 것 외에는 어떠한 무기체적 존재로도 돌아가지 못하게 차단하는 기능을 한다.[14]

프로이드의 이 주장은 페히너(G. Fechner)의 항상성의 원리를 통해 설명된다. 프로이드는 항상성의 원칙(Konstanzprinzip)에서 쾌락원칙이 나온다고 보았다. 페히너는 1873년 <조직체의 창조와 발생학에 나타난 유일한 관념>에서 다음과 같이 말하고 있다.

> 의식적 충동이 항상 쾌와 불쾌와 어떤 관련성을 갖고 있다면, 쾌와 불쾌는 또한 안정과 불안정의 조건과 어떤 정신적·신체적 관련성을 갖고 있는 것으로 여길 수 있다. 이것은 내가 다른 곳에서 더 자세히 개진하고 있는 가설에 대한 기초를 제공한다. 이 가설에 따르면 의식 영역 위로 솟아오르는 모든 정신, 신체적 운동은 일정 영역을 넘어 완벽한 안정성에 접근해 가는 데 비례해서 쾌감을 얻게 된다. 그리고 그것이 일정 영역을 넘어 완벽한 안정성에서 일탈하려는 정도에 비례해서 불쾌감을 맛보게 된다.[15]

따라서 죽음 본능을 이 원칙에 적용하면 진화론적 관점에서 무생물에서 생물로의 전환은 곧 환경에의 적응과 반응을 동반한다는 것을 의미하고 그것은 곧 자극으로 인한 스트레스가 무생물로서의 안

---

14) S. 프로이드, 같은 책, p.52.
15) S. 프로이드, 같은 책, p.11.

정을 깨뜨리는 것을 의미한다. 그러므로 죽음본능은 페히너가 의미하는 쾌, 즉 안정성으로의 회귀를 의미한다. 결국 죽음본능은 생명발생으로 인해 생긴 모든 자극과 스트레스로부터 벗어나는 것이다. 그리고 그런 의미에서 정신의 내적 긴장을 줄이고 안정된 상태로 유지시키는 열반원칙과 동일하다. 쾌락원칙이 죽음본능에 기여하는 것이다.

헤밍웨이의 소설 「킬리만자로의 눈」에 나오는 해리는 소설가로의 자질이 있지만 한량으로 살며 인생을 향유로 낭비한다. 그러다 그는 아내의 도움으로 글쓰기의 재시도를 위해 킬리만자로로 향한다. 하지만 사파리에서 얻은 가벼운 상처로 다리가 썩고 그는 결국 죽음을 맞는다. 이 소설에서의 특이점은 죽음을 맞이하는 해리의 태도이다. 그는 아주 자연스럽게, 어떤 의미에서는 죽음을 오히려 반기는 것 같은 모습을 보인다. 그리고 이는 그가 죽음 직전 경험한 환상을 통해 증명된다. 친구의 비행기를 타고 삶의 다양한 공간을 순환한 후 그가 마지막 목적지로 인지한 곳은 바로 만년설이 있는 킬리만자로의 봉우리였다. 그는 그곳이 바로 자신이 가야 할 곳임을 인지한다. 그곳이 그가 진정 원하는 곳이었던 것이다. 헤밍웨이의 다른 소설들처럼 여기서도 결말은 죽음으로 끝난다. 그리고 이것은 프로이드의 타나토스와 연결하여 해석될 수 있다. 킬리만자로로 향하는 해리라는 기호는 항상성의 원칙에 의한 죽음에의 욕구를 상징화하고 있는 것이다. 해리와 프로이드에게서 우리가 확인할 수 있는 것은 인간에게 무를 향한 욕망이 있다는 사실이다. 이것은 인간이 유로부터, 즉 유기체적 생명으로의 존재 자체가 스트레스라는 것을 의미한다. 실제 자극에 대한 반응과 환경에 대한 적응은 자율적 선택의 문제가 아니며 생명체에게 운명적으로 부여된 현실이다. 석가가 팔고의 사고를 생로병사로

본 것은 우연이 아닌 것이다. 무기물은 이 운명으로부터 자유롭다. 이런 의미에서 우울증은 바로 생명으로서의 존재가 지니는 근원적 스트레스로부터 벗어나고자 하는 욕망의 소극적 기호를 드러낸다. 왜냐하면 무기물로의 욕망과 자살욕구 그리고 우울증은 기본적으로 동일한 방향을 보이기 때문이다. 일반적으로 자살은 경제문제나 이별 등 다양한 원인을 내재하는 것으로 알려져 있다. 하지만 자살의 본질적 원인은 하나이며 그것은 삶의 의미상실이다. 성적이 떨어져서 자살하는 친구는 성적 때문에 자살하는 것이 아니라 자신이 있는 장소에서 그 순간 자신의 삶의 의미가 성적이었던 것이다. 여기서 주목해야 할 단어는 의미상실이다. 삶의 무가치함에 대한 의식 내지 삶에 대한 무기력함은 생명현상에 기본적으로 대립한다. 그리고 그것은 우울증의 증상들과 내적으로 연결되어 있다. 우울증의 증상으로 언급되었던 삶에 대한 에너지 상실이나 과업수행의 어려움, 수면장애나 식욕감소 및 체중저하, 성욕과 집중력 저하 그리고 인지기능저하 등은 명백히 생명에의 의지에 반하는 증상들이다. 일부의 경우 역으로 나타나는 식욕증가와 수면시간증가 역시 행위는 정반대이지만 동일한 특징을 지닌다. 식욕감소가 활동에의 의지저하와 연결되어 있다면 식욕증가는 스트레스에 대한 전형적 반응이다. 동시에 수면감소는 에너지재생을 막지만 수면시간증가는 죽음의 근본적 의미, 즉 활동의 정지인 엔트로피와 연결되어 있다. 여기서 우리가 도출할 수 있는 개연적 추론은 분명하다. 우울증은 죽음의 근원적 의미, 즉 활동의 정지, 스트레스로 둘러싸인 생명상태에의 거부이며 휴식과 안정 그리고 평안에의 욕구에 다름이 아니다. 언급한 것처럼 석가모니가 인생을 고(苦)라고 설명했을 때 그것은 결국 끊임없이 자극에 반응하도록 결정되어진 생명현상의 성찰적 인식이라고 볼 수 있을 것이다. 우울증에서 시작되는 자살은 결국 생의 거부가 아니라 평안의 추구, 다시 말해 자신의 궁극적 목적인 근원적 존재로의 회귀인 즉 무기물로의 환원을 앞당기려는 신화인 것이다.

항상성의 원리와 그에 따른 인간의 무의미에 대한 욕구는 생 전체가 아닌 구체적 삶의 희열이나 쾌락의 순간을 관찰할 때 더욱 명확해진다.

카뮈의 <시지포스의 신화>에서 시지포스가 신들로부터 부여받은 벌의 본질은 단순한 육체적 고통에 있지 않다. 그것은 오히려 그에게 직접적으로 주어진 현실, 즉 '결과가 존재하지 않음에도 불구하고 동일한 작업이 계속 진행되어야만 사실 자체'에 있다. 이 '무의미한 반복' 또는 부조리가 의미하는 것은 그러나 카뮈가 생각했던 것처럼 산업사회의 일상적 노동자나 회사원만이 느껴야 했던 이성적 이해의 한계가 아니다. 그것은 또한 일상적 자아 내지 익명적 '그'로서의 현실을 깨고 벌레라는 자연으로 돌아가고 싶은 피터의 실존적 욕망에만 국한된 것도 아니다. 오히려 시지포스의 현실은 빨간 피터가 왜 우울함을 원하는지, 즉 일상적 자아라면 누구나 원할 것 같은 쾌락이나 향유로부터 무의식이 벗어나길 원한다는, 우리 존재의 새로운 단면을 노출시킨다. 그리고 이 사실은 우리가 위에서 언급한 항상성의 원리를 적용해보면 쉽게 이해할 수 있다.

인간은 누구나 행복하길 원한다. 따라서 자신의 삶의 궁극적 목적, 또는 행복을 상정한다. 그리고 인생을 계획한다. 대부분의 경우 인간이 상상하는 삶은 계단식의 형태를 지니고 있다. 대학교를 졸업하면 취직하고 승진하며, 차와 집을 구입하고 결혼과 출산 양육 그리고 행복한 노년까지 인생은 상승의 형태로 이데올로기화된다. 하지만 이 삶의 경로를 행복의 체감지수로 바라보면 삶의 그래프는 전혀 다른 형태를 지닌다. 즉 일단 대학합격이 이루어지면 일정기간 행복감이 존재한다. 하지만 시간이 지나면 한계효용체감의 법칙에 의해 그 감정은 하강한다. 그리고 동일한 행복감을 느끼기 위해 그는 좋은 직장에 취직해야 한다. 그리고 취직의 행복과 일상성으로의 회귀는 다시 반복된다. 이런 식으로 삶은 진행되며 결국 인간의 삶은 계단식의 모형이 아니라 시지포스의 언덕과 들의 반복과 동일한 구조, 동일한 반복의 양태를 보이게 된다. 시지포스의 벌은 결국 무지개를 좇는, 그리고 좇을 수밖에 없는 소년의 운명 자체이다. 그런데 시지포스의 지혜는 사실 여기에서 그치는 것이 아니다. 한계효용체감의 법칙은 항상성의 원리를 적용할 때 전혀 다른 해석을 가능케 한다. 인간은 욕망의 충족으로 유도된 쾌락의 상태에서 하강하는 것이 아니라 자극으로 인한 스트레스를 해소함으로써 비로소 다시 안정의 상태로 돌아오는 것이다. 다시 말해 행위의 목적은 욕망의 충족이 아니라 충족을 통한 스트레스의 해소에 있는 것이다. 결국 엄밀히 말해 인간의 무의식이 원하는 것은 합격이나 취직 그리고 다양한 종류의 쾌락충족이 아니다. 그것은 삶의 긍정적 현상으로부터 오히려 자유로운 상태, 즉 기쁨, 쾌락, 왕성한 활동이나 생동감에 반대되는 것, 다시 말해 무-기력이나 정상적 내지 일상적 활동 상태로부터의 일탈이며 이는 우울증의 다양한 현상을 통해 드러나는 것이다. 물론 의식은 향유하고 즐기며 성공하고 소유한다. 하지만 엄밀히 말해 그것은 향유하는 것이 아니라 자극에 의해 향유로 이끌리는 것이며, 소유하는 것이 아니라 소유로의 강제되어짐이다. 다시 말해 주체가 사는 것이 아니라 살도록 강요되는 것이다. 인간이 자살할 수 있는 것이 즉자가 아닌 대자적 존재로서의 본질에 있음을 기억할 필요가 있다. 인간은 그냥 사는 존재가 아니라 스스로를 대상화하고 자신의 삶에 질문하며 그것의 의미를 요구할 수 있는 존재이다. 이 대자적 특성이 사실 인간으로 하여금 의미상실로 인한 자살을 유도하는 것이다. 삶의 욕망이 자율성이 배제된 타율적 반응임을 인지할 때 인간은 자신이 그 전까지 집착하던 것으로부터 벗어나길 원하며 실제로 벗어난다. 그리고 그 벗어남, 즉 집착으로부터의 자유는 무소유의 덕이라는 긍정의 형태로만 나타나는 것이 아닌 것이다.

3. 의미

'나는 우울하다!'라고 말할 때 그것은 무엇을 의미하는가? 기호로서 누군가 나에게 말하는 직접적 빠롤, 아니면 무기력감이나 불안 또는 무가치성에 대한 간접적 기표가 드러내는 기의는 무엇인가? 그것은 분명 삶이 주는 충격이 과도하게 나에게 밀려온 것을 드러내는 것일 수 있다. 사랑하는 사람의 떠나감이나 부도 또는 실직 그리고 정상에서의 불안감 등이 나의 이성적 수용능력이란 담을 넘어 나의 내면의 뜰을 덮어버린 것일 수 있다. 아니면 보다 근원적인 것으로, 그로 인해 발생하는 외로움 내지 관계의 단절일 수도 있다.[16] 그런 의미에서 우울증은 절망의 심리기제인 것이 옳다. 하지만 기호로서 우

---

16) 앤드류 솔로몬, 『한낮의 우울』, 민음사, p.23. 우울은 사랑이 지닌 결함이다. 사랑하기 위해서는 자신이 잃은 것에 대해 절망할 줄 아는 존재가 되어야 한다. 우울은 그 절망의 심리기제이다. 우리에게 찾아오는 우울증은 자아를 변질시키고, 마침내는 애정을 주고받는 능력까지 소멸시킨다. 우울증은 우리의 내면이 홀로임을 드러내는 것이며, 그것은 타인들과의 관계뿐 아니라 자신과의 평화를 유지하는 능력까지도 파괴한다.

울증은 일차적 의미작용을 넘어 제2의 기호학적 체계를 지닌다. 그 기호가 드러내는 신화는 단순히 '나는 삶을 즐기고 싶은데 절망에 빠져 있다!'를 넘어선다. 그리고 그 근저에 깊이 놓인 시니피에를 드러낸다. '나는 삶의 자극 자체로부터 스트레스를 느끼며 그것은 나의 삶을 과포화상태로 이끌고 있다. 그러므로 나는 그 자극으로부터 자유롭고 싶다!'

우울증이 지닌 철학적 의미는 결국 인간이 단순히 행복을 원하는 존재가 아니라 평안을 원하는 존재임을 드러낸다. 정상적 사회인으로서의 '출구'가 주는 안락함에 대한 바람 내면에 인간은 사회인으로 '길들여짐'으로부터의 자유인 '탈출'을 원한다. 또한 생존에 대한 욕구, 그것을 위한 성공과 행복의 원함과 동시에 그것들을 욕구해야 하는 생명현상 자체에 대한 스트레스로부터 벗어나 '안식'의 길로 가길 원한다. 나아가 욕망의 대상을 충족시키려는 향유의 삶, 먹고 마심과 배설, 소비와 섹스, 관계와 만남 그리고 사랑에 대한 욕망이 있지만 그 욕망자체가 주는 스트레스로부터 벗어나길 원하는 것도 사실이다. 어떤 이는 실존적 자아의 실현을 통해 주체적 삶을 사회 속에서 실현함으로 '길들여지기'를 벗어난다. 그리고 어떤 이는 무능력함과 무관심을 통해 그것에 저항한다. 마찬가지로 어떤 이는 생존의 단순한 욕망에서 벗어나 의미에 대한 가치추구를 통해 생명현상의 필연적 구조에서 벗어난다. 그리고 어떤 이는 생존의 역방향적 현상을 통해 그 구조에 저항한다. 마지막으로 어떤 이는 삶의 소위 행복이나 쾌락 또는 성공이라는 집착으로부터 벗어나는 무소유의 삶을 통해 평안을 추구한다. 그리고 어떤 이는 쾌감이나 기쁨의 감정 자체에 대한 무관심이나 무감정을 통해 소극적으로 평안을 찾는 자신의 신화를 유포한다.

길을 나오며

인간의 삶이 진정 고라면 사실 우울증의 치료는 실제 우울증의 치료가 될 수 없음을 의미한다. 우울증은 치료될 수 없고 억제될 뿐이다.[17] 단지 우울증의 극단적 결론인 자살만을 막을 뿐이다. 물론 정상적 사회인으로서 삶에 복귀하는 것도 가능하다. 하지만 소위 '정상'이 사실 '비정상'일 수 있으며 우리가 살펴본 것처럼 우울증은 의식에만 존재하는 것이 아니다. 그런 점에서 우울증은 결국 얼굴에 기생하는 모낭충과도 같다. 새도로 존재하기에 보이지는 않지만, 낮에는 숨어 있지만 밤이 되면 활동하는, 그래서 확대하면 보이는, 거부하고 싶지만 거부할 수 없는, 따라서 제거하기보다는 함께 공존하는 법, 즉 그것을 존재하도록 놓아두되 우리 삶에 영향을 미치지 못하도록 만드는 것이 필요할지도 모른다. 만약 그것이 아니고 우울증에 대한 근원적 해결책을 바란다면 우리는 가시적 우울증보다는 근원적 우울증에 주목해야 한다. 그리고 그것이 지향하는 것은 무엇보다 행복이 아닌 평안이라는 사실, 즉 빛을 통해 모낭충의 활동을 억제하는 것이 아니라 피부의 뿌리에서 제거하는 것이라는 것이다. 현상적 우울증은 근원적 우울증에 대한 저항의 기호인 것이다.

얼굴에 있는 모낭충을 근본적으로 제거하는 방법은 두 가지뿐이다. 하나는 자신의 얼굴을 파괴하는 것이다. 그래서 평안은 자살을 부르고 우울증은 자기 파괴로 귀결되는 것이다. 다른 하나는 얼굴의 존재를 거부하는 것, 즉 자신의 얼굴에 대한 의식을 파괴하는 것이다. 이

---

17) 앤드류 솔로몬, 같은 책, p.24.

경우 모낭충의 의식도 함께 사라진다. 그리고 자아는 평안의 상태를 경험할 수 있다. 그래서 석가모니는 공을 통해 자극과 자아의 무를 깨달으면 해탈할 수 있다 하였다. 그리고 장자는 빈 배가 되라고 요구한다. 세상에 있으나 세상에 속하지 않는 존재, 벽이 아닌 문으로서의 존재가 되어 자아를 비우면 우울증이 궁극적으로 지향하는 평안을 얻을 수 있다고 하였다. 문제는 이런 방식이 주는 또 다른 스트레스이다. 욕망과 집착에서 벗어나기 위한 수행, 자아를 비움의 도를 깨닫는 과정은 평생을 요구하며 어쩌면 모낭충은 그대로 남고 오히려 '벗어남의 욕구'라는 스트레스만 더해질 수 있다. 흡연을 멈추기 위해 금연하는 이가 정신적으론 흡연에 종속된 채 금연해야 한다는 의식의 스트레스만 더하듯이, 비만으로부터 벗어나기 위해 단식하는 이가 폭식하지 말아야 한다는 강박관념 때문에 부정적으로 폭식에 종속된 채 단식의 스트레스만 덤으로 얻을 수 있는 것이다.

결론적으로 모든 문제가 '나'의 생명화, '나'의 사회화 그리고 '나'의 행복추구에서 기인한 것이기에 사실 문제의 근원은 '나'에게 있다고 하겠다. 정확히 말하면 생명과 사회 그리고 행복을 끌어당기는 나의 중력이다. 그리고 그런 의미에서 문제해결의 초점을 '나'의 배제에 맞추고 있는 성경의 초대는 흥미롭다.

> 수고하고 무거운 짐 진 자들아, 다 내게로 오라. 내가 너희를 편히
> 쉬게 하리라.[18]

예수는 우울증을 통한 평안, 나아가 자신의 무화라는 죽음을 통한

---

18) 성경, 마태복음 11장 28절.

자기중심적 해결을 포기하라고 말한다. 불가능하다는 것이다. 그리고 죽음으로써 죽는 것이 아니라 살아 있음에서의 죽음을 선택하라고 말한다. 자아의 모든 스트레스와 우울증을 통한 저항의 기호까지 자신에게 넘기라는 것이다. 만약 이것이 가능하다면, 혹시 예수가 미치광이가 아니라 신이라는 주장이 옳다면, 그가 인간을 사랑하여 신의 자리를 포기하고 십자가의 사랑을 통해 인간의 모든 근원적 스트레스를 단번에 해결한 것이 사실이라면, 그래서 그가 단지 자신을 믿기만 하면 영원한 평안을 준다고 한 것이 참이라면, 예수야말로 우울증의 유일한 해결책이 될 것이다. 예수는 사랑이고 사랑하는 것은 죽는 것이기에 사랑 안에서 자아는 기쁨으로 사라지기 때문이다. 문제는 그러나 믿음이다. 예수는 믿음을 유일한 전제로 요구하고 있기 때문이다.

참고문헌

A. 솔로몬, 『한낮의 우울증』, 민음사, 2004.
S. 프로이드, 『쾌락원칙을 넘어서』, 열린책들, 1997.
F. 카프카, 『카프카 단편선』, 탐구당, 1989.
E. 헤밍웨이, 『킬리만자로의 눈』, 범우사, 1999.
A. 카뮈, 『시지포스의 신화』, 문예출판사, 1986.
R. 바르트, 『신화론』, 현대미학, 1995.
성경, 『우리말 성경』, 2010.

W. Kaufmann, Existentialism from Dostoevsky to Sartre, 1975.
D'Amato, Barbara, "Emotional Communication: Resolving a Resistance to Feeling Hate", Modern Psychoanalysis Vol.31, 2006.
Spotnitz, Hyman, Modern Psychoanalysis of the Schizophrenic patient. New York. YBK Publications 2004.

자살은 언제나 악인가?[1]

김용해(서강대학교 신학대학원 교수)

1. 시작하는 말

우리나라 자살률은 최근 10만 명당 25명 정도로 수년 동안 OECD 국가 30개국 중에서 1위를 기록하고 있다. 하루 평균 33명, 일 년에 약 12,500명이 스스로 목숨을 끊는다. 그것도 해마다 증가하는 추세에 있다. 성년 또는 노인의 자살뿐 아니라 청소년과 대학생의 자살에 이르기까지 전 세대에 걸쳐 증가하고 있다. '자살공화국'이라는 표현도 더 이상 긴장을 주지 않는다. 도대체 우리 사회가 생명을 포기하고 생명불감증의 덫에 빠지도록 만드는 힘은 무엇인가?

자살이란 일반적으로 '스스로 자신의 생명을 끊는 행위'를 말한다.

---

1) 본 논문은 『생명연구』 14집(2009년 겨울)에 '이타적 자살과 이중효과의 원리'라는 제목으로 수록되어 있다.

그러나 프랑스의 사회학자 에밀 뒤르켐(1858~1917)은 자살을 하나의 사회현상으로 파악하여 '희생자 자신이 행한 적극적 또는 소극적 행위가 그러한 결과를 가져오도록 노력한 것으로부터 직접 또는 간접적으로 발생한 모든 경우의 죽음'[2]으로 정의한다. 그는 사회학적 자살유형을 사회통합과 사회규제라는 두 변수를 가지고 네 가지로 분류한다. 첫째, 이기적 자살이다. 이는 개인이 사회에 덜 통합되어 자기중심적으로 사는 사람들에게서 나타난다. 예컨대 독신자가 결혼하여 가족을 이루는 사람보다도, 신앙에 있어서 개인주의가 더 강한 개신교 신자가 공동체를 강조하는 가톨릭 신자보다도 더 자살이 많다는 것이다. 둘째, 이타적 자살이다. 개인이 자신이 속한 공동체에 지나치게 통합되어 있어 주체성이 빈약하여 자살을 결행하는 경우이다. 일본의 가미가제 특공대의 자살이 그 예라 할 수 있다. 위의 두 유형의 자살은 한 개인이 공동체와의 관계를 얼마나 조화롭게, 혹은 부조화적으로 맺느냐가 관건이다. 인간은 개인(사회적 동물)으로서 사회를 이루는 한 구성원이지만, 인격으로서는 국가, 사회로부터 독립된 존엄한 존재이다. 국가와 사회는 인간을 위해 존재하는 제도이고, 인격이 국가를 위해 존재하는 것은 아니다. 뒤르켐이 그 다음으로 분류하는 셋째, 넷째 유형의 자살은 사회의 규범 또는 가치관이 개인에 대한 규제가 얼마나 강하느냐에 따른다. 셋째, 아미노적 자살은 규범과 가치관의 규제가 적절하지 않을 정도로 느슨할 때 발생한다. 즉 사회변화가 너무 심하여 전통적 가치관이 작용을 못하거나, 사회가 자유방임적으로 개인에게 너무 많은 결정권을 위임하면, 개인은 선택에 있어서 혼란과 불안

---

2) 에밀 뒤르켐, 김충선 옮김, 『자살론』, 서울: 청하, 1994, p.20.

을 경험하게 되어 자살자가 증가한다는 것이다. 산업기술의 진보와 함께 전통사회는 붕괴되고 생활방식이 급변하여 공동체의 가치관이 매우 약하게 작용하는 발전도상국가가 여전히 전통문화와 깊이 결합된 저개발국가사회에 비해 자살률이 높은 이유이다. 또한 사회보장제도와 개인의 자유가 고도로 발달되어 있지만 공동체 문화가 없는 선진국가에서도 아미노적 자살이 증가한다. 넷째로 숙명적 자살이다. 이는 개인에 대한 사회의 규제가 너무 심하기 때문에 개인의 자율적 주체성이 유약한 사회에서 많이 발생한다. 가족을 중시하는 사회에서 자녀 없는 기혼여성이 무망감 속에서 자살을 선택하거나, 봉건사회에서 종이나 부녀자, 노인들이 순장제도에 순순히 따르는 경우가 그 예이다. 이런 구분을 통해서 볼 때 우리나라의 가파른 자살증가의 중심에 어떤 유형이 있는지 추측해 볼 수 있다. 최근 10년 동안 우리나라 자살률이 증가하는 집단은 청장년층(30~50세)과 노인층(60세 이상)인 것으로 보아 신자유주의 물결에 따른 사회경제활동의 불안정성, 그리고 가치관의 변화로 노인들의 부적응성이 원인일 것으로 추정된다. 즉, 이기적 자살 유형과 아미노적 자살 유형이 증가하고 있는 셈이다. 1997년 외환위기 이전에는 인권, 남북통일, 민주화 등의 이념을 위해 싸우기 위해 자살하는 이타적 자살이 많았다.

위에서 살펴본 뒤르켐의 자살유형은 사회 문화적 변화에 따라 개인들이 사회공동체와의 관계 및 사회규범과의 극단적인 부조화로 발생한 것들을 현상학적으로 구분한 것이다. 이러한 뒤르켐의 사회현상학적 자살유형의 분석은 자살 신드롬으로 앓고 있는 우리 사회를 제도와 생활 양 측면에서 깊이 성찰하고 대안적인 사회적 규범 공동체를 건설하는데 출발점을 제공하는 장점을 가지고 있다. 다른 한편 개인의 사회와의 관계에서 그 친소의 정도나 사회 규범의 개인에 대한 영향의 강약의 정도는 개인과 사회의 관계에서 파생하는 것으로써 한 개인에게 윤리적 성찰의 책임을 충분히 강조할 수 없는 단점을 가진다. 개인으로서의 한 인간은 사회적 환경이나 사회적 가치관에 영향을 받기만 하는 것이 아니라, 사회공동체를 건설하고 사회문화적 규범을 새롭게 만들어 가는 주체이기도 하다. 더 나아가 한 개인은 자율적인 인격으로서 일정한 사회 환경의 영향을 받는 가운데, 스스로 자신의 행위를 성찰하고 자신에게 어떤 행위가 좋은(착한) 행위인지, 어떤 삶이 좋은 삶인지를 선택할 수 있는 가능성을 지니고 있다. 바로 이 가능성으로부터 윤리학은 출발한다. 윤리학에서 말하는 덕이란 사회적 환경의 영향이나 운명의 우연성에도 불구하고 인간이 자신의 완성을 위해 항구하게 견지할 수 있는 습관화된 능력을 말한다. 용기, 신중, 검약, 관용 등의 덕은 어떤 상황이나 어떤 환경에서도 인간이 자신의 한계를 넘어 자아실현을 가능하게 하는 인간이 추구할 만한 태도로서 보편적으로 인정할 수 있다면, 이는 곧 인간이 윤리적 존재임을 천명하는 것이다. 본 소고에서는 자살행위를 관찰자의 입장에서 사회현상으로 분석하기보다는 행위자의 입장에서 윤리적으로 정당한지를 검토하고자 한다. 우선 자살이 윤리적 판단의 대상이 되는 자유로운 인간적 행위인지를 살핀다(2장). 그런 다음 자살행위에 대한 윤리적 성찰을 하는데, 토마스 아퀴나스 윤리학을 중심으로 실재론적 윤리설을, 칸트 윤리학을 중심으로 의무론적 윤리설을, 그리고 오늘날 광범하게 뿌리내리고 있는 공리주의적 윤리설을 차례로 검토하려 한다(3장). 더 나아가 자살행위 중 정당화가 가장 합리적으로 이루어질 것으로 보이는 소위 '이타적 자살'의 정당성에 관해 논한다. 여기서는 '이타적 자살'이라는 개념이 윤리학적으로 볼 때 적절한 이름이 아님을 지적하겠는데, 양심실재론이 주장하는 이중효과의 원칙이 소위 '이타적 자살'에 어떻게 적용되는지를 살피게 되면 그 이유가 명확해질 것이다(4장). 이러한 논변을 통해 이 글의 결어 부분에서 자살행위의 정당성에 대해 결론적으로 무엇을 말할 수 있을지, 자살예방을 위해 어떤 사회적 이념을 발전시킬 것인지, 그리고 원인에 있어서 자유롭지 못한 자살, 우울증 등의 정신질환에 의한 자살, 그리고 자살자에 대한 사회적 대우를 어떻게 해야 할 것인지에 대해서도 해답을 얻을 수 있으리라 생각한다(5장).

2. 자살은 인간적 행위(actio humana)인가, 인간의 행위(actio humanis)인가?

인간이 행하는 포괄적 의미의 행위란 행위자가 특정한 변화(그 변화가 행위자 자신의 몸에 한정된다고 하더라도)를 일으키는 활동을 말한다. 이때 행위는 행위 주체인 행위자에 의해 일어난 변화이다. 졸음이 와서 생리적으로 하품을 하거나 잠을 자는 동안 무의식적으로 잠꼬대를 하는 것도, 의식적으로 거짓말을 하여 타인에게 진실을 숨기는 것도, 우리가 성찰하려고 하는 자살도 행위자가 원인이 되어 일어난, 삶에서 죽음으로의 변화이므로 '행위(act)'라 할 수 있다. 그러나 생체물리학적, 생리적, 혹은 무의식적 행위는 윤리학적으로 평가할 수 없거나, 평가하는 데에 한계가 있음이 분명하다. 왜냐하면 윤리적 평가란 행위자에게 책임을 귀속시킬 수 있는지, 행위에 정당성이 있는지, 그 행위는 보편적으로 올바른 행위인지를 검토하는 것인데 여기에는 반드시 원인적 행위 안에 행위자의 의지가 개입되어 있고, 행위를 행하거나 행하지 않거나 할 자발적 상태(자유)가 전제되어 있어야 한다. 윤리학에서 이러한 행위를 특별히 '인간적 행위(actio humana)'라 부르는데, 단순히 본능적 이끌림(inclinatio)에 의한 행위, 즉 '인간의 행위(actio humanis)'와 구별하여 의도, 결정, 동기로 이루어진 행위를 지칭한다.[3]

자살은 인간적 행위인가, 아니면 인간의 행위인가? 윤리적 판단이 개입하고 있는 인간적 행위인가, 그렇지 않고 생리적, 유전학적, 충동에 의한 인간의 행위인가? 일반적인 자살행위는 행위자가 행위결과를 인식하고, 행위의 동기가 있으며, 그 방법 등을 고려하여 그중 어떤 시간, 방식, 도구를 선택하였고, 행위가 진행되는 과정에서, 행위 자체를 의식하고 있으므로 인간적 행위라 할 수 있다. 다시 말하면 그 행위 안에 윤리학적 선과 악의 문제를 제기할 수 있는 행위이다. 물론 유전적, 정신 병리적, 사회 환경적 배경이 행위자의 선택과 결정, 즉 자발적 행위에 장애요소로 다소 작용하는 경우가 있다. 그럼에도 불구하고 이성을 가진 보통의 인간이라면 자살행위 원인이 최종적으로 자신의 의지로 거슬러 올라간다는 점에서 인간적 행위라 할 수 있다. 오늘날에는 자살행위가 단 한 번의 시도로 이루어지기보다는 여러 단계로 이어지는 일련의 연속된 행위로 알려졌다. 이를 자살성(suicidality)으로 부른다.[4] 자살성은 자살사고, 자살계획, 자살시도 및 자살 등 자살과 관련된 행위들로 이루어진 일련의 연속적 개념이다. 이 개념은 자살사고자, 자살시도자, 자살사망자들이 서로 다른 인구사회학적, 정신

---

3) 프리도 릭켄, 김용해 역, 『일반윤리학』, 서광사, 2006, pp.163-166.
4) 남윤영, '한국사회의 자살: 정신보건적 측면에서의 이해와 대처', 『생명연구』 11집, 생명문화연구소, p.108.

병리학적 특징들을 가지고 있다고 보는, 과거의 단면-후향적 연구를 탈피하고자 만든 개념이다. 즉 자살사고, 자살시도, 자살을 통한 사망에 이르기까지 일련의 행동 안에서 당사자는 사회적 환경이나 개인의 성격특성, 유전적 특징 등 사회적, 심리적, 생물학적 요인들의 상호작용이라는 배경을 가지고 선택한다는 것이다. 자살사고 단계에서는 아직 자살의 의도가 없지만 삶이 답답하고 의미가 없어 보이며 죽는 것이 더 낫겠다는 막연한 생각이 드는 단계이다. 이 단계에서 가족 또는 가까운 친구와 대화를 나누거나 상담가 또는 정신과 의사에게 찾아가서 생명의 연대성을 체험하거나 치료를 받는다면 양호해질 수 있다. 그러나 그렇지 않을 경우는 더욱 심화되어 자살계획 단계로 발전한다. 이 단계에서는 유언을 남기려하고 자살의 이유를 파악하는 등 좀 더 분명하게 동기화되어 간다. 그런 이후에 자살의 시기와 방법, 장소를 선택하여 실행에 옮기는 것이다. 이렇듯 자살행위는 상당한 기간 주위에 많은 징후를 남기면서 자기 자신과 투쟁하는 일련의 행위단계를 거치므로 그 과정에서 자유로운 숙고를 통해 자살 이외의 다른 가능성을 선택할 여지가 있는 인간적 행위임을 알 수 있다. 따라서 자살은 윤리학적 성찰의 대상이 될 뿐 아니라 윤리학적 성찰을 통해 자살시도를 예방할 수 있다.

3. 자살의 정당성에 대한 윤리학적 성찰

1) 실재론의 입장

윤리적 실재론의 입장은 윤리학적 가치와 당위의 기준이 개인의 주관성, 즉 감정이나 의지에 있지 않고 사유 밖의, 선, 정의, 덕 등과 관련된 객관적인 사태에 있다는 점을 강조한다. 물론 객관적 사태(facts) 내지 실재(reality)는 인간정신과 인식의 구조라는 실재를 포함하여 자연과 사회적 관계 안에 존재하는 실재와 더 나아가 신의 실재까지를 아우른다. 따라서 실재론은 선들의 경중을 식별하고 선택하는 실천이성과 실천이성의 바른 활용을 위해 덕을 강조하며, 행위를 그 결과뿐 아니라, 행위 그 자체, 행위의 동기와 의도를 아울러 평가한다.

　자살행위에 대한 실재론의 입장을 중세의 토마스 아퀴나스(1224~1274)의 자살론을 중심으로 살펴본다.[5] 토마스는 자살을 찬성하는 사람들의 찬성근거를 먼저 살피는 것으로 자살론을 시작한다.[6] 첫째 근거는 자살은 불의가 결코 아니라는 주장이다. '살인은 정의(나의 생명뿐 아니라 타인의 생명도 소중하기 때문에 보호받아야 한다)에 반대되는 한에서 죄이다. 그런데 자신을 거슬러 부정의를 실행할 수 있는 사람은 없다. 따라서 자신을 죽임으로써 죄를 저지를 수는 없다'고 주장한다. 둘째, 합법적인 자살이 가능하다는 것을 근거로 자살의 정당성을 지지한다. 즉 '공권력은 죄인들을 합법적으로 죽인다. 자신이 죄인이면서 권력을 행사할 수 있다면 자신을 죽이는 것은 합법적'이라고 주장한다. 따라서 죄인인 사람이 동시에 자신을 처단할 자연적 힘이 있으면 자살로서 죄를 집행할 수 있다는 말이다. 셋째 근거는 전체성의 원리에 의해 큰 악을 피하기 위해 작은 악을 허용하는 것이 더 나은 것처럼 '누구나 큰 악을 피하기 위해 자살을 실행하는 것은 합법적'이라고 주장한다. 넷째는 자살을 하느님께서 허락하셨다는 성

---

5) Summa theologia, 2a2dae Q 64, A.5.

6) 같은 곳, A.5, Ad quintum.

서적 근거이다. 스스로 목숨을 끊은 삼손은 이를 통해 살았을 때보다도 훨씬 더 많은 적군을 죽일 수 있었다고 찬양한다(판관 16). 또한 마카베오 2권에 나오는 라지스도 지인들의 손에 넘겨지거나 불명예스러운 모욕에 고통 받는 것보다는 차라리 명예롭게 죽는 것이 더 가치 있다고 여겨 자살했다(마카베오 하, 14, 37).

토마스는 이 근거들을 논박하기 전에 우선 스스로 생명을 끊는 행위인 자살이 인간에게 어떤 의미를 갖는지를 살핀다[7]. 첫째, 자살은 스스로 생명을 유지해야 하는 자연적 성향에 위배되고 자신을 흠 없이 잘 돌봐야 하는 정결에 어긋난다고 주장한다. 둘째, 자살은 그가 소속되어 있는 공동체에 해를 끼친다고 말한다. 이는 고대의 아리스토텔레스(B.C. 384~322)가 이미 자살을 허용할 수 없는 근거로 그의 윤리학에서 말하고 있다[8]. 셋째, 자살은 생명과 죽음에 대한 주인이신 하느님을 거스르는 행위이기 때문에 죄라고 주장한다.[9] 이처럼 토마스는 한 개체의 생명을 순간적인 충동에 사로잡히거나 또는 자아에 집착하여 스스로 처분할 수 있다고 보는 폐쇄적, 고립적 생명으로 보지 않고, 사회적으로 더 나아가 신 또는 절대지평으로 연결된 관계망 속의 생명으로 파악하고 있음을 알 수 있다.

토마스는 결론 부분에서 위에서 언급한, 자살 찬성론자들의 네 가지 근거를 하나씩 반박한다.[10] 첫째, 살인은 정의에 반하는 것이기 때문만이 아니라 모든 사람이 빚지고 있는 사랑에 반(反)하기 때문에 죄

---

7) 같은 곳, Responsio 전반부.

8) 니코마코스 윤리학, p.1138a.

9) 하느님을 믿지 않는 사람들에게 이 주장은 무의미한 것인가? 셋째 주장의 논리는 인간생명의 탄생과 죽음은 인위(人爲) 또는 유의적(有爲的)인 것이 아니고 주어진 것, 즉 무위적 절대지평에 해당된 것으로 보고, 타인의 생명이든 자신의 생명이든 인위적으로 죽여서는 안 된다는 것으로 이해할 수 있다.

10) S.th. 2a2dae Q 64. A.5, Responsio Ad primum 이하.

이다. 이런 점을 고려할 때 자살은 생명을 준 사랑에 반하기 때문에
죄이다. 또한 자살은 자신의 생명을 탄생시키고 키워준 공동체와의
관계에 있어서나, 자신의 생명과 존재를 창조한 신과의 관계에 있어
서도 정의에 반하는 죄이다. 정의를 나와 타자와의 관계에서만 고려
하는 것이 아니라 나와 공동체, 나와 신과의 관계에서도 고려한 것이
다. 둘째, 공권력의 집행자는 범죄자를 죽일 합법적 권한을 가진다.
그 당시 중세는 개인의 자유와 생명보다 공동체성을 강조하는 시대
였기 때문에 사형제도는 더 큰 생명들을 위한다는 전제하에 정당화
되었음을 우리는 상기할 필요가 있다. 그러나 공권력을 집행하는 자
라도 자신에 관해서는 그런 재판을 내릴 수 없다. 그 자신의 경우는
다른 재판관에게 그 권한을 넘겨 재판을 받아야 한다고 토마스는 주
장한다. 따라서 자신의 죄로 인한 죄책감으로 자신을 심판하여 사형
을 집행할 사람은 없다는 것이다. 셋째로 경미하거나 불확실한 의심
스러운 악을 피하거나, 선을 행하고 악을 행하지 않을 이유로, 또는
죄에 대해 동의할 우려 때문에 자신을 죽일 자격을 부여받은 사람은
아무도 없다. 생명은 유일한 최고선은 아니지만 어떤 선을 위한 수단
이 될 정도로 작은 선은 결코 아니라는 것이다. 넷째로 아우구스티누
스는 삼손의 행위를 성령이 그로 하여금 기적을 일으키게 하기 위해
비밀스럽게 명령한 것이라고 말한다. 순교의 시기에 교회의 거룩한
여인들도 마찬가지이다. 여기서 토마스는 자신이 의도했다기보다 하
느님의 성령에 이끌려 헌신하는 죽음을 인정하고 있다. 그러나 주목
해야 하는 것은 토마스는 이타적 자살이라 하더라도 인간이 스스로
의도한 것(선인 생명을 끊을 의도)이라면 죄로 본다는 점이다. 마지막
으로 토마스는 자살을 고귀한 것으로 또는 용기로 보는 관점은 옳지

않다고 덧붙인다. 이것은 진정한 용기라 말할 수 없고 영혼의 유약함에 의해 형벌의 고통을 감당하지 못해 실행한 것이라고 한다.

위에서 살펴본 토마스 아퀴나스의 자살론을 정리해 보자. 토마스가 소개하고 있는 자살유형은 모두 동기와 의도를 갖는, 윤리적 판단의 대상이 되는 인간적 행위들이다. 인간적 행위로서 행하는 의도적인 자살은 어떠한 경우에도 정당화되지 않는다. 토마스의 결론 넷째항은 철학적으로 해명하기 어려운 성령의 이끌림에 의한 헌신적 죽음으로서 종교적 신비체험과 연결되어 있다. 이 경우는 행위자가 스스로 의도한 것이 아니므로 엄밀히 말하자면 윤리적 판단의 대상이 되는 인간적 행위로 보기 어렵다. 결론의 세 번째 항은 생명과 다른선이 충돌할 때, 즉 악을 행하지 않을 이유로 생명을 끊는 경우를 말하고 있는데, 이런 경우에도 토마스는 자살을 매우 엄격하게 금지하고 있다. 셋째와 넷째의 자살 금지론이 타당하다는 것은 다음 장에서다룰 이중효과의 원칙에 의해 더욱 상세히 규명될 수 있을 것이다.

2) 의무론의 입장

근대철학을 종합한 칸트(1724~1804)도 자살이 정당성을 가질 수 있는지를 『도덕형이상학을 위한 기초 놓기(Grundlegung der Metaphysik der Sitten)』에서 다룬다. 그의 자살론을 이해하기 위해서는 정언명법으로 표현되는 보편타당한 형식적 의무를 이해해야 한다. 정언명법이란 '하나의 행위가 그 자체로, 다른 어떤 목적에 관계하지 않고, 객관적이고 필연적인 것으로 표현하는'11) 것이다. 칸트에 따르면 정언명법의 기본 형식은 '네가 보편타당한 법칙이 되기를 동시에 바랄 수 있는 격률에 따라 행위하라'[12]로 표현된다. 그것의 하위 형식으로 칸트는 세 가지를 소개하는데, 첫째는 자연법 형식으로서 '너의 행위의 격률이 너의 의지에 의해 보편적인 자연 법칙이 되어야 하는 것처럼 행위하라'[13]이다. 둘째 자기목적형식은 '네가 인간성을 네 자신의 인격에서든 다른 사람의 인격에서든 언제나 동시에 목적으로 여기고, 어떤 경우에도 단지 수단으로 여기지 않는 방식으로 행위하라'[14]로 표현된다. 셋째 목적 왕국 형식은 '모든 격률이 자기의 고유한 법 제정에서 자연의 왕국, 즉 가능적인 목적 왕국에 서로 일치해야 한다'[15]이다.

칸트는 연속적인 비운에 거듭된 재난과 고통을 겪는 사람이, 그 고통을 면하고자 차라리 자살하는 것이 옳은가 그른가를 판정하려면, 다음과 같은 격률이 자연의 법칙으로서 가능하다고 인정할 수 있는가, 없는가를 살펴보아야 한다고 주장한다. "만약 생명을 더 연장시켜도 그것이 쾌락을 약속하기보다는 도리어 재앙으로써 위협한다면, 나는 자기애에서 스스로 생명을 단축시킴을 나의 격률로 삼는다."[16] I. Kant에 따르면 그러나 자애심에서 스스로 목숨을 끊는다는 것은 보편적 자연의 법칙으로서는 있을 수 없는 일이다. '감정의 직분은 생명의 진척을 촉구함인데 도리어 그 감정에 의하여 생명 자체를 파괴하는 것이 자연의 법칙이라면, 그러한 자연의 체계는 자기모순에 빠지므로 자연으로서 존립할 수 없기' 때문이다.[17] 칸트에게서 윤리적

---

11) Grundlegung zur Metaphysik der Sitten, 1786, p.49.
12) 같은 책, p.60.
13) 같은 책, p.61.
14) 같은 책, p.75.
15) 같은 책, p.88.
16) 같은 책, p.61. 이하.
17) 같은 곳, p.62.

으로 정당한 행위란 이처럼 자연법칙처럼 항상 보편타당한 원리로 받아들일 수 있는 정언명법으로 표현되는 행위이다. 따라서 자신의 신체적 본능과 반한 자살행위가 자연법칙처럼 보편타당한 것을 격률로 삼아야 하는 의무가 될 수 없으므로 칸트와 같은 의무론자에게는 자살이 정당화될 수 없다.

3) 공리주의적 입장

'최대다수의 최대행복(the greatest happiness of the greatest number)'이 행위의 목적이어야 한다고 주장하는 '효용'(utility)의 극대화의 입장이 공리주의의 기본 윤리관이다. 벤담(Jeremy Bentham: 1748~1832)과 밀(John Stuart Mill, 1806~1873)이 고전적 공리주의를 대표하고 현대에 활동하고 있는 피터 싱어(Peter Singer)는 우월공리주의를 주장한다. 고전 공리주의자에게는 인간이 추구해야 할 최종 목표는 쾌락이고 쾌락 중에 질이 높은 쾌락이 있어서 쾌락의 우위를 가리는 것이 중요한 반면, 우월공리주의자에게는 우위의 대상이 반드시 쾌락의 형태가 아니고 다른 방향으로, 즉 생명의 선이 우위의 대상이 될 수 있다.[18] 공리주의적 윤리설은 행위의 동기나 의도보다도 행위의 결과로 나타나는 '효용의 극대화'가 좋은 행위의 기준이 된다.

공리주의적 입장에서 자살을 평가한다는 것은 철학적으로 불가능해 보인다. 왜냐하면 자살행위의 결과를 측정할 수가 없다. 자살을 신과 공동체에 사랑과 정의를 배반한 중죄로 생각하고 사후에도 구원

---

18) 프리도 릭켄, 앞의 책, p.380. 이하.

이 없다는 신념을 가진 사람에게는 생명을 키워나가면서 얻게 되는 선과 자살을 통해 얻을 수 있는 선은 비교가 될 수 없다. 또한 종교에서 제공하는 사후세계를 가정하지 않는 사람에게도 자살행위의 결과는 자살로 사망한 본인에게는 나타나지 않고 그의 주위 사람들에게만 나타난다고 쉽게 주장할 수 없다. 자살하지 않고 생명이 계속되었더라면 얻을 수 있는 행복의 양과 죽음으로서 타인들에게 돌아갈 행복의 양을 계산하여 손익을 산출하는 것이 공리주의자들의 논리이기 때문이다. 또한 소위 이타적 자살과 같이 타인의 이익을 위하여 자살할 경우, 사후세계를 가정하지 않는 사람들에게는 자살당사자에게 돌아올 손해란 없고(왜냐하면 이미 죽었기 때문에 손익의 주체가 될 수 없어서), 타인에게는 어떤 해도 발생하지 않고 이익만 발생하기 때문에 당연히 이타적 자살을 감행해야 하는 윤리적 당위[19]가 발생한다고 주장할 수 있다. 그러나 개인이 진정으로 자살을 바라지 않아도 자살이 종국에 가서는 타인에게 돌아갈 이익이 크기 때문에 '최대다수의 최대행복'을 위해서 자살이 바람직한 상황이라고 주장하는 것이 생활세계의 직관에 합당한가? 부인을 해방시키고 아무에게도 슬픔이 되지 않을 것으로 보이는 지독한 알코올 중독자의 자살, 가족들에게 고통을 계속 바라보게 만드는 비극을 줄이기 위해 자살을 감행하는 죽어가는 노인, 많은 이들에게 장기를 주어 생명을 연장시켜줄 수 있는 자발적인 장기증여자의 자살, 다수의 동료들을 구하기 위해

---

19) Margaret Papst Battin이 그녀의 저서 "Ethical issues in suicide-자살의 윤리적 이슈들", 둘째 장의 각주 83에서 언급하고 있듯이, 공리주의자들에게 윤리적 당위(obligations)나 의무(duties)는 특별한 관계가 연류된 상황에서만 서술되고 일반적으로는 '행하기에 옳은(the right thing to do)', 혹은 '가장 선택하기에 유용한(the best alternative available)'으로 표현한다. 후자는 노약자가 길을 건너는 데 도움을 주는 경우와 같은 일반적 상황에서 전자는 본인 자신의 늙은 아버지가 횡단보도를 건널 때 도움을 주는 경우를 예로 말할 수 있다. 그러나 일반 윤리학적 관점에서는 우리의 논의에서는 양자 모두 당위로 표현한다. Margaret Papst Battin, *Ethical issues in suicide*, 1995 New Jersey, p.113.

스스로 자신의 몸을 날려 폭발물을 안고 죽음을 맞이하는 경우 등등 많은 상황들이 윤리적 평가를 요구한다.[20] 이러한 경우에 공리주의적 윤리설에 따라 사회관계 안에 있는 타자들의 질적인 행복은 물론 생명 주체인 당사자의 동기와 세계관, 인생관을 고려한 행복의 손실을 결과론적으로 산출한다는 것은 불가능하며 다양한 이견을 용납할 수밖에 없다. 어떤 이들은 자살에 대한 개인의 권리를 주장하면서 사회적 공리를 극대화하기 위한 수단으로 자살권을 억압하고 있다고 주장하기도 한다. 수치와 외로움, 질병 혹은 고통을 피하기 위해서 생명을 마감하고자 하는 이들이 그렇게 함으로써 실제로는 전혀 그렇지 않음에도 불구하고 사회와 가족 등 타자에게 어떤 해악을 끼친다고 생각하게 만든다는 것이다. 그러나 이렇게 주장하는 이들도 공리주의적 입장에서 그렇게 생각하고 있는 것이다. 자살자가 피하고자 하는 불쾌는 오로지 개인에게 해당되는 것이고, 이 죽음의 결과는 타인에게 거의 미치지 않기 때문에 오히려 사회적 행복의 극대화에 도움을 준다고 생각한다. 따라서 공리주의적 윤리설은 자살행위의 정당성에 대해 찬성의 논리로도 반대의 논리로도 주장하는 데 동원될 뿐 합리적 근거를 제출하는 것은 어려워 보인다. 위에서 언급했듯이 공리주의적 입장에서는 오히려 더 많은 경우 사회의 공리를 위해서 자살을 권장하는 경향이 있다. 실재론과 의무론에서 자살을 정당하지 못하다는 것은 생명의 실재 안에는 어두운 부분, 즉 갈등, 긴장, 모욕, 고통, 죄, 질병도 있다는 것을 인정하고 이를 극복해 나가는 것이 인간의 지성적 생명을 고려할 때 보편타당한 태도라는 윤리적 사유가

---

20) Margaret Papst Battin, 위의 책, p.105.

배경으로 깔려 있다.

앞에서 살펴본 것은 '특정한 행위의 윤리적 평가는 그것이 일반효용성(공리)을 증가시키느냐 혹은 그렇지 않느냐에 의해 직접 규정된다고 생각하는' 행위 공리주의(act utilitarianism)의 입장이었다.[21] 그러나 어떤 특정한 사례의 경우 자살행위의 결과를 정확히 예견하고 계산할 수 없기 때문에, 자살행위가 일반공리를 더 증가시킬지 그렇지 않을지를 알 수 없고 그리하여 그 행위가 옳은지 그른지도 알 수 없다는 비판을 면하기 어렵다. 그렇지만 우리는 어떤 타입의 행위가 어떤 종류의 결과를 생산하는 경향이 있는지를 알고, 따라서 그런 경향의 행위는 일반효용에 옳은지 그른지도 알게 된다. 이런 맥락에서 올바르게 서술되고 일반효용을 높여주는, 어떤 주어진 종류의 행위를 금지하거나 허용하는 규칙을 제정하는 것은 정당화된다. 따라서 거짓말을 허용하는 규정을 갖거나 아예 아무런 규정을 가지지 않는 경우보다 거짓을 금지하는 규정이 일반효용을 극대화하는 데에 더 낫기 때문에 설사 거짓말이 어떤 해를 끼치지 않는다 하더라도 '거짓말을 해서는 안 된다'고 주장할 수 있다. 이와 같이 규정을 만들어 그 결과를 최대다수의 최대공리에 합당하게 만들려는 입장을 '규정 공리주의자(rule utilitarian)'라 한다.[22] 거짓말과 마찬가지 방식으로 우리는 자살 결과의 대부분의 경우는 매우 좋지 않기 때문에 어떤 특별한 경우는 '합리적이고(rational)', 혹은 공리주의적 입장에서 허용할 수 있다 하더라도 자살을 금지하는 일반규정을 지지할 수 있을 것이다. 많은 임상의학자들은 어떤 합리적인 자살 케이스나 회복 불가능한 질

____

21) 같은 책, p.106.
22) 같은 곳.

병 상태에서 자살하는 예처럼 공리주의 입장에서 정당화될 수 있는 케이스를 인정하더라도 자살금지 규정은 필요하다고 생각한다. 왜냐하면 자살허용의 규정이나 사회적 관용은 극도로 불안정한 상태에 있는, 자살을 상상하는 개인들에게는 커다란 유혹이 되기 때문이다.[23] 유명 연예인들의 자살 이후에 기다렸다는 듯이, 혹은 드디어 정당성을 확보한 것처럼 일반 자살자가 증가하는 '베르테르 효과(Werther effect)'를 생각하면 이러한 규정 공리주의의 주장에 동의할 수 있을 것이다. 십 대 자살률이 급증가세를 보일 때 자살에 대한 허용적인 태도는 무책임하고 살인적 행위가 될 수 있다.[24] 규정 공리주의가 이런 종류의 자살금지의 사회적 규정을 문화화하는 것은 최대의 공리를 증진하려는 자신들의 논리로 볼 때에 매우 합리적이고 생활세계상의 직관에도 합당해 보인다. 그러나 이 금지규정의 이면에는 이런 자살행태가 일반적으로 일반효용성(공리)을 감소시키기 때문에 금지를 받아들여야 한다는 경험이 있다. '거짓말을 해서는 안 된다'는 규정을 수용하는 것은, 소수의 사안에서는 반대 결과가 발생 하더라도, 규정으로 강제되지 않으면 거짓말이 발생하는 대부분의 사안들이 일반적 공리를 감소할 것이라는 경험적 가정에 의존되어 있다. 마찬가지로 자살에 대한 일반적 금지에 대한 지지는, 공리주의적 관점에서 보자면 대부분의 자살이 그르다, 즉 그것들은 일반 공리를 증가시키지 않는다는 경험적 가정에 놓여 있다. 그러나 문제가 되는 것은 바로 이 경험적 가정이다. 바링턴(Barrington)과 카스텐바움(Kastenbaum)은 주장하기를 자살은 쇠락하지 않는 나이에서는 그렇지 않지만 늙은 나이에서는

---

23) 같은 책, p.107.
24) 같은 곳.

자신의 생의 마감을 자살로 하는 것이 '더 수용할 만하고 더 선호하는' 것이라고 한다. 길게 쇠락되어가는 과정의 마지막에 질병에 의해 조금씩 꺼져가는 것보다 자살은 훨씬 더 좋다고 생각한다.[25] 물론 자살허용을 주장하는 세계에서도 행위 공리주의자가 판단하기에 '올바르지 못하고 납득할 수 없는' 젊은이들의 자살이 있을 수 있지만 그들이 예상하는 세계에서 그것은 소수이다. 만약 수용할 만하고 선호하는 자살의 수가, 올바르지 못하고 납득할 수 없는 자살의 수보다 더 많은 사회에서는 공리주의의 법칙은 자살을 허용하거나 자살이 필요하다는 규정을 만들어야 하는 것을 정당화할 것이다. 물론 이 경우에 그럼으로써 비합리적이거나 올바르지 않은 자살을 허용하게 될 수도 있지만 사회적 공리는 증가한다. 대부분의 사회는 자살금지 규정에 더 익숙한 전통적 관점에 영향을 받고 있어서 자살허용 규정의 결과를 경험적으로 추정하기란 어렵다고 한다. 또한 자살의 명시적 규정이 없었던 초기 그리스나 히브리 문화가 있음에도 불구하고 우리는 자살행태가 이 금지규정 이전에 어떠했는지 알지 못한다. 더군다나 자살금지 규정이 만들어진 시기에 평균기대수명이 25세 내지 30세였던 시대였다면 오늘날 의학기술의 발달로 기대수명이 70~80세이기 때문에 자살허용의 공리성은 더 클 것이라고 주장한다. 바틴(Battin)은 규정 공리주의는 일반 공리를 증가시키는 규정을 만들기 이전에 이 경험의 문제를 해결해야 하는데, 위에서 살펴보았듯이 경험적 결과를 확인할 수 없다는 점(공리주의자 간의 이견)에서 공리주

---

25) Mary rose Barrington, "Appologia for Suicide", in Euthanasia and the Right to Death, A. B. Downing, ed.(London: Peter Owen, 1969), pp.152-70. Robert Kastenbaum, "Suicide as the Preferred Way of Death", in Shneidman, ed., Suicidology: Contemporary Developments(New Youk: Grune & Stratton, 1964), pp.103-28. Battin, 같은 책.

의의 모순(paradox)을 확인할 수 있다고 결론을 내린다.[26] 따라서 행위 공리주의든지 규정 공리주의든지 일반자살금지 문화를 위한 어떤 해답을 이론적으로 주지 못한다

4. '이타적 자살'과 '이중효과의 원칙'

위에서 살펴보았듯이 자살을 허용해야 한다는 주장은 단지 일부 공리주의적 입장에서만 가능하다. 그 근거는 사회 전체는 물론 당사자들에게 이익이 되기 때문이다. 자살허용을 찬성하는 공리주의자들이 제시하는 가장 납득할 만한 유형은 소위 '이타적 자살'로 부르는 행위이다. 이제 '이타적 자살'로 부르고 있는 죽음이 정당화될 수 있는가, 어느 조건하에서 정당화될 수 있는지를 살펴보자. 대한민국 육군의 역사에서 자주 인용하는 강재구 소령의 죽음을 뒤르켐의 사회학에 따르면 '이타적 자살'로 분류될 수 있을 것이다. 그러나 윤리학적 관점에서는 이런 경우는 자살이 아니고 선을 지향한 정당한 행위이다. 왜냐하면 강재구 소령이 자신의 몸을 던져 결과적으로 죽음에 이른 행위는 불발한 수류탄이 터져 부하들의 생명이 위협당할 것을 알고(의도), 부하들을 살리기 위한 행위였지(동기), 이 행위 안에 자신의 생명을 끊을 동기와 의도를 찾아볼 수 없기 때문이다. 윤리적으로 평가하는 대상은 행위 안에 있는 동기, 의도, 결정 등의 이성적 활동이다. 하나의 행위가 두 가지 결과, 즉 선한 결과와 악한 결과의 원인이 되었을 때, 결과로서의 악이 목적 또는 수단으로 의도되었느냐, 혹은 그 악이 의도되

---

26) Battin, 같은 책, p.108.

지는 않았지만 미리 알았고 용납되는지가 행위의 도덕적 판단에서 매우 중요하다. 자신의 목숨을 던져 타인을 살리는 행위에서 타인을 살리는 것이 동기이고 자신의 목숨을 끊는 것은 그렇게 함으로써 자신의 생명이 위험하다는 것을 자각하고 있었다 하더라도 자살을 의도했다고 말할 수 없으며, 다만 이런 위험을 용인했다고 말할 수 있다. '이중효과의 원칙'은 토마스 아퀴나스가 자기를 방어하기 위해 타인을 죽이는 것이 정당화되는지에 대한 물음에 정당하다는 답변을 제시하면서 만들어진 원칙이다.[27] 자신을 방어하기 위해 타인을 죽이는 단일한 행위 안에 두 가지 결과가 발생한다고 분석한다. 그러나 행위에 대한 윤리적 판단은 행위자의 의도(intention)가 어디에 있는지에 따른다. 정당방위의 경우에 행위자가 자신의 목숨을 방어할 의도를 가지고, 상대를 살해할 의도를 가지지 않았고 본능적으로 자기생명을 보호하려는 행위로 행했지만 결과적으로 상대를 죽음으로 이르게 했고 이 방어행위가 상대의 위협에 비해 과잉이 아니라고 한다면 정당하다는 결론을 내릴 수 있다. 사형집행이나 전쟁 중 적을 살해하는 행위 등도 이러한 의도로 볼 수 있다고 토마스는 생각한다.

이중효과의 원칙이 성립하는 조건을 토마스의 정당방위론을 통해 정리해 보면 다음과 같다.[28] 첫째, 대가로 지불할 악과 상관없이 행위 자체는 윤리적으로 선하거나 중립이어야 한다(생명을 구하는 것은 윤리적으로 허용된다). 둘째, 행위를 하는 인격은 행위의 좋은 효과를 의도하고 나쁜 효과는 단지 허용한다(자신을 방어하는 사람은 자신의 생명을 보존하려는 의도가 있다). 셋째, 나쁜 효과는 좋은 효과가 있

---

27) S.th. 2-2 q.64. a.7.

28) 프리도 릭켄, 앞의 책, p.396. 이하.

게 하기 위한 수단이 되어서는 안 된다. 따라서 나쁜 효과는 단지 좋은 효과의 결과이거나(나는 내 생명을 구하고 안전한 곳으로 피한다. 공격자는 나의 방어행위 결과로 후에 죽는다) 혹은 좋은 효과와 동시적으로 발생해야 한다. 나는 공격자의 총을 빼앗을 수 없고 그는 마지막 순간까지 나를 쏘려고 시도한다. 나의 생명은 그가 죽는 순간에서야 구해진다. 따라서 나는 그를 쏘아 죽이는 동시에 나는 산다. 나쁜 효과가 먼저 일어나고 그 후에 좋은 효과가 나타나는 경우는 이중효과의 원칙을 적용할 수 없다. 자결이라는 나쁜 효과가 나타나고 그 후에 그것이 결과적으로 좋은 결과를 가져온다고 하더라도 그 자결은 윤리적으로 선하다 말할 수 없다. 왜냐하면 목적을 위해서 자신의 목숨을 살해하는 행위가 수단으로 행해지기 때문이다. 이때 인간에게 본질적 선인 인간의 생명이 수단화된다는 비난을 면치 못한다. 마지막 조건으로 악의 허용은 상응하는 중대한 근거를 가지고 있는지 심사해야 한다. 돈을 빼앗기 위해 팔을 비틀려고 하는 소매치기를 총으로 쏴 죽였다면 명백히 과잉방어가 된다. 이중효과의 원칙이 성립하는 행위는 정당한 행위이므로 살인이거나 자살로 단죄 받지 않는다.

이중효과의 원칙에서 수단과 효과와 관련된 셋째 조건을 얼마나 엄격히 적용할지에 따라 엄격주의와 반엄격주의 두 가지로 나뉜다. 즉 엄격하게 해석하면 목적은 어떤 상황에서도 수단을 합리화시키지 않는다고 주장하게 된다. 나쁜 수단은 좋은 효과가 훨씬 큰 중대성을 갖는다 하더라도 정당화되지 않는다. 반면에 반엄격주의 입장에서는 권리들과 선들의 숙고로부터 출발한다. 수단과 목적의 관계의 정도에 대해 문제를 제기할 때 중대한 권리 또는 선의 보호가 가벼운 권리의 침해를 수단으로 합리화할 수 있다. 이 입장에서 보자면 한 개인이 자신의 생명을 끊는 것을 수단으로 삼아 죽음과 동시에 생명보다 더 큰 사회적 선익을 구할 수 있다면 이 행위가 정당화될 수 있을까? 다른 방도를 알지 못하거나 다른 방식은 행할 수 없는 객관적 상황에서 유일한 방식으로 생명을 끊는 것을 통하여 타인의 생명이나 인권, 또는 국가 사회 공동체의 존립을 추구하는 것은 이중효과의 원칙을 적용하여 정당화할 수 있을 것이다. 여기서는 다른 방도는 없이 자신의 개체적 생명이라는 선을 포기해야만 하는 상황의 유일회성과 생명을 끊음과 동시에 발생하는 선 효과 발생의 동시성, 그리고 발생하는 선이 용인하는 개체적 생명의 희생보다 더 큰 가치를 지니고 있다는 수월성이 충분히 숙고되어야 한다. 또한 이 숙고는 유일회적인 절박한 상황에서 판단해야 하는 경우이므로 행위자의 종교적 신념, 세계관 등의 주관성이 개입될 수밖에 없음을 인정해야 한다. 성령에 이끌려 결정적인 순간에 자신의 목숨을 봉헌하여 하느님의 뜻, 또는 진리와 숭고한 이상을 지키는 행위도 이런 범주에 속한 선한 행위로 볼 수 있다. 그러나 이 경우에도 목숨을 끊는 것 자체를 의도하는 것이 아니고 자신의 목숨보다 더 큰 가치를 의도한 것이므로 자살로 부르기보다 이중효과의 원칙이 적용되는 선한 행위로 불러야 한다. 토마스 자살론 결론의 셋째 항(생명과 다른 선의 경중의 식별)과 넷째 항(성령에 이끌려 헌신한 경우)은 모두 이중효과의 원칙에 의해 설명될 수 있는 주장이다.

이로써 우리는 소위 '이타적 자살'로 불리는 행위는 '이중효과의 원칙'이라는 식별의 틀로 스크린하여 그 정당성의 여부를 판정할 수 있다는 것을 확인할 수 있다. 또한 이중효과의 원칙에 의해 정당성을 확보할 수 있는 선한 행위는 설사 그것이 죽음을 직접적인 수단으로 행해야 함에도 불구하고 생명을 끊는 행위자체를 목적으로 동기화되어 있지 않기 때문에 '자살'이라고 부르기보다 '헌신' 또는 '희생'으로 부르는 것이 더 마땅하다.

5. 나가는 말

앞에서 논의한 것들을 종합해 보자.

일반적으로 말하자면 한 사람이 스스로 자신을 통제하지 못하는 정신병리적 상태가 아닌 경우에, 즉 스스로 어떤 동기를 가지고(다소 이타적 동기를 가지고 있었더라도) 그 결과에 대한 인식이 있으며 의도를 가지고(그 방식과 수단을 숙고하고 선택한다면) 적극적이든 혹은 소극적인 방식으로든 자신의 생명을 끊는 행위가 원인이 되어 결과적으로 죽음에 이르렀다면 윤리적으로 선한 행위라 말할 수 없다. 왜냐하면, 1) 선물로 주어진 자기생명에 대한 사랑의 자연법을 거슬렀다. 2) 자신과 관계를 맺고 있는 가족, 공동체, 사회의 사랑에 대한 배신이다. 3) 생명의 주인인 신을 거스르기 때문이다. 이 주인에 대한 개념이 없는 이들에게는, 자신의 기획에 의해 주어진 것이 아닌 생명을 자기 처분으로 행사하는 월권행위로 볼 수 있기 때문이다. 4) 인간은 자살이 잘못된 것임을 직관적으로 판단하기 때문에 본인이나 가족조차도 자살을 아쉽거나, 부끄럽게 여긴다. 또한 자살을 실행한 본인은 죽어가면서 본인의 의지에 반하여 본능적으로 다시 살아나고자 몸부림치는데, 이것으로 보아 자살은 수행적 자기모순임에 분명하다. 실행하면 할수록 더욱 모순에 빠지는 행위이다.

그러나 이중효과의 원칙을 적용할 수 있는 선한 행위 중에 유일한

방식으로서 생명포기의 행위(악의 효과)를 통해 동시적으로 타인의
생명이나 국가사회의 존립 등 더 중한 선의 효과를 얻는다면 이는 정
당화될 수 있는 선한 행위이다. 우리는 이를 소위 '이타적 자살'로 부
르지 않고 희생적 행위, 헌신적 행위로 부른다.

　실재론적 윤리설은 인간의 의식 실재(의무감, 직관 등)뿐 아니라 의
식 밖의 객관적 사태와 정황, 관계들, 더 나아가 행위의 결과까지도
포괄하므로, 의무론과 공리주의를 아우르는 윤리설이다. 이 윤리설은
주관성과 객관성을 인식하고 선의 경중을 식별하고 선택하며 결정하
기 때문에 실천적 이성인 양심의 활동과 실천을 통해 심화된 윤리적
덕성을 강조한다. 앞에서 살펴본 규정 공리주의의 관점, 즉 자살금지
의 규정 또는 사회적 이념은 소위 이타적 자살 등의 케이스에서 허용
할 수 있는 정당화된 자살이 있을 수 있다 하더라도 자살을 허용하거
나, 어떤 규정이 없는 사회보다 더 공리적으로 타당하다는 관점은 옳
아 보인다. 다만 이런 규정의 근거, 자살금지가 최대다수의 최대공리
에 더 합당하다는 근거를 결과주의적 입장에서 정당화를 시킬 수 없
다는 점은 지적되어야 한다. 그러나 실재론의 입장에서 보면 이러한
결과주의적 공리성을 고려할 뿐 아니라 생명선의 추구라는 실재론적
근거를 동시에 고려할 수 있기 때문에 모순 없이 자살금지 규정의 정
당성을 부여할 수 있다.

　우리는 자살을 금지하는 문화를 옹호하면서도 자살현상을 사회적
연대성이라는 차원에서 책임을 부담해야 한다. 가족, 친구, 공동체의
삶에 대한 연대의식이 약화되어 병리적 자살이 증가하고 있다는 점
은 사회환경의 중요성과 책임성을 보여준다. 윤리학적으로 볼 때, 중
한 정신장애나 시련, 고통 또는 고문으로 겪는 불안이나 심한 두려움

은 자살자의 윤리적 책임을 경감시킨다. 또한 종교적, 신학적 관점에서 볼 때, 자살자의 행위에 대해 우리는 관찰자의 입장에서 절망하거나 단죄해서는 안 된다. 신과 한 인간과의 관계는 타자가 관찰할 수 없는 영역이기 때문이다.[29]

참고문헌

남윤영, '한국사회의 자살: 정신보건적 측면에서의 이해와 대처', 『생명연구』
　　　11집, 생명문화연구소.
에밀 뒤르켐, 김충선 옮김, 『자살론』, 서울: 청하, 1994.
프리도 릭켄, 김용해 역, 『일반윤리학』, 서광사, 2006.

Aquinas, Thomas, Summa theologia. 2a2dae Q 64.
Battin, Margaret Papst, Ethical issues in suicide, New Jersey1995.
Kant I., Grundlegung zur Metaphysik der Sitten, 1786.
Libreria Editrice Vaticana, Catechismus catholicae ecclesiae, 한국천주교중앙협의회
　　　번역, 가톨릭교회 교리서, 2003.

---

29) 가톨릭교회 교리서, Nr. 2283(한국천주교중앙협의회, 가톨릭교회 교리서, 2003).

한국사회의 자살에 대한 윤리적 고찰[1]

심현주(서강대 생명문화연구소 연구원)

I. 서론: 자살을 이해하기 위한 윤리적 접근 방법

2003년 9월 10일, 스톡홀름에서 국제자살예방협회(The International Association for Suicide Prevention: IASP)와 세계보건기구(World Health Organization)가 공동으로 '세계자살예방의 날(World Suicide Prevention Day)'을 제정했다. 이만큼 자살은 세계적으로 가장 큰 인명 손상원인 중 하나가 되었다. 이런 상황에서 '자살 공화국'이라는 오명이 붙은 한국은 지대한 공헌을 하고 있다. 2007년 현재 하루 평균 자살자가 34명(복지부 발표)인 한국이 경제협력개발기구(OECD) 국가 중 자살 1위라는 것은 이미 너무나 잘 알려진 사실이다. 이런 현실에 당면하여 자살은 사회적 문제로 심각하게 고민되고 있다. 이것은 자살을 철저

---

1) 본 논문은 『생명연구』 11집(2009년 봄)에 수록된 것을 부분적으로 수정했다.

하게 개인적 문제로 인식하고 자살을 단죄하던 과거에 비해 자살에 대한 인식이 진일보한 현상이다. 자살을 사회적 문제로 인식전환을 일으킨 공헌은 정신의학 및 사회학의 자살연구였다. 자살에 대한 과학적 연구는 자살을 개인적 문제에서 사회적 문제로 전환시키면서 자살이 개인의 죄라는 오명을 벗기긴 했지만, 동시에 자살을 그 비극성과 윤리적 판단으로부터도 벗어나게 만들었다. 곧, 자살하는 사람의 주관적 의지는 문제영역으로부터 자유로워졌다.

이런 상황에서 본 연구는 두 차원에서 자살에 대한 이해를 시도한다. 하나는 개인윤리 차원이며, 다른 하나는 사회윤리 차원이다. 개인윤리 차원에서는 자살자의 자살의도를 밝히고 그 책임을 묻는다.[2] 자살은 가해자 스스로가 피해자가 되는 죽음이기 때문에 일반적으로 행위의 책임을 물을 수 없다고 여겨진다. 그러나 인간의 모든 행위가 그렇듯, 자살행위 역시 최종적으로는 행위자의 의도에 의해 발생한다. 따라서 개인윤리 영역에서는 자살행위가 자살자의 의도와는 상관없이 어떤 질환이나 비정상적인 심리상태, 곧 자아통제 능력을 상실한 상태에서 일어난다는 설명은 우선적으로 고려되지 않는다. 이런 견해들은 이른바 결정론적 관점으로 인간의 자유의지를 문제 삼지 않기 때문이다.[3] 만약 자신을 통제할 수 없는 상태에 빠졌다 하더라도 그런 상황에 처한 모든 사람이 자살하지는 않는다. 또 정신적 질병을 자살원인 중 하나의 요인이라고 하더라도, 모든 자살자들이 정

---

2) 일반적으로 개인윤리에서는 행위자의 행위 동기, 의도와 목적, 행위 방법, 행위 결과에 대한 인지 여부, 행위의 결과와 의도가 일치했는가의 여부, 행위결과에 대한 행위자의 자세 등을 따져, 행위자 개인이 져야 하는 윤리적 책임을 지운다.

3) 결정론적 관점으로는 자살의 원인을 정신질환으로 해석하는 의학적 견해, 자살시도를 사회에 적응하기 위한 '도움 요청' 행위로 해석하는 심리학적 견해, 마지막으로 사회적 요인에 의한 것으로 설명하는 사회학적 견해가 지적된다. Cf. Battin, Margaret Pabst, *Ethical Issues in Suicide*, University of Utah, 1995, p.4.

신이상의 상태에서만 자살행위를 한다면 자살을 일으키지 않는 정신이상은 있을 수 없게 된다. 따라서 자신을 통제할 수 없는 이러저러한 상태는 하나의 자살동기가 될 수 있지만, 자살의 결정적 원인으로 충분히 설명되지 않는다. 이런 동기는 뒤르켐에 따르면 '자기파멸의 충동을 일으키는 외부의 환경이 가장 손쉽게 찾아들어올 수 있는 개인적인 약점'[4]일 뿐이다. 따라서 본 연구가 전제하는 자살개념은 뒤르켐의 정의를 따른다. 그에 따르면, 자살은 '희생자 자신이 일어나게 될 결과를 알고 행하는 적극적 혹은 소극적 행위에서 비롯되는 직접적 혹은 간접적 결과로 일어나는 모든 죽음'[5]이다. 결국 자살은 분명한 자살 의도가 개입된, 자신의 행위의 결과가 죽음을 가져올 것이라는 점을 예측한 행위로 국한된다. 몽유병처럼 의식하지 못한 상태, 무분별한 행위, 지나친 연구나 운동에 의한 죽음 등은 일반적인 자살의 개념에서 제외된다. 자살미수는 실제로는 죽지 않았지만, 자살의도가 개입되었다는 점에서 자살과 같이 정의할 수 있다. 반면, 간접적 방법으로 자기 목숨을 구할 수 있는 어떤 행동을 거부하거나, 타인을 살리기 위한 자기생명포기도 자살이라고 말할 수 있다. 이렇게 행위자의 의도가 분명히 개입된 자살개념을 전제로 개인윤리 영역에서는 자살의 윤리적 정당성을 논해보고자 한다(III. 1). 다음으로 사회윤리에서는 사회의 제도적 조건들이 그 사회구성원의 자살을 방관하거나 부추기는 요인을 품고 있는가 하는 문제를 다룬다.[6] 사회의 제도적

---

4) 에밀 뒤르켐, 김충선 옮김, 『자살론』, 서울: 청하 1994, p.145.

5) 같은 책, p.20.

6) 사회윤리는 인간이 분자화된 개인이 아니라, 관계를 통해 사회를 형성하고 사회구조에 영향을 받는 존재라는 인간의 사회적 본성에 강조점을 둔다. 점점 더 복잡하고 체계화되는 사회에서 인간관계는 전체 사회가 추구하는 가치와 규칙에 의해 이루어진다. 이른바 사회구조는 그 사회구성원들의 사회적 관계와 사고방식, 존재양식의 바탕이 된다. 그러므로 사회적 차원의 문제는 개인의 윤리적 결단에 의해 극복되는 문제가 아

여건들은 그 사회구성원 개인들에게 삶의 안전판 역할을 하며 그들의 존재방식을 총체적으로 규정한다. 사회적 조건은 사회전체 구성원들에게 희망이나 절망을 부여하는 매우 중요한 기본바탕이며, 모든 인간은 본질적으로 자신이 속한 사회적 조건으로부터 자유로울 수 없다. 빈번한 자살을 발생시키는 사회적 원인을 제거하기 위해서는, 그에 책임을 져야 하는 상황을 먼저 파악할 필요가 있다(II). 그 상황 안에서 한국사회의 구성원 개인들이 쉽게 자살에 노출될 수 있는 사회적 가치관을 특별히 윤리적으로 판단해 보고자 한다(III. 2).

II. 오늘날 한국사회의 자살

1. 한국사회의 자살통계

통계청 자료에 따르면 한국에서 자살률이 크게 증가하기 시작한 때는 2001년부터다. 이때부터 한국 자살자 수는 꾸준히 증가하여 2000년 6,437명에서 2007년 1만 2,174명으로 두 배 늘었다. 이 기간 동안 여성 자살자 수는 1,961명에서 4,427명으로 2.2배, 남성 자살자 수는 4,476명에서 7,747명으로 1.7배 증가했다<그림 1>. 복지부 분석결과 2007년도 하루 평균 자살자는 34명이었다. 이는 전체 사망원인 중 4번째로 빈도가 높은 것이다.[7] 같은 해 한국의 자살사망률은 인구 10만 명

니다. 예를 들어 실업 · 환경재난 · 빈부격차 등의 문제는 다양한 영역의 사람들이 여러 차원에서 체계적으로 협력함으로써 해결될 수 있다. 개인윤리가 특정한 정황에서 행위자 개인이 선택한 특정 행위에 대한 인격적 책임을 묻는 것이라면, 사회윤리는 사회구성원의 삶과 관계를 올바르게 규정할 수 있는 사회적 책임을 묻는 것이다. 곧 한국사회에서 빈번하게 발생하는 자살이 사회적 문제라면, 그 문제를 발생시키는 사회적 책임은 자살자 개인에게 부여되어서는 안 된다. 물론 자살자 스스로의 최종적 결정이 간과될 수 없으므로 사회적 책임과 자살자의 의도는 동시에 윤리적으로 성찰되어야 한다.

당 24.8명으로 2006년의 21.5명에 비해 높았다. 이는 OECD 30개 국가 중 가장 높은 수치다. 2006년 기준으로 OECD 평균 자살사망률은 인구 10만 명당 11.2명으로 한국의 절반 수준이다.[8]

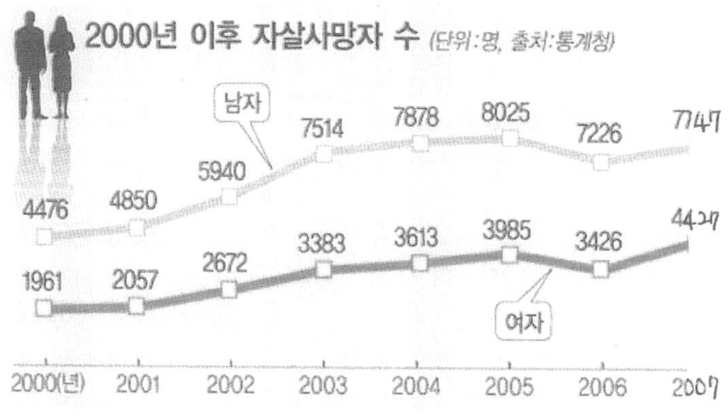

〈그림 1〉 2000년 이후 자살사망자 수

출처: 통계청(Http://news.khan.co.kr)

　　연령별 자살률 추세를 보면[9], 경제활동이 가장 왕성한 <u>청·장년층 (30~50대)</u>의 자살률은 사회의 경제적 상황과 밀접한 관련성이 있는 것으로 나타났다. 1993년에서 2005년 사이에 30대 자살률은 1.9배, 40대는 2배, 50대는 2.5배 정도 증가한 것으로 나타난다. 이들의 자살률은 외환위기 직후인 1998년 급격하게 증가했다가 이듬해 다시 크게 감소했고, 2001년부터 다시 급격하게 증가하고 있다. 한국사회 전체

---

7) 사망원인 1위는 암, 2위는 뇌혈관질환, 3위는 심장질환으로 분석되었다. 경향닷컴, 2008년 10월 3일자, http://kosis.kr.

8) 같은 곳.

9) 경향닷컴, 2008년 7월 20일자, 2008년 11월 2일자, http://kosis.kr.

자살률의 급증에 가장 크게 이바지하고 있는 층은 <u>노인층(60대 이상)</u>이다. 1993년에서 2005년 사이 노인층 자살률은 3배 증가했다. 특히 85세 이상의 자살률은 약 5.3배로 증가하여 자살률이 가장 높은 연령대로 나타났다. 2005년 자살률이 가장 낮은 10대 자살률과 비교하면 15~19세의 자살률이 7.6%인데 반해 80세 이상의 자살률은 127.1%로 무려 16.7배의 차이를 보인다. 의학기술의 발달을 반영하는 고령화 사회와 모순되는 노인들의 자살률 급증은 새로운 사회적 문제로 크게 부각되고 있다. <u>10대 청소년</u>의 자살률은 1993년 이후 큰 변동을 보이지 않는다. 그러나 그들의 사망원인 가운데 자살은 두 번째로 큰 비율을 차지한다. 2008년 7월 20일, 보건복지가족부에 따르면 2006년 사망한 10~19세 청소년 937명 가운데 자살한 사람은 233명으로 집계됐다. 다른 원인으로는 교통사고(357명), 암(227명)과 물놀이 사고(76명), 심장질환(44명) 등이 있다. 10대의 자살 원인으로는 학교문제(11.7%)가 가장 많았다. 그 밖에 부모와의 갈등(7.0%), 우울증(6.0%), 육체적 질병(4.7%) 등이 높은 비중을 차지했다.

국회 보건복지위가 조사한 2006년 자살사망자의 자살동기를 살펴보면, 염세·비관이 44.9%(2만 9천757명)로 가장 많았다. 이어 병고 23.5%(1만 5천567명), 치정·실연·부정 9.0%(5천964명), 가정불화 6.5%(4천324명), 정신이상 6.2%(4천140명), 빈곤 4.8%(3천91명), 낙망 1.9%(1천276명) 등의 순으로 나타났다.[10]

1993년 이후 한국사회 자살률 추세와 자살사망 원인을 살펴보면, 최근의 자살률 급증이 경제적 영향이라는 일반적 인식과 다소 거리

---

10) 인터넷 연합뉴스, 2007년 9월 9일자, http://app.tonhapnews.co.kr.

가 있음을 알 수 있다. 외환위기 시기 일시적으로 자살률이 증가한 것은 빈곤이 자살에 영향을 미친다는 통념을 증명하는 듯하다. 그러나 한국사회에서 자살률이 본격적으로 급등하기 시작한 2001년은 외환위기를 극복해 나가던 시점이다. 외환위기가 닥쳤던 1997년 직후인 1998년에 자살률은 19.9로 전년의 14.1에 비해 큰 폭으로 증가했으나, 그 이듬해부터 자살률은 다시 감소하여 2000년에는 거의 외환위기 이전의 수준으로 돌아갔다<그림 2>.

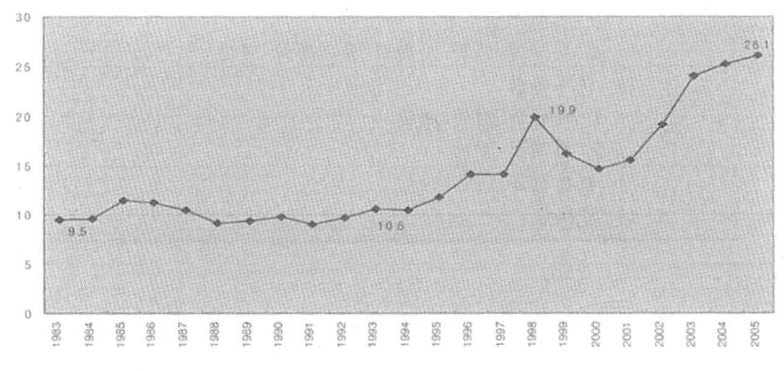

<그림 2> 우리나라 자살률 추세: 1993~2005

출처: 통계청(http://kosis.kr). 재인용: 신동준. '자살의 사회적 원인에 대한 거시적 분석'. 『생명과 사회정의: 한국사회와 자살』. 『사회정의시민행동 심포지엄 자료집』. 2007년 12월 1일자. p.28.

이러한 자살률 연구결과는 경제적 빈곤과 자살의 관계가 반드시 상응하지 않는다는 점을 나타낸다. 오히려 최근 급격한 자살률 증가의 가장 큰 원인은 사회적 맥락에서 찾아지고 있다. 이 같은 사실은 외국에서도 일반적인 경향으로 설명되고 있다. 오랫동안 자살을 연구한 알프레드에 따르면 저개발 국가에서보다도 부유한 산업국가의 자살률이 더 높으며, 가난한 사람들보다는 안락한 중류계층 사람들의 자살수치가 더 높다. 또한 피터 센즈버리 역시 1955년 발표한 그의 저서 『런던의 자살』에서 자살을 불러일으키는 요인으로 뿌리 깊은 가난보다는 사회적 고립이 더 큰 영향을 미친다고 지적했다.[11] 결국 자살의 문제는 절대빈곤의 문제라기보다는 사회가 그 구성원들을 어떤 방식으로 통합하고 있는가라는 문제와 더 밀접한 관련성을 갖는 것으로 보인다.

이 관련성은 19세기 에밀 뒤르켐(E. Durkheim, 1858~1917)의 연구 『자살론』(1897년)이 밝힌 바 있다. 그는 다양한 유형의 자살형태를 세 가지로 분류하고, 이 형태들이 각각 어떤 사회적 조건에서 발생하는지를 설명한다. 그가 분류한 세 가지 자살형태는 이기적 자살, 이타적 자살, 아노미성 자살이다. 이기적 자살은 개인이 자신의 이해관계에 근거한 행위의 기준 이외의 다른 기준을 인정하지 않음으로써 발생하는 행위이다. 사회는 집단적인 가치관과 신념, 목적을 전수함으로써 사회구성원들 사이에 동정과 유대의 감정을 일으킨다. 사회가 이런 통합적 기능을 상실할수록 개인은 사회집단에 덜 의존하게 되며 자신의 목적을 공동체의 목적보다 우위에 둔다. 응집력을 잃은 사회는 개인에게 삶의 고통을 인내하며 견딜 수 있는 원인을 제공하지 못함으로써 개인이 주체적으로 자신의 생명을 종식시킬 권리를 인정하게 된다.[12] 이타적 자살은 어떤 사회적 명분이나 목적에 자신을 희생시키는 현상이다. 이때 자살은 개인의 '권리'라기보다는 '의무'로 여겨진다. 이런 자살은 사회나 집단에서 권유, 찬양되기도 하며, 반대의

---

11) 그에 따르면, 가진 것은 없으나 비교적 밀착된 생활을 하는 하층계급의 사람들이 모여 사는 런던의 이스트 엔드 지역보다 부유한 단기 체류 호텔들이 많은 블룸즈베리 지역에서 자살률이 훨씬 높다는 사실을 증명했다. 이를 바탕으로 그는 자살문제를 해결하기 위해 '고독'을 깨뜨리고 유쾌한 분위기의 공동체 중심 생활을 제시했다. 알프레드 알바레즈, 최승자 옮김, 『자살의 연구』, 서울: 청하, 1995, p.133, pp.138-139.

12) 에밀 뒤르켐, 김충선 옮김, 『자살론』, 서울: 청하, 1994, pp.216-217, p.220.

경우에는 명예 상실과 징벌도 받게 된다. 이타적 자살은 통합력이 매우 강한 사회집단에서 일어난다. 이때 개인은 집단에 완전히 흡수되어 자기 존재의 권한을 사회에 맡기게 되고 개인적 가치를 보잘것없이 여긴다. 이타적 자살은 다시 세 가지 유형으로 구분된다. '의무적·이타적 자살', '자발적·이타적 자살', '극심한 이타적 자살'이다. 의무적인 이타적 자살은 사회의 강제성이 강한 유형으로 과거 힌두교의 사티제도(과부의 화형식), 한국여성들이 정절을 지키기 위한 자살, 쇠약해지거나 질병에 걸린 코트족 노인들의 자살 관습, 일본의 가미카제, 이슬람의 자살폭탄, 오늘날 군인들의 자살 등이 해당된다. '자발적인 이타적 자살'은 사회적 강제보다는 보다 자발적으로 이루어지는 자살 유형이다. 여기에는 전철선로에 떨어진 일본인 취객을 구하려다 숨진 유학생 이수현 씨와 같이 타인의 생명을 살리기 위한 헌신, 시국과 관련하여 죽음을 선택한 자살형태 등을 말할 수 있겠다. 마지막 '극심한 이타적 자살'은 특별한 이유가 없이 자기부정 자체가 찬양되기 때문에 희생 그 자체의 기쁨을 위해 범하는 자살이다. 이런 유형으로 뒤르켐은 주로 힌두교나 브라만교, 자이나교에서 실행되었던 종교적 자살을 지적한다. 뒤르켐에 따르면, 이타적 자살의 유형들은 사회적 요구의 명백성 정도가 다를 뿐, 사회집단의 가장 근본적인 도덕적 특성과 관련되어 있다는 점에서 공통점을 갖는다.[13] 마지막 아노미성 자살은 사회의 규제작용과 사회적 자살률 간의 상관관계를 밝힌다. 사회의 규제작용이란, 제한 없는 인간의 자아만족을 위한 욕구를 규제하는 작용이다. 사회는 '공동선'이라는 명목으로 그 구성원

---

13) 같은 책, pp.229-238.

들의 욕구를 각 계급에 맞게 조절할 수 있어야 한다. 규제의 표준은 상황에 따라 유동적이다. 기존의 척도가 뒤바뀌고 새로운 척도가 마련되지 않으면, 사회는 규제력을 잃게 되고 개인들의 욕구도 무규율 상태, 곧 아노미 상태에 빠지게 된다. 이런 사회의 구성원들은 끝없는 욕망을 충족시키기 위해 무절제하게 경쟁하게 된다. 끝없는 욕구충족은 끝없이 좌절하게 되고 삶의 동기는 상실된다. 또한 아노미 상태에서 공동체 규범은 와해되고 사회는 안전판 역할을 하지 못하게 된다. 아노미 현상은 빈곤한 국가에서는 매우 드물게 발생한다. 빈곤, 그 자체가 일종의 규제이기 때문이다. 아노미 현상은 발전한 산업사회에서 발생하며 항구적이다. 이런 뒤르켐의 연구는 한국의 자살을 해석하는데에도 도움이 된다.

2. 자살률 증가에 대한 이론적 해석

최근 한국사회의 자살률 증가에 대한 사회적 원인은 일반적으로 신자유주의 정책에서 찾아진다. 시장경제 논리에 입각한 신자유주의는 외환위기를 극복하는 과정에서 한국사회 전반에 대대적으로 그리고 급속하게 시행되었다. 이를 통해 이전의 경제지상주의적 경향은 더욱 강화되어 일반대중들의 일상생활을 지배하게 된다. 신자유주의적 정책은 절대빈곤보다는 상대빈곤을 일으키며, 경제적 성공이라는 목표는 제도적 아노미 현상을 초래한다. 이런 신자유주의 정책에 따른 항구적 결과는 대중들이 사회로부터 도피하는 자살이나 범죄와 같은 일탈적 행위를 증가시킨다.

2.1 경제적 원인: 상대빈곤

상대빈곤이란 국민 대다수가 가난하던 절대빈곤 상태와는 다른 성격의 빈곤이다. 곧 국민소득이 2만 달러에 가까운 풍요로운 시대에 겪는 새로운 빈곤의 양상이다. 한국은 1987년을 전후로 하여 절대빈곤에서 상대빈곤으로 전환되었다.[14] 절대빈곤이 물질적 재화의 부족에 의한 빈곤이라면, 상대빈곤은 비물질적 조건의 상대적 결여에 의한 빈곤이다. 적당한 삶의 질 결여, 문화적 재화로부터 소외, 자아실현의 어려움이 상대빈곤의 중요한 양상이라 하겠다. 따라서 상대빈곤은 경제·사회·문화 관계가 복합된 상황이라는 점에서 사회적 불평등의 함수라 할 수 있다.[15] 장세훈 교수는 상대빈곤의 등장요인으로 신자유주의적 경제체제와 경제성장 단계의 전환을 지적했다. 우선, 신자유주의는 기존의 복지수혜 대상을 감축하고 복지수준을 크게 낮추는 한편, 노동시장의 유연성을 높이는 방안을 제시한다. 이런 정책은 복지수혜층을 '사회적 낙오자'로 낙인찍어 구직대열로 내몰아 복지에 대한 기대를 무너뜨린다. 이는 빈익빈 부익부의 경제적 양극화를 심화하고 사회적 안전망을 약화시켜 중하층이 빈곤층으로 추락하는 것을 방치하거나 조장한다. 또한 일자리가 있음에도 빈곤상황에서 벗어나지 못하는 노동빈곤층을 확장시키고, 취업과 빈곤탈출간의 긴밀한 연계를 완화시킨다. 유연적 고용체제하에서 취업과 실업의 경계선에 놓인 불완전 고용층이 증가하면서 생겨나는 노동빈곤이 확산된다. 상대빈곤의 두 번째 요인인 경제성장 단계의 전환에 대한 설명은

---

14) 조명래 교수에 따르면, 1960년대 초반부터 1990년대 중반까지 절대빈곤이 80%대에서 5%로 감소했으며, 상대빈곤은 20%에서 30%대로 증가했다. 조명래, 「신자유주의적 산업구조조정과 신빈곤」, 『한국사회의 신빈곤』, 서울: 한울, 2006, p.49.

15) 같은 책, 장세훈, 「한국사회에 '신빈곤'은 존재하는가?」, 『한국사회의 신빈곤』, 서울: 한울, 2006, p.17.

다음과 같다. 국가가 주도한 '선진국 따라잡기' 전략은 급속한 경제성장을 이루었다. 이는 모든 사회계층의 전반적인 생활수준을 향상시킴으로써 성장이 빈곤대책으로 직결되는 효과를 나타냈다. 이 시기 동안 절대빈곤이 급격하게 감소했기 때문에 한국사회에서 빈곤이 사라진 것으로 여겨졌다. 그러나 고도성장은 장기간 지속될 수 없기 때문에 안정 성장 단계로 진입하게 된다. 경제성장 감속은 더 이상 모든 사회계층에게 지위상승과 소득증대의 기회를 부여할 수 없게 된다. 이 같은 기회박탈과 빈약한 공공복지는 특히 중산층에게 사회적 안전망을 박탈시키게 되어, 빈곤층으로 하향적 계층이동과 빈곤의 고착화 현상을 일으킨다. 과거 절대빈곤이 빈곤에서 벗어날 수 있다는 희망이 있는 '희망의 빈곤'이라면, 오늘날 상대빈곤은 '절망의 빈곤'으로 불린다.[16] 상대빈곤은 절대빈곤과는 달리 경제활동에 참여하면서도 빈곤을 벗어나지 못하는 특성을 갖기 때문이다. 이렇게 상대빈곤은 빈부격차 심화로 상대적 박탈감에 의한 고통을 안겨준다. 이런 한국사회의 상대빈곤 현상은 분명 뒤르켐이 지적한 아노미 현상이다. 아노미 이론에 따르면 한 사회의 불평등 정도가 심할 때 아노미적 상황을 낳을 수 있으며, 그 결과 사회의 안전망이 기능하지 못하여 범죄나 자살과 같은 일탈행위가 증가할 수 있다. 한국의 극심한 불평등 구조는 경제제일주의와 밀접한 관련을 갖는다. 경제제일주의는 경제적 성공이라는 맹목적인 삶의 동기를 부여한다. 누구나 경쟁을 통해 그 목표를 달성할 수 있다는 희망을 주지만, 실제 불평등 구조에서 상당수의 사회구성원들, 특히 하층에 위치한 사람들은 그런 목표를

---

16) 같은 책, pp.18-21.

달성하기가 매우 어렵다. 경제성장에 대한 지나친 강조는 제도적 아
노미 현상으로 이어진다.

2.2 사회적 원인: 제도적 아노미

제도적 아노미 이론에 따르면, 경제적 성공에 대한 지나친 강조는
경제제도가 다른 사회제도들을 지배하는 결과를 가져오고 사회통합
력 약화로 이어진다.[17] 노동시장의 유연성을 강조하는 신자유주의적
경제는 개인과 공동체 간의 관계를 완화시킴으로써, 개인을 사회에
통합하는 가족제도와 종교제도, 정치제도 등 공동체의 기능과 가치관
을 약화시킨다. 이런 사회통합력 약화의 증후는 특별히 가족해체 경
향에서 두드러지게 나타난다. 한국사회에서 이혼·독신·저출산 경
향이 심화되고 있다는 사실은 잘 알려져 있다. 통계청 자료에 따르면,
1990년대부터 혼인건수는 감소, 이혼건수는 증가하고 있으며, 독신가
구와 저출산율도 꾸준히 증가하고 있다. 2007년 11월 11일, 통계청은
3인 가구 수는 꾸준히 감소하고 1~2인 가구는 꾸준히 증가할 것으로
추계했다<표 1>.

---

17) 신동준, 「자살의 사회적 원인에 대한 거시적 분석」, 『생명과 사회정의: 한국사회와 자살』, 사회정의시민
    행동 심포지엄 자료집, 2007년 12월 1일자, p.38.

〈표 1〉 '2005~2030년 장래가구' 추계결과

가구원수별 장래 추계가구 비중 추이(단위: %)

	2007	2010	2020	2030
1인 가구	20.1	20.3	21.6	23.7
2인 가구	22.5	23.1	25.5	28.1
3인 가구	21.0	21.0	20.3	19.1
4인 가구	26.9	26.6	25.0	22.7
5인 가구	9.6	9.0	7.6	6.3

연령별 장래 추계가구 비중 추이(단위: %)

	2007	2010	2020	2030
39세 이하	29.9	27.3	20.5	16.9
40~64세	53.9	55.3	57.2	50.9
65세 이상	16.3	17.4	22.3	32.3

출처: 통계청(Http://news.khan.co.kr)

이런 가정의 해체현상을 보여주는 지표는 자살률 증가지표와 비례하여 상승한다고 볼 수 있다. 이와 같은 연구결과는 외국에서도 보고되고 있다. 국가 간 비교연구들은 이혼율이 높고, 출산율이 낮은 국가에서 자살률이 상대적으로 높다는 결과를 발표했다.[18] 사회적 관계가 복잡해지고 불투명해지는 현대사회에서 가족은 개인에게 '고향'과 같은 역할을 한다. 이렇게 개인에게 사적 안정장치가 되는 가족이 해체되면 개인은 부랑자가 되며, 공동체적 가치를 상실하게 되기 쉽다. 뒤르켐 역시 개인주의의 확산으로 특징지어지는 현대사회에서 이기적 자살의 증가는 피할 수 없는 경향으로 보았으며, 이런 현상은 종교나 가족과 같이 전통적인 사회통합기제가 급격히 약화되기 때문에 나타나는 것으로 진단했다.

---

18) Breault and Barkey, 1982; Fernquist and Cutright, 1998, 2000; Cutright and Fernquist, 2000; Baller and Richardson, 2002 등에서 보고되었다. 같은 책, pp.35-36.

이런 논의를 통해서 볼 때 한국의 급격한 자살률 증가의 사회적 원인은 신자유주의정책과 경제성장 감속에 따른 경제적 불평등, 그에 따른 사회통합력 약화로 정리할 수 있다. 또한 한국사회에서 발생하는 대부분의 자살유형은 이기적 자살과 아노미적 자살이 복합된 것으로 볼 수 있다.[19] 다음에서는 이런 자살의 사회적 원인과 관련하여 자살을 윤리적 관점으로 판단해 보고자 한다.

Ⅲ. 자살에 대한 윤리적 판단

서론에서 설명한 대로 본 연구는 자살에 대한 윤리적 이해를 개인윤리와 사회윤리의 차원으로 나누어 접근하고자 한다. 우선 사회윤리 영역에서는 앞에서 다룬 한국사회의 구조적 요인이 자살을 부추기는 가치관을 만연시킨다는 점에 주목한다. 개인윤리 영역에서는 자살자의 행위의도와 관련하여 자신의 생명을 마음대로 처분할 수 있는 자유의 정당성을 여러 철학 사상에 비추어 판단하고자 한다.

1. 사회윤리: 자살을 부추기는 사회적 가치관

1.1 개인주의

개인주의는 본디 국가나 사회에 대하여 개인을 우선하고 중시하는 사상이다. 따라서 개인주의는 집단을 중시하는 국가주의나 사회주의

---

19) 연이어 발생하는 연예인들의 자살은 자신들의 개인적 고통을 견디어 내지 못하는 대표적인 이기적 자살로, 노인층들의 자살과 성매매 금지법에 의한 성매매 여성들의 집단 자살은 대표적인 아노미적 자살로 파악할 수 있다. 후자의 자살유형은 이들에 대한 새로운 삶의 방법을 마련하지 못하고 방치한 사회적 무규율 상태에서 발생한다.

에 대립되는 의미를 갖는다. 개인주의는 자기 자신을 최종목표이자 최고 가치로 삼는다. 또한 개인이 소유한 모든 자산은 원칙적으로 개인 소유이므로 소유권의 주체인 개인이 자신이 소유한 자산을 자유롭게 사용하고 처분할 권리를 보장한다. 개인주의는 일반적으로 다른 사람에 대한 의무에 의해 제한된다. 개인은 다른 사람의 복리증진을 위한 수단이 될 수 없지만, 반면 자신의 복리증진을 위해 다른 사람을 수단으로 이용하지 않아야 하는 의무를 갖는다. 그러나 개인주의 가치관은 일정한 조건, 곧 공동체의 가치가 사라지면 이기적으로 확산될 위험을 가지고 있다. 이로부터 발생하는 이기적 자살은, 자신의 생명을 자신이 마음대로 처분할 수 있다는 권리주장과 고통으로부터 벗어나고자 하는 의지가 결합된 것으로 이해된다.

오늘날 한국사회에서 증가하고 있는 이기적 자살은 집단적 가치관을 약화시키고 있는 신자유주의 노동시장의 메커니즘과 긴밀한 관련이 있다. 후기 산업사회의 노동시장은 효율성을 높이기 위해 온전히 개인의 경쟁력에 초점을 맞추고 있다. 이런 노동시장이 요구하는 목적과 가치 관념은 가정을 비롯한 공동체가 요구하는 목적과 가치 관념에 대립되어 있다. 노동시장이 요구하는 개인의 능력은 충분히 익숙해진 전문능력과 동원력이다. 개인의 동원능력은 개인이 관련된 공동체생활로부터 자유로울 때 커진다. 이에 상응하여 개인은 공동체에서보다는 직업생활을 통해 자신의 존재가치와 행복을 찾는다. 노동시장이 주는 매력, 곧 성공과 행복에 대한 유혹은 사회구성원에게 공동체의 가치보다는 개인의 가치를 더 중요하게 인식하도록 하며, 관계에서보다는 물질적 쾌락에서 행복을 추구하도록 만든다. 따라서 이런 개인주의적 사회가치관은 쾌락주의에 쉽게 물들게 한다. 쾌락주의

(Hedonism)는 오직 쾌락만이 선이고 고통은 악이라고 여긴다. 이기적 쾌락주의자로 알려진 테오도로스는 모든 이타주의적 성향과 정치적이며 종교적인 모든 제도를 반박하고 관능적 향략에 전념할 것을 주장했다. 염세주의적 쾌락주의자인 헤게시아스는 축복받은 사람은 불안에서 벗어나 고통을 받지 않는 자들, 곧 죽은 사람들이라며 죽음을 두려워하지 말라고 가르쳤다.[20] 오늘날 이기적 자살은 자신을 최고의 목표로 삼는 개인이 고통을 인내하며 견딜 수 있는 동기를 발견하지 못함으로서 발생한다. 이런 이기주의는 신자유주의에 따른 한국사회의 노동시장 메커니즘에 부합하여 공동체의 가치관이 약화되고 개인주의와 쾌락주의가 확산되면서 증가한다.

1.2 공리주의

공리주의는 자살을 본질적으로 옳다 그르다는 판단을 거부한다. 자살은 철저하게 개인의 선택이며, 그 결과가 사회에 좋은 결과를 가져오는가의 여부에 따라 판단된다. 곧 누군가의 자살이 사회에 좋은 결과를 가져온다면 그의 자살은 옳은 것이지만, 그렇지 않다면 도덕적으로 옳지 못한 행위이다. 이런 공리주의적 관점은 아리스토텔레스(Aristoteles B.C. 384~B.C. 322)의 견해와 관련된다. 그는 『니코마코스 윤리학』에서 자신을 파괴한 자는 국가를 부당하게 대우하는 것이므로 자살을 범죄로 인정해야 한다고 주장했다. 일반적으로 자살이 사회에 손실을 가져오는 경우는 다음 세 가지로 지적된다.[21] 첫째, 누군가의 자살이 타인, 특히 가족과 친구에게 고통을 주고, 그로인해 부가적 자

---

20) W. S. 사하키안, 박종대 옮김, 『윤리학』, 서울: 서강대학교 출판부, 1993, pp.51-52.

21) Cf. Battin, Margaret Pabst, *Ethical Issues in Suicide*, University of Utah, 1995, pp.76-77.

살을 불러일으키는 경우이다. 둘째, 자살이 자살자의 부재로 사회적
노동력이 감소하고 이 결과 다른 누군가에게 돌아갈 분배의 몫이 감
소되는 경우이다. 셋째로 자살이 사회정의를 약화시키는 경우이다. 자
살은 사회에 불복종, 무질서, 무법체제를 조장할 수 있다. 이 경우 자
살은 사회를 모욕하고 훼손하는 행위이다. 이와 반대로 자살이 사회에
이익을 가져오는 경우는, 첫째, 자살이 사회적 부담을 감소시킬 때와,
둘째, 사회에 직접적 이익이 될 때이다. 사회적 부담이란 개인적 입장
에서 가족경제에 부담이 되는 경우이며, 사회적 입장에서는 사회적 비
용을 과도하게 사용하도록 하는 경우이다. 이런 경우에 처한 사람들이
자살한다면 사회적 부담은 감소하기 때문에 사회에 이익을 줄 수 있
다. 사회에 직접적인 이익이 되는 자살은 자기 헌신적 자살과 사회에
저항하기 위한 자살이다. 타인의 생명을 위한 헌신적 자살은 다른 사
람의 복리에 직접적 이익을 준다. 또 사회적 저항으로서의 자살은 사
회의 부패를 알리는, 분명 사회에 모욕을 주는 죽음의 유형이다. 그러
나 이런 죽음은 사회여론과 정치인들의 정책결정에 영향을 주고, 사회
적 저항을 유발하여 사회를 변화시키는 데 도움이 될 수 있다. 물론
모든 저항적 자살이 사회변화를 이끌어내지는 않는다.[22]

　자살에 대한 이런 결과론적 판단은 자살의 옳고 그름을 결정하는
객관적 척도를 자살한 사람의 의도와 직접적으로 관련시키지 않는다.
자살하는 사람은 자신의 자살이 사회에 이익이 될지 손해가 될지를
알지 못하기 때문이다. 따라서 분명하게 사회적 손실이 될 만한 젊은
사람들의 자살은 금지되고, 불치병에 걸린 사람들이나 생산력을 더

---

22) Cf. Ibid., pp.101-103.

이상 갖지 않는 노인들의 자살은 사회적 공리를 위해 찬양된다. 그러나 사업실패자의 자살과 사회적 저항을 위한 자살은 그 결과가 예측될 수 없으므로 판단되지 않거나 유보된다. 이런 공리주의적 견해는 사회적 다원주의와 연결된다. 곧, 적자생존의 원칙에 따라 사회에 적응능력이 떨어지는 사람은 살아남을 수 없으며, 생존력이 강해 사회에 이익을 줄 수 있는 사람은 살아남을 수밖에 없다.

한국사회에 이런 공리주의적 경향이 만연되어 있다고 판단하는 이유는 노인층, 특히 80세 이상의 노인들 자살이 한국사회 전체의 자살 증가율에 가장 크게 이바지하고 있기 때문이다. 근로빈곤층이 증가하고 있는 오늘날 소득이 없는 노인들이 빈곤에 빠지리라는 점은 쉽게 예측될 수 있다. 더구나 이미 고령화 사회로 진입한 한국은 노인인구의 양적 증대와 더불어 출산율 저하로 인한 노인부양 부담이 크게 증가하고 있다. 노년부양비는 2005년 12.6%이며, 2020년에 21.8%, 2030년에 37.3%로 계속 증가할 것으로 예상된다. 다시 말해 2005년 노인 1명을 생산가능 인구 7.9명이 부양했다면, 2020년에는 4.6명이, 2030년에는 2.7명이 부양해야 하는 것이다.[23] 이런 경제적 어려움은 노인부양의식 및 가족의 부양가능성 약화로 이어지고 있다. 노인층에 대한 사회보장제도(예: 노후소득보장제도)의 매우 낮은 실효성은 생산력이 있는 젊은 사람들에 비해 노인들에 대한 사회보장제도가 부실하다는 점을 반영하며, 고령인구의 빈곤화를 촉진시킨다. 이런 상황은 노인들 스스로가 젊은 세대에 부담이 된다고 느끼도록 만들며 스스로 생명을 단축할 동기를 제공하고 있다.

---

23) 최현수, 「노인과 빈곤」, 『한국사회의 신빈곤』, 서울: 한울, 2006, p.298.

개인주의나 공리주의는 그 자체로 자살을 권유하는 사상이 아니다. 사상들은 특정한 관계의 틀 안에서 구체적 형태로 실현된다. 달리 말해, 이런 사상들은 앞 장에서 논의한 한국사회의 사회·문화·경제 구조와 결합되어 특정한 기능을 지지하게 되는 것이다. 따라서 이런 사상들을 그 자체로 도덕적 가치를 결여한 가치관으로 보아서는 안 되며, 한국사회의 총체적 구조로 작용하는 하나의 요소로 보아야 할 것이다.

2. 개인윤리

인간은 어떤 특정한 것을 선택하고 결정하고 행동할 자유를 가진다. 윤리적 관점에서 자유란, 결정의 상황에서 상대적이지만 도덕적으로 옳다고 생각하는 것을 선택할 능력이다.[24] 인간은 옳고 그름을 알고 올바른 것을 추구하는 능력이 있지만, 그럼에도 인간 자유 그 자체가 도덕적 정당성의 근거가 되지는 않는다. 인간은 옳지 않은 것을 선택할 능력도 있기 때문이다. 따라서 자유에 의한 결정은 늘 인간의 오랜 경험과 윤리적 사상에 비추어 그 정당성을 확인받을 필요가 있다. '인간이 자신의 생명을 임의로 처분할 자유'의 정당성에 관한 문제 역시 그에 관한 여러 사상들에 입각해서 숙고해야 한다. 먼저 자살은 인간의 정당한 자유 내지는 권리라고 극찬한 견해들을 살펴본 다음 자살의 자유에 한계를 부여하는, 곧 자살이 도덕적으로 정당한 행위가 아니라는 견해들을 알아본다.

---

24) Cf. Kaufmann, Peter, Freiheit, Wille, Verantwortung", *Grundbegriffe der christlichen Ethik*, Paderborn.München. Wien. Zürich: Schöning, 1992, p.9.

2.1 자살할 자유의 정당성

1) 철학적 죽음

철학적 죽음은 고대 그리스-로마 철학자들이 자신의 철학적 신념을 지키기 위한 죽음을 찬양한 데서 생겨난 명칭이다. 철학적 죽음에는 종교나 철학적인 신념을 지키기 위한 자살뿐 아니라 자신이나 자기 집안의 명예를 지키기 위한 자살도 포함한다. 명예를 지키기 위한 자살은 적군의 손아귀에 떨어지지 않으려는 조치이거나 패배에 대한 속죄의 행위였다. 예를 들어 한니발은 생포되거나 불명예를 입느니 독약을 마셔 스스로 생명을 거두었다. 일본에서도 싸움에서 진 사무라이는 할복자살할 의무마저 주어졌고, 한국의 장군들 역시 전쟁터에서 죽는 것을 명예라고 생각했다. 자신이나 자기 집안의 명예를 지키기 위한 자살은 혈연공동체를 중시하던 동양사회에서 자주 발생했다. 이런 사회에서 개인은 자신의 정체성을 집안의 명예와 일치시키기 때문에, 자신으로 인해 집안이 불명예를 입게 된다면 그는 기꺼이 죽음을 선택했다. 여성의 이부종사나 정조 상실은 집안에 불명예가 되는 사례이므로 이 경우 여성들이 스스로 생명을 단축하는 것은 의무이기도 했다. 종교나 철학적 신념을 지키기 위한 자살은 고대 그리스-로마의 철학자들에 의해 주장되었다. 그들은 자신들의 신념을 지키기 위한 자살에 일반인들의 자살과 달리 정당성을 부여했다. 플리니우스(Plinius Secundus, Gaius, 23~79)나 세네카(Lucius Annaeus Seneca, B.C. 4?~A.D. 65)를 비롯한 스토아 사상가들은 자살을 영예로운 죽음으로 선전했다. 그들은 현명한 사람은 살아야 하는 동안만 생존하며 적절한 시기에 죽는 것은 더없이 좋은 일이라고 주장했다. 이와 달리 플라톤(Platon, B.C. 428~B.C. 347(?))과 아리스토텔레스는 원칙적으로 자살을 부정했지만 자살의 정당성을 열어두었다. 플라톤은『파이돈』에서 인생이 지나치게 극단적으로 변하면 자살은 정당화될 수 있는 합리적 행위가 된다고 암시했으며, 아리스토텔레스는『니코마코스 윤리학』에서 자살은 국가에 대해서는 부정이지만, 그 사람 자신에게는 부정한 일이 아니라면서 자신의 생명을 임의적으로 처분할 자격을 부정하지 않았다. 자살을 허락하는 허가증이 기원전 5세기경에 아티카에서 발행되기도 했다. 이 도시 사람들은 원로원에 나가 삶을 지속하기 어려운 이유를 설명하고, 그 이유가 적법하다고 인정되면 자살허가증을 발급받을 수 있었다.[25]

2) 낭만적 죽음

18세기에서 19세기까지 유럽사회에 지대한 영향을 미친 낭만주의 사상가들은 자살을 인간의 기본권으로 옹호했다. 그들은 인간은 다른 사람에게 심각한 손해를 끼칠 경우를 제외하고 자신의 생명을 단축할 수 있다고 주장했으며, 자살을 진정 자유로운 사람들의 영웅적 선택으로 찬양했다. 그들에 따르면 자살은 세상의 요청에 대항하는 결정적 자기주장의 행위이다.[26] 낭만주의자들은 르네상스 시대를 풍미했던 천재성과 우울병을 결부하여 천재와 요절을 한 가지로 묶어 생각하는 경향이 있었다. 대표적 낭만주의 소설인 괴테의『젊은 베르테르의 슬픔』은 롯데에 대한 사랑의 실패로 자살한 청년 베르테르를 통

---

25) 이진홍,『자살』, 서울: 살림, 2006, pp.20-25, 알프레드 알바레즈, 최승자 옮김,『자살의 연구』, 서울: 청하, 1995, pp.91-93.

26) Cf. Battin, Margaret Pabst, *Ethical Issues in Suicide*, University of Utah, 1995, p.3.

해 천재성, 사랑에 대한 개인의 감정, 우수에 찬 낭만성, 사회에 대한 비판, 죽음을 그려내고 있다. 이렇게 낭만주의자들은 강렬하고 진실한 생명은 중년에 이르기까지 살아남지 않으며 살아남을 수도 없다는 믿음을 가지고 있었다. 낭만주의적 문학에 대한 대중들의 추앙은 베르테르와 같은 문학작품 속 주인공들의 자살방식을 따라하는 모방자살을 유행시키는 이른바 베르테르 효과를 낳았다.[27]

자살을 옹호하는 입장들은 자살에 고귀한 동기를 부여한다. 곧, 자살은 인간으로서의 품위와 위엄, 아름다움을 보존하기 위한 자유행위로 간주된다. 자살옹호자들에게 죽음은 삶의 연장이다. 어떻게 살 것인가의 물음은 언제 무엇을 위해 죽을 것인가라는 물음과 하나의 맥락에 놓인다. 자신의 인간적 고귀함을 잃지 않기 위해 죽음을 선택하는 이들은 '인간은 언제나 자신의 삶과 죽음의 주인'이라는 '호모 수이 콤포스'(Homo Sui Compos)라는 관념을 가지고 있다. 이런 견해에 동의하는 사람들은 다음과 같이 주장한다. 자살하지 않으면 안 되는 분위기를 조성하는 것은, 자살을 경멸하고 금지하는 것만큼 인간을 모독하는 짓이다. 개인을 자살이라는 막다른 골목으로 몰아넣는 사회는 개인에게 자살할 자유를 허용하지 않는 사회와 마찬가지로 인간의 존엄성을 빼앗는다. 둘 다 개인이 자신의 운명을 주체적으로 결정할 수 있는 권리를 유보하기 때문이다.

그러나 자살을 옹호하는 이런 견해들은 우선 개인주의적 가치관에 입각한다는 지적을 받는다. 곧, 자신의 존재 의미를 나 자신과 내 집안의 명예 안에서만 발견한다는 점에서 이는 이기적 자살로 여겨지

---

27) 알프레드 알바레즈, 최승자 옮김, 『자살의 연구』, 서울: 청하, 1995, pp.191-193, p.202.

는 것이다. 더 나아가 철학자들이 생명을 바쳐 지키고자 하는 신념이나 낭만적 삶을 꿈꾸는 아름다움과 자유가 얼마나 절대적 가치를 지니고 있는가라는 문제가 제기된다. 이런 가치관들은 매우 주관적이다. 윤리적 규범은 주관적 가치관을 무조건적으로 인정하지 않는다. 주관적 가치관은 모든 사람에게 설득력을 얻을 만한 보편적이고 객관적인 가치에 부합될 때 인정될 수 있다. 만약 모든 주관적 가치관을 인정하게 된다면, 윤리상대주의[28]에 빠지는 오류를 범하게 된다. 다음에서는 자살이 도덕적으로 정당하지 못하다는 견해를 살펴본다.

2.2 자살의 비정당성

1) 존재론적 견해

존재론(Ontology)에 따르면, 인간 존재는 이중적 본성을 가지고 있다. 하나는 존엄한 가치를 가지고 있는 개인적 본성이며 동시에 다른 사람과 더불어 살아가야만 하는 사회적 본성이다. 개인적 본성으로는 무엇보다 생명의 존엄한 가치가 언급된다. 이런 견해는 그리스도교와 칸트에 의해 대변된다. 칸트에 따르면, 인간은 도덕적 존재로서 그 자체로 목적이며, 도덕법칙을 세울 수 있는 능력을 가지고 있기 때문에 절대적 가치인 존엄성을 지닌다. 이에 따라 도덕적 인간존재는 무조건적으로 존중받아야 한다는 정언명령이 형성된다. 그리스도교 견해에서는, 인간생명은 비록 '준궁극적 실재'이지만, 그 주인은 하느님이기 때문에 초자연적 소명을 지닌 '신성한 실재'이다. 따라서 인간생명

---

28) 윤리상대주의는 객관적이고 보편적인 도덕규범을 부인하고, 특정 개인이나 집단이 좋다고 생각하는 가치가 그들에게 도덕규범이라고 주장한다.

은 그 어떤 경우에도 불가침적 가치를 가진다.[29] 이런 견해들에서 자살은 그 자체로 도덕적으로 옳지 못한 행위가 된다. 개인의 존재, 곧 생명 자체는 대체될 수 없는 최고의 가치를 지니고 마땅히 존중되어야 하기 때문이다. 그리스도교에서 자살은 처음 아우구스티누스(A. Augustinus, 354~430)에 의해 단죄되었다. 4세기 말경 신앙인들 사이에 순교에 대한 열망이 강해지자 그는 십계명에서 '살인하지 말라'라는 다섯 번째 계명을 근거로 자살을 엄격하게 단죄했다. 자살은 곧 살인인 것이다. 이후 토마스 아퀴나스(T. Aquinas, 1225~1274)는 『신학대전』에서 자살에 반대하는 세 가지 근거를 제시했다. 첫째, 자살은 각자가 빚지고 있는 사랑에 대한 직접적인 공격이며, 둘째, 자살은 그가 속한 공동체에 대한 모욕이고, 셋째는 자살이 의도적이고 자유롭게 영속적으로 행해진다면 오직 신에게만 속하는 권한을 사취하는 신에 대한 범죄이다. 따라서 자살은 치명적인 죄악이다.[30] 그의 주장은 플라톤과 아리스토텔레스에 영향을 받았다고 알려진다. 곧, 자살은 신의 영역에 인간이 침범하는 것으로 단죄한 플라톤의 주장과 자살은 사회에 대한 자신의 책무를 비겁하게 회피하는 그릇된 행위라는 아리스토텔레스의 지적에 영향을 받은 것으로 알려진다.[31] 가톨릭교회는 A.D. 6세기부터 자살을 금지하는 법률을 제정하고, 생명에 관한 하느님의 권한을 사취한 자에게 교회장의 혜택을 박탈했다. 성

---

29) 요한 바오로 2세, 『생명의 복음』, 서울: 한국천주교 중앙협의회, 2006, 2조 53항.

30) 이진홍, 『자살』, 서울: 살림, 2006, pp.32-33.

31) 게르트 미슐러, 유해자 옮김, 『자살의 문화사』, 서울: 시공사, 2002, p.35. 알프레드 알바레즈, 위의 책, p.105. 이 밖에도 마틴 루터는 자살을 악마의 짓으로 간주했고, 청교도에서는 사탄에게 항복하는 개인의 짓거리라고 가르쳤다. 또 존 웨슬리는 자살자의 시체를 교수대에 달아 효수하고 썩도록 내버려 두어야 한다고 주장했다. 케이 레드필드 재미슨, 이문희 옮김, 『개인적이고 사회적이며 생물학적인 자살의 이해』, 서울: 뿌리와 이파리, 2004, p.28.

경에 근거하지 않은 이런 교회의 법 규정을 알바레즈는 종교적 성격
이라기보다 도덕적 성격으로 간주한다.[32] 인간의 사회적 본성은 이
미 토마스 아퀴나스의 지적에서 언급되었다. 자살은 그가 속한 공동
체, 관계를 통해 주고받는 사랑에 대한 배신이다. 이 말이 뜻하는 바
는, 개인은 다른 사람들과의 관계 안에서 서로의 존재가치를 인정받
으며, 따라서 자신이 관계를 맺고 있는 다른 사람들에 대한 의무를
지닌다는 점이다. 그리스도교는 이렇게 인간 존재를 하느님과 공동체와
의 관계성 안에서 이해한다. 오늘날 그리스도교는 이른바 세계화 시대를
배경으로 인간관계를 생태학적 관점으로 넓혀 이해한다. 인간은 인간이
아닌 다른 피조물까지 포함하여 직접적으로 관계를 맺지 않는 지구상의
모든 생명체와 관계를 맺고 있다. 그러므로 인간은 동시대인의 생명, 후
세대의 생명, 식물과 동물의 생명에 대해서도 의무를 지닌다.

이렇게 인간존재의 두 가지 본질적 차원에서 요구되는 생명보호는
법적 차원을 넘어선다. 만약 인간의 존엄성이 법에 근거해서 보호된
다면, 이 사회는 삶을 영위하는 것이 더 이상 자유와 존엄을 허락하
지 않을 때 스스로 삶에 종지부를 찍어 자신의 존엄을 지킬 수 있는
권리도 인정해 주어야 하는 모순을 갖는다. 따라서 법의 근거가 되는
윤리규범은 인간생명의 본질적 차원을 고려해야 한다. 곧, 인간은 어
떤 목적을 위해 살아야 하는 것이 아니라, 생명 그 자체가 절대적 가
치를 지니기 때문에 살아야 하는 의무를 지닌다. 동시에 인간은 본질
적으로 결코 개별적으로 존재하지 않는다. 인간은 본질적으로 책임져
야 할 관계에 대한 의무를 갖는다.

---

32) 알프레드 알바레즈, 같은 책, pp.80-81.

2) 의무론적 견해

칸트(I. Kant, 1724~1804)의 의무론(Deontology)적 관점에 따르면 인간은 이성적 존재로서 자율적인 도덕법칙에 지배받는다. 자율적 도덕법칙이란 인간 스스로가 이성에 의해 무조건으로 따라야 하는 의무를 말한다. 의무는 자유롭고 자율적인 의지의 행위이며 외부압력에 의해 강요되는 것이 아니다. 따라서 그 자체로 입법적이며 스스로에게 명령할 수 있는 의지의 행위이다. 이런 의무는 정언명령으로 표현된다. 그것은 '마치 네 행위의 준칙이 네 의지에 의해 보편적인 자연법칙이 되어야 할 것처럼 그렇게 행위하라!'이다. 이 정언명령에 따르면, 자살은 보편적 자연법칙이 되지 못한다. 예를 들어, 절망에 빠져 삶에 염증을 느껴 자신의 생명을 끊고자 하는 사람이 자살행위에 대한 준칙을 다음과 같이 설정한다고 가정해 보자. 곧, 나는 나를 사랑하기 때문에 나의 삶이 앞으로 더욱 나빠질 것 같으면 목숨을 끊는다. 이런 '자기애'에 입각한 자살행위의 준칙은 보편화될 수 있는가? 우선적으로 이런 자기애는 삶을 촉진하는 인간 자신의 본성에 모순되기 때문에 자연법칙으로 유지될 수 없다.[33] 다음으로 자살이 보편적 자연법칙이 될 수 없는 근거는 두 번째(실천적) 정언명령이다. 그것은 '네 인격 안의 인간성뿐만 아니라 모든 사람의 인격 안의 인간성까지 결코 단지 수단으로만 사용하지 말고 언제나 동시에 목적으로도 사용하도록 그렇게 행위하라'이다. 이 명령은 타인에 대한 의무이며 동시에 나 자신에 대한 의무이다. 이 의무에 따르면, 자살행위는 자신의 인간성이라는 이념과 양립할 수 없다. 왜냐하면 자살은 자살자가 죽

---

33) 이마누엘 칸트, 이원봉 옮김, 『도덕 형이상학을 위한 기초 놓기』, 서울: 책세상, 2007, p.72.

을 때까지 고통스럽지 않게 지내기 위해 자신의 인격을 수단으로서
만 이용하는 것이기 때문이다. 인간은 목적 그 자체인 자신의 인격
안에 있는 인간성을 죽이거나 상처를 입혀서는 안 된다.[34] 따라서 자
살은 자기 자신에 대한 의무를 위반하는 행위가 되기 때문에 보편적
도덕법칙이 될 수 없다.

이상의 논의를 살펴보면, 자살할 자유를 주장하는 논리보다는 그
자유에 한계를 정하는 논리가 보다 보편성을 띤다. 전자의 주장은 개
인의 사회적 본성, 자신과 관계를 맺는 타인들에 대한 의무를 간과하
고 자신의 개인적 권리만을 주장하기 때문이다. 따라서 자신의 생명
을 임의로 처분할 자유는 윤리적 정당성을 획득할 수 없다고 볼 수
있다. 윤리란 보편타당한 규범이 될 수 있는 명제를 품고 있어야 하
기 때문이다. 자살할 자유의 윤리적 정당성에 대한 주장은 다분히 주
관적이며 따라서 보편 명제가 될 수 없다.

2.3 자발적인 이타적 자살의 제한적 허용 가능성

자발적인 이타적 자살은 어떤 명분이나 목적을 위해 자발적으로
자신의 생명을 포기하는 행위이다. 타인을 살리기 위한 죽음, 시국과
관련하여 죽음을 선택한 자살, 신앙이나 철학적 신념을 지키기 위한
죽음 등을 말할 수 있다. 이런 자발적인 이타적 자살의 유형 중에 윤
리적으로 허용 가능성이 있는 형태가 있다. 그것은 모든 인간이 갖는
생명권에 입각해서 가능하다.

생명권은 두 가지 측면을 갖는다. 하나는 죽음을 당하지 않을 권리

______

34) 같은 책, pp.84-85.

이며 다른 하나는 생명구조의 도움을 받을 권리이다.[35] 첫 번째 '그 누구도 나 자신의 죽음을 유발할 수 없다'는 나의 권리주장은 '너는 나의 죽음을 유발하지 말아야 한다'는 타인의 의무가 될 수 있다. 우리 모두는 동등한 생명권을 지닌 인간이기 때문이다. 그러나 두 번째 '나는 생명구조의 도움을 받을 권리가 있다'는 주장은 '너는 나를 살려주어야 할 의무가 있다'는 주장으로 연결되지 않는다. 예를 들면, 물에 빠진 사람은 지나가는 사람에 의해 생명구조의 도움을 받을 권리가 있지만, 지나가는 사람은 물에 빠진 사람을 건져주어야 하는 의무가 없다. 지나가는 사람이 물에 빠진 사람의 죽음을 직접적으로 유발하지 않았기 때문이다. 물론 이런 권리와 의무가 직접 연결되는 경우는 있다. 갓난아이와 부모의 관계이다. 갓난아이는 부모의 보살핌이 없으면 생명을 유지할 수 없다. 그러므로 부모가 갓난아이를 보살피지 않는다는 것은 아이의 죽음을 유발시킨다. 그러나 부모가 없는 갓난아이를 낯선 사람이 보살펴 주어야 한다는 의무는 없다. 그러므로 생명권의 두 가지 측면은 다음과 같이 구체적으로 설명된다. '첫째, 죽음을 당하지 않을 권리가 구조 받을 권리보다 더 근본적이다. 둘째, 우리는 낯선 사람에 대해서보다 특정한 인간관계를 맺고 있는 사람에 대해서 구조 받을 더욱 실질적인 권리를 갖는다.'[36] 이 두 가지 내용을 갖는 생명권에 입각해서 도덕적으로 허용 가능한 자기생명포기의 유형이 있다. 나의 생명이 타인의 죽음을 유발할 경우(첫 번째 생명권 위배)나 나의 생명이 타인의 생명구조에 도움이 되지 않을 경우(두 번째 생명권 위배)이다. 물론 전자의 경우가 후자의 경우보다

---

35) 바루흐브로디, 황경식 옮김, 『토론수업을 위한 응용윤리학』, 서울: 철학과 현실사, 2000, p.256.
36) 같은 책, p.259.

더 실질적인 의무수행으로 여겨질 수 있다.

자발적인 이타적 자살의 모든 유형을 허용할 윤리적 근거는 없다. 생명포기권이 유일하게 인정될 수 있는 가능성은 나와 너의 동등한 생명권이 갈등을 일으키는 경우에 나의 자발적 의지에 의한 나의 생명포기이다. 이것은 타인의 생명권에 대한 의무실행으로 볼 수 있으며, 일반적으로 자살이라기보다는 헌신으로 인식 가능한 죽음이다.

이로써 모든 자살 유형이 '자기 살해' 내지는 '자기 파괴'로 인식되지 않는다는 사실을 보았다. 다시 말해, 자기 생명을 어떤 목적을 위해 수단으로 사용하는, 수단과 목적이 뒤바뀐 자살은 윤리적으로 올바르다고 말할 수 없다. 그러나 칸트의 두 번째 정언명령을 근거로, 자신의 생명을 **수단과 동시에 목적으로** 사용하는 경우, 그런 자살은 '자기 파괴'로 인식되지 않는다. 뒤르켐은 모든 이타적 자살이 사회의 기본적 도덕성에서 요구된다는 점에서 똑같다고 주장했다(II. 1). 이런 주장은 행위자 개인의 의도를 간과하는 결과론적 관점과 같다. 자신의 생명을 자신의 생명이나 타인의 생명을 목적으로 하여 수단으로 사용하는 최소한의 경우에 꼽히는 자살유형이 윤리적으로 정당하지 못하다고 판단하기는 쉽지 않다.

V. 맺는말

자살은 자연사와는 달리 피할 수 있는 죽음이다. 이 때문에 자살은 강력하게 금기시되어 왔으며, 심지어 죄로 인식되기도 했다. 자살은 오직 신에게만 속하는 생명에 관한 권한을 사취하는 것이기 때문에 신을 모독하는 죄악으로 간주되어 왔으며, 동시에 법과 권한을 행사하고 그 법의 권위를 유지해야 할 군주의 권한을 사취하는 것이기 때문에 형법상의 범죄로 간주되었다.[37] 이런 이중의 죄를 범한 자살자는 죽은 이후에도 형벌을 받았다. 그러나 자살에 대한 과학적 연구가 발표되면서 자살에 대한 인식은 변화되었다. 자살은 죄라기보다는 사회문제를 폭로하는 하나의 현상으로 간주된다.

자살에 대한 윤리적 연구는 오늘날 자살에 대한 인식을 보충한다. 첫째는, 자살이 일정한 사회적 관계맥락 안에서 발생한다 하더라도, 자살자 스스로의 행위에 대한 책임은 피할 수 없다는 점이다. 사람은 어떤 하나의 행위를 결정하고 실행할 때 자신의 인격 성숙도와 삶의 가치관 등을 복합적으로 반영하는 사고과정을 거친다. 개인은 그 결과에 대한 책임을 자신의 자유행위에 대한 책임으로써 받아들여야만 한다. 이 말은 과거와 같이 자살을 율법주의에 입각하여 단죄해야 한다는 뜻이 아니다. 자살자가 자신의 의도에 의한 행위에 대한 책임을 져야하는 사회적 조치를 마련하는 것은 '인간생명은 존엄하다'는 절대적 규범을 사회 저변에 확대시킬 수 있다. 물론 이보다는 자살을 예방할 수 있는 의학적, 사회적 조치들이 우선적이다. 이와 동시에 자살에 따른 불이익 조치는 자살이 도덕적으로 정당하지 못하다는 관념을 일깨울 수 있어야 하며, 자살을 의도하는 사람들에게 그 행위의 정당성을 판단하는 데 도움을 줄 수 있어야 한다. 둘째로 모든 자살의 유형이 똑같이 인식되지 않아야 한다는 점이다. 서론에서 자신의 의도가 분명히 개입된 모든 자살행위를 자살이라고 정의했다. 그러나 자살의 뜻을 품게 하는 동기는 매우 다양하다. 이 수많은 다양한 동

---

37) 이진홍, 『자살』, 서울: 살림, 2006, pp.33-34.

기들이 똑같은 결과에 의해 동일하게 판단되어서는 안 될 것이다. 그 동기에 대해 윤리적으로 판단할 때, 공리주의 식으로 사회의 공익을 기준으로 삼아서는 안 된다. 공익은 개인들의 존엄성을 위한 것이지, 개인들의 존엄성이 공익을 위해 존재하는 것이 아니기 때문이다. 본 논문은 자살 동기에 대한 윤리적 판단의 근거를 생명권에 입각해서 제시했다(Ⅲ. 2.3). 이렇게 자살의 다양한 동기와 의도를 고려한다면, 어떤 자살 유형이 도덕적으로 허용되기 때문에 모든 자살이 도덕적으로 허용될 수 있다는, 내지는 자살이 원칙적으로 도덕적이지 못하기 때문에 모든 자살이 그러하다는 일방적 논리는 성립되지 않는다. 마지막 세 번째로, 윤리적 관점은 자살에 관한 폭력성을 일깨운다. 원칙적으로 자살이 자신의 생명을 헤치는 폭력이기 때문에 도덕적이지 않다고 한다면, 자살에 대한 윤리적 판단은 그 폭력을 발생시키는 근원적 폭력을 밝혀내야 한다. 삶을 끝내고 싶은 죽음의 욕구는 일반적으로 부정적 상황에서 발생하기 때문이다. 사회 윤리적 접근은 최근 한국사회의 자살률을 급증시키는 한국사회의 총체적인 사회적 관계가 건강하지 못하다는 점을 밝혔다. 신자유주의 정책은 개인이기주의와 공리주의 사상이 암암리에 한국사회구성원의 일상생활 안으로 깊게 파고드는 조건을 마련했다. 결과적으로 경제논리를 최우선으로 두는 사회구조는 '생명존중' 정신을 마비시킨다. 생명존중 사상은 인간의 개인적 욕구와 사회적 욕구, 물질적 욕구와 정신적 욕구를 알맞게 충족시키는 사회적 조건에서 실현되며 확산된다. 이러하지 못한 사회는 그 자체로 죽음을 부르는 근원적 폭력이며 죄악이다. 따라서 자살이 도덕적 죄악이라면, 그것은 그 죄악의 상황을 회피한 자살자뿐 아니라, 자살을 유발하는 사회구조와 그 구조에 동조하는 우리 모두의

죄악이다. 인간의 자유의지는 부정적 상황을 회피하는 행위에서가 아
니라 모두가 살맛나는 사회를 형성해 나가는 과정 안에서 참된 자유
를 획득할 수 있을 것이다.

참고문헌

게르트 미슐러, 유해자 옮김, 『자살의 문화사』, 서울: 시공사, 2002.
바루흐브로디, 황경식 옮김, 『토론수업을 위한 응용윤리학』, 서울: 철학과 현
　　　실사, 2000.
신동준, 「자살의 사회적 원인에 대한 거시적 분석」, 『생명과 사회정의: 한국사회와
　　　자살』, 사회정의시민행동 심포지엄 자료집. 2007년 12월 1일자, p.27～49.
알프레드 알바레즈, 최승자 옮김, 『자살의 연구』, 서울: 청하 131995.
에밀 뒤르켐, 김충선 옮김, 『자살론』, 서울: 청하 1994.
요한 바오로 2세, 『생명의 복음』, 서울: 한국천주교 중앙협의회, 22006.
이마누엘 칸트, 이원봉 옮김, 『도덕 형이상학을 위한 기초 놓기』, 서울: 책세
　　　상, 42007.
이진홍, 『자살』, 서울: 살림, 2006.
케이 레드필드 재미슨, 이문희 옮김, 『개인적이고 사회적이며 생물학적인 자
　　　살의 이해』, 서울: 뿌리와 이파리, 2004.
한국 도시연구소 엮음, 『한국사회의 신빈곤』, 서울: 한울, 2006.
W.S.사하키안, 박종대 옮김, 『윤리학』, 서울: 서강대학교 출판부, 31993.
Margaret Pabst Battin, Ethical Issues in Suicide, University of Utah, 1995.
Peter Kaufmann, "Freiheit, Wille, Verantwortung", Grundbegriffe der christlichen Ethik,
　　　Paderborn, München, Wien, Zürich: Schöning, 1992.

자살위기의 이해와 대처[1]

강이영(서강대학교 학생생활상담연구소 상담교수)

Ⅰ. 머리말

자살은 어떤 사람들에게도 도움을 청할 수 없을 때 일어나는 극단적인 반응이다. 완전 자기 파괴 외에 어떤 해결책도 없다고 느끼는 자살위기자의 생명을 구하기 위해서는 무엇보다도 자살위기에 대한 정확한 이해와 사회적 대처가 중요하다.[2] 자살은 라틴어 'sui'(자기 자신을)와 'cædo'(죽이다)의 두 낱말의 합성어이다. 자살이란 원인이 개인적이든 사회적이든, 당사자가 자유의사(自由意思)에 의하여 자신의 목숨을 끊는 행위를 말한다.[3] 스텐겔(Stengel)(1969)은 자살을 행하는

---

1) 본 논문은 『생명연구』 18집(2010년 겨울)에 수록되어 있다.

2) 두산백과사전(2009)

3) Stengel, E., 'Selbstmord und Selbstmordversuch'. In, Psychiatrie der Gegenwart. Bd. Ⅲ. *Soziale und*

사람들이 자신의 목숨을 끊으려는 의도를 가졌다는 것에는 동의하지만 한편으로는 자살자가 자신을 죽게 하겠다는 의지가 있었는지에 대해서는 의문을 제기한다. 즉 자살이란 행동을 감행한 당사자가 자신이 살게 될지 죽게 될지 모르는 채 짧은 기간에 행한 의도적인 자해행위로 보는 것이다. 사실 자살자가 자신을 죽음에 이르게 만들겠다는 의지가 확고했었는지 혹은 의도적으로 자해하고자 했던 행위의 결과가 죽음에 이르게 했는지는 정확히 알 수 없다. '자살시도'란 자살을 시도하였으나 성공하지 않은 경우이며, '완결된 자살' 이미 자살을 한 경우를 의미한다. 일반적으로 어떤 사람이 자살생각을 이야기하고 자살 계획을 이야기할 때는 '자살행동'을 하고 있다고 본다. 또한 어떤 사람이 자살시도나 자살을 할 정도로 위험한 상태에 있을 때 자살위기(suicide crisis)라고 표현한다.

[4]2010년에 통계청에 의하면 2009년에 우리나라는 인구 10만 명당 31명이 자살하여 OECD 국가 중 자살률이 헝가리 다음으로 2위를 기록하였다. 자살률은 10대부터 30대까지 사망원인 순위의 1위였으며, 40대와 50대는 사망원인 순위 2위였다. 자살현상은 한 개인의 문제가 아니라 사회적인 문제인 것이다. 이러한 인식은 자살률의 증가를 방지하기 위한 정책수립과 사회적 대책마련을 통해 나타나고 있다.

우리나라에서 일어나고 있는 자살률은 청소년, 일반 성인, 노년에 이르기까지 다양한 세대에 걸쳐서 일어나고 있다. 청소년의 경우 2009년 202명의 초·중고등학생이 여러 가지 이유로 자살하였다(교

---

angewandte Psychiatrie(Gruhle, H. W., Jung, R., Mayer-Gro. W., Müller, M., Hrsg., Springer, Berlin, Göttingen, Heidelberg, 1961, pp.51-74.

4) http://www.dhmail.co.kr/news/articleView.html?idxno=21072.

육과학기술부, 2010). [5]신민섭·박광배·오경자의 연구에 의하면, 청소년들의 경우 일시적인 충동에 의해 자살에 이르는 경우보다는 오랫동안 지속된 심리적인 고통을 해결하기 위한 수단으로 자살행위를 하는 경향이 있다고 하였다. 또한 20대의 사망원인 중 1위가 자살이란 점도 주목할 만하다(통계청, 2005). 20대의 사망원인 중 자살이 높은 순위를 차지하고 있는 것은 우리나라뿐만 아니다. 미국의 경우도 모든 연령층을 통틀어 자살이 11번째 사망 원인인데 특히, 15세에서 24세의 경우 세 번째 원인이다(Arias & Smith, 2003). [6]우리나라의 경우는 노인 자살률도 심각하여 자살예방협회의 조사에 의하면 우리나라 65세 이상 노인 자살자 수가 1990년 314명에서 2007년 354명으로 17년간 약 11.4배 증가한 것으로 집계됐다. 이에 따라 노인 자살률은 매년 10.4%씩 증가하는 것으로 분석됐다. 자살률은 통계적으로 밝혀져 있지만 자살에 이르지는 못했지만 자살을 시도한 사람들에 대해서는 정확한 통계가 없다. 일반적으로 [7]자살 1건당 10배의 자살시도가 있을 것으로 보기 때문에 실제로 자살을 생각하거나 시도하는 사람들은 더 많을 것이라고 짐작된다. 최근에는 사회의 저명인사와 연예인들의 자살로 자살현상이 사회적으로 만연해 있다. [8]자살에 대한 관점은 초기에는 자살 문제를 개인의 문제로 바라보았으나 20세기를 지나 자살이 연구와 학문의 대상이 되었고, 개인의 문제로만 보던 관점이 점차 개인적 소인과 사회적 촉발요인의 상호작용에 의해서 발생

---

5) 신민섭·박광배·오경자, 「우울증과 충동성이 청소년들의 자살행위에 미치는 영향」, 『한국심리학회지: 임상』, 10(1), 1991, pp.286-297.

6) http://www.dhmail.co.kr/news.

7) Thomas Bronisch, 『자살 인간만의 파괴적 환상』, 이재원 옮김, 이끌리오, 2002, p.153.

8) Maris, A. L., Berman, M. M., Silverman, *Comprehensive Textbook of Suicidology*, Guilford Press, 2000.

하는 것으로 받아들여지고 있다. 우리나라에서도 자살률의 급격한 증가로 인해 자살이 개인적 차원이 아니라 사회적 차원의 문제라는 인식이 되고 있으며, 사회적 차원의 대처를 위한 노력을 기울이고 있다.

Ⅱ. 자살위기의 이해

자살의 원인을 한두 가지 이유만으로 설명하기는 어렵다. 자살과 자살기도는 여러 가지 복합적 원인과 개인의 생물학적, 사회적, 심리학적, 실존적 맥락을 통해서만 이해할 수 있다. 그럼에도 불구하고 자살의 원인별로 분류해본 결과, [9]벡(Beck)(1995)은 자살의 원인을 세 가지로 분류하였다. 첫째, 자신의 어려움을 도피하고 문제를 종식시키고자 하는 목적으로 하는 자살시도이다. 이는 조사 대상인 입원자 200명 중 111명 56%에 해당되며 이들은 특히, 절망감과 우울감의 점수가 높은 환자들이었다. 둘째, 타인이나 환경을 변화시킬 기회를 얻을 목적으로 주변 사람을 조종할 목적으로 자살하려는 사람들로 조사대상 13% 환자에게 나타났으며 이들은 특히, 절망감과 우울감의 점수가 낮은 환자들이었다고 보고하였다. 셋째, 도피와 타인 조종의 두 가지 목적을 다 보이는 사람들이 31% 환자에게 나타났다고 보고한 바 있다.

자살을 생각하는 사람들이 정말 원하는 것은 자신이 직면한 문제를 해결하고 싶은 욕구, 궁극적으로는 행복해지고 싶은 욕구이다. 하지만 일시적으로 문제를 해결할 수 없다는 절망감이 크게 부각되기

---

9) Aron. Beck, 『우울증 인지치료』, 원호택 외 옮김, 학지사, 1996.

때문에 자살이라는 극단적인 선택을 하게 되는 것이다. 자살위기를 경험하는 사람들의 일반적인 특징을 살펴보면 다음과 같다. 우선, 정신병리적 특징으로는 자살자의 70~80%가 정신질환자, (자살자의 70%) 우울증 환자이다. 생물학적 요소로는 세라토닌이 뇌에서 평균치보다 낮게 검출되었지만 자살원인에 대한 정확한 생물학적 원인이 밝혀지진 않았다. 유전적·가정환경적 요소로는 유전적인 원인은 아니지만 가정환경의 역기능성이 자녀의 정상적인 정서적 성장을 방해할 확률이 높다고 밝혀졌다. 또한 상황적 요인으로 현재의 스트레스 요인, 위험 물건의 근접성, 유명인물의 자살 소식이 영향을 끼치게 된다고 한다. 자살위기자의 인지(생각)는 자기, 미래, 세상에 대한 부정적 생각이 많이 나타나며, 시야의 협착(constriction)이 일어난다. 또한 가장 근본적인 문제를 자신의 탓이라고 생각한다. 자살위기 시 경험하는 정서는 주로 무망감(hopelessness), 외로움(loneliness), 무기력감(helplessness), 우울(depression)이다. 자살위기 시 나타나는 행동은 이제까지 관심 있던 일들에 대한 흥미와 관심을 잃게 된다. 의기소침하게 되며, 이제까지 만나왔던 사람들과 관계를 맺지 않게 된다. '죽고 싶다'는 말을 자주 하고 자신에게 소중한 물건들을 정리한다. 자살위기자들이 스스로 이러한 위기를 벗어나기 위해서 자신이 느끼는 죄책감 때문에 스스로에게 벌을 주고 절망적으로 느끼게 만들고 있는 자신을 자각하는 것이 필요하다. 또한 자신이나 삶, 상황에 대해 부당하다고 느끼고 강박적으로 부정적으로 보는 시각에서 벗어나 공정하고 객관적인 평가를 하는 것이 필요하다. 문제를 해결하기 위해서는 부정적인 생각보다는 자신의 강점과 자원을 되살리고 의사소통의 질을 향상시키고 중요한 타인들과 인간관계를 맺는 방법을 개선하는 것이 중요하다.[10]

윤성림과 윤진(1993)이 한국 청소년들에 대한 자살예방 연구에서 '자살 예방 프로그램'이 개발되어야 하며, 이는 교과과정에 근거한 특별 프로그램이 필요하다고 한 바 있으며, 일차적 예방(우울증 치료, 문제능력 향상, 약물오남용 예방, 정신건강프로그램 등)과 이차적 예방(위기자의 발견과 위기치료, 위기관리, 가정 학교 등에 대한 적절한 조처)이 모두 포함되어야 한다고 하였다.[11]즉, 자살방지를 위한 사회적 대처는 예방(prevention), 개입(intervention), 사후개입(postvention)의 세 가지 측면에서 이루어져야 한다.

Ⅲ. 자살위기의 대처

1. 자살위기의 예방

[12]자살의 원인은 여러 가지 원인이 함께 작용한 결과일 수 있다. 이러한 여러 이유 중에는 예상이 가능한 발달적 위기로 인한 것도 있으며, 예측 가능한 상황적 위기가 자살로 이어지는 경우도 있다. 자살을 시도하는 사람들은 자신의 문제를 해결할 수 있는 유일한 방법이 '자살'이라고 생각하는 경향이 있다. 사실, 이러한 어려움의 호소가 정상적인 방법으로 표현 할 수 있고, 수용된다면 '자살'이라는 극단적 선택을 하지 않을 것이다.

자살의 예방은 개인적 차원에서 이루어지기보다는 사회적 차원에서

---

10) 윤성림 · 윤진, 「청소년기 자살 생각과 그 관련변인」, 『한국심리학회지: 발달』 6(1), 1993, pp.107-120.

11) 강이영, 「대학생자살사례연구」, 『생명문화연구』, 제10집, 2007.

12) 이혜선, 『커뮤니티 전체 시스템 접근의 자살예방 프로그램 개발과 효과검증: 한국군을 대상으로』, 고려대학교 박사학위논문, 2009.

이루어지는 경향이 있으며 우리나라에서는 이미 13)보건복지부에서 급증하는 자살예방을 위해 5개년 종합대책을 세웠다. 이 종합대책에는 1차 예방을 위해 생명존중 문화조성, 미디어 가이드라인 설정, 청소년 정신건강증진 및 자살예방을 실시한다고 하였으며. 2차 예방을 위해 우울증 및 자살위험자 조기 발견 상담 체계구축을 한다. 3차 예방을 위해서는 자살시도자의 치료 및 사후관리를 한다는 목표가 있다.

14)미국의 경우도 국가 자살예방전략(National Strategy for suicide Prevention)에서 11개의 목적을 다음과 같이 제시하고 있다. 첫째, 자살이 예방 가능한 공공의 건강문제라는 인식을 증진시킨다. 둘째, 자살예방을 위한 광범위한 지원을 개발한다. 셋째, 정신건강, 약물남용 그리고 자살예방 서비스들의 소비자가 되는 것과 관련한 오명을 줄일 수 있는 전략들을 개발하고 시행한다. 넷째, 지역사회에 기초한 자살예방 프로그램들을 개발하고 시행한다. 다섯째, 자해의 수단과 방법들에 대한 접근을 줄일 수 있는 노력들을 촉진한다. 여섯째, 위험을 나타내는 행동을 인식하고 효과적인 치료를 행할 수 있도록 훈련하고 실시한다. 일곱째, 효과적인 임상적, 전문적 실무를 개발하고 촉진한다. 여덟째, 정신건강과 약물남용 서비스에 대한 접근성과 지역사회 연계를 증가시킨다. 아홉째, 대중문화와 뉴스 보도에서 자살행동, 정신질환 그리고 약물 남용에 대한 묘사와 보고를 향상시킨다. 열째, 자살과 자살예방에 대한 연구를 촉진하고 지원한다. 열한 번째, 감독 시스템을 향상시키고 확장한다.

---

13) 보건복지가족부(2005), 『자살예방5개년 종합대책 – 세부추진계획』

14) 한국청소년상담원, 「청소년자살예방체제 구축방안연구」, 『청소년상담연구』, 한국청소년상담원, 2007, p.134.

구체적으로 자살예방을 실현하고 있는 미국에서는 대학 내의 자살예방을 위해 정신건강을 위한 교육, 자살방지 및 예방을 위한 정책을 수립한다.[15] 미국의 페이스 대학(Pace university)에서는 SPP(Suicide Prevention Program)을 실시하고 있다. 이 단계는 정책과 절차를 수립하는 단계이며, 정책의 수립과정에서는 자살행동 또는 자살위협을 표현하는 학생에게 효과적으로 반응하는 방법, 자살시도와 자살성공 이후 반응하는 방법, 학교에서 개별적으로 자살위험학생을 예방하고, 개입하고, 대처하는 다양한 역할을 수행하는 것이 포함되어야 한다. 둘째 단계는 GT(Gatekeeper Training)이다. 이는 학내 자살예방 프로그램의 필수요소이다. 이 단계에서는 교수, 직원, 학생들을 교육시키는 것으로 구성되어 있다. 이 교육의 과정에서는 자살위험학생을 알아내는 것, 위험 수준을 결정하는 것, 위기학생을 의뢰할 수 있는 기관을 파악하고 기관과의 접촉방법을 모색하는 것, 자살위험지역과 학내에 경찰을 배치하는 것 등을 하게 된다. 셋째 단계는 학생들에게 적응기술(Teaching Adaptive Skills to Students)을 가르치는 것을 교과과정에 포함시키는 것이다. 이 교과과정에서는 학생들에게 자살예방을 교육하는 것으로 적절한 사회기술, 문제해결전략, 그리고 대처기술 그리고 도움요청기술을 실제적으로 알려주는 것이다. 실제로 대부분의 대학생들은 중・고등학교 시기동안 대학입시만을 위해 자신을 헌신하느라 성인이 되기 위한 여러 가지 준비와 실험의 기회를 갖지 못했다. 건강한 성인이 되기 위해서 필요한 적응기술을 교과과정에서라도 배워야 하는 것이다. 이러한 기술들은 자살행동을 위한 일종의 보호요인으로 작용하

---

15) 강이영, 「대학생자살사례연구」, 『생명문화연구』, 제10집, 2007.

며, 잠재적으로 학교에서 발생할 수 있는 의도적이지 않은 상해나 폭력을 방지하는 효과도 지니고 있다. 이러한 방법들은 우울증, 절망감 그리고 약물남용 같은 자살행동 또는 자살사고와 관련된 모든 위험요인을 경감시키는 작용을 한다. 사회기술의 강화는 인지발달과 학습에 긍정적 영향을 미치게 된다.

개인적으로 자살위기를 예방하기 위한 노력의 일환으로 위기가 감지되었을 때 스스로 상담 또는 병원치료를 하는 경우도 있다. 최근 각 시도별 상담소에 방문한 내담자들 중 자살사고와 자살충동을 호소하는 사람들이 많아졌다. 이들은 이미 자살위기라는 극단적인 상황에서 문제해결을 위한 첫발을 내디뎠다고 볼 수 있다. 하지만 문제가 노출되었다고 해서 문제가 다 해결되는 것이 아니므로 지속적으로 도움을 줄 수 있는 주변사람(가족, 친구, 교사 등)들의 협조가 중요하다.

2. 자살위기의 개입

자살위기자를 돕기 위해서는 잠재적인 자살위기자들에 대한 다양한 예방교육과 상담방법뿐만 아니라 자살위기에 직면한 사람들에 대한 적극적 개입도 필요하다. [16]자살자들은 자살위기에 직면하게 될 때 10명 중 9명은 경고신호(warning signs)를 보낸다. 이러한 경고신호를 정확히 파악할 수만 있어도 생명을 구할 수 있다. 이들이 보이는 초기의 경고신호는 친구나 가족들로부터의 철수, 죽음이라는 주제에 몰두, 뚜렷한 성격 변화와 심각한 기분 변화, 집중 곤란, 학교생활의

---

16) 츠쿠바대학교, 「자살위기 매뉴얼」, 2009.

어려움, 식습관과 수면 습관의 변화, 재미있는 활동에의 흥미 상실, 관심 있던 물건에 대한 흥미의 상실 등이다. 또한 자살행동 직전에 보이는 경고신호는 자살이나 그 계획에 대한 말을 실제로 하거나 충동성이 나타난다. 상대방이 주는 도움을 거절하거나 무망감, 무력감, 또는 무가치감에 대한 말을 하는 경우도 있다. 특히 평소 자신이 좋아하던 귀중품을 남에게 주거나 마지막 유언장을 만드는 것 등이 있다. 그러나 이런 요인들과 경고신호들은 어떤 사람이 자살을 할 것인지 또는 하지 않을 것인지 이해하는 데 명확한 방법을 제시하는 것은 아니다. 하지만 잠재적으로 자살위험이 있는 사람을 구분해 내는 데 도움이 될 수는 있다.

[17]자살위기에 개입할 때 가장 중요한 것은 관계를 만들어내는 것이다. 이는 구호와 보호, 갈등의 해결, 의료행위, 진단, 자살행동에서 주되게 영향을 미치는 정신장애에 대한 치료의 측면을 포괄하고 있다.

일반적으로 자살과 관련해서 위험요소와 보호요소를 살펴보면 다음과 같다. [18]위험요소는 이전의 자살시도 또는 그와 관련된 행동, 무력감 또는 고립감, 정신병리(우울장애·기분장애), 부모의 정신병리, 물질남용장애, 자살행동과 관련된 가족력, 대인관계상실(관계, 사회, 업무)과 법적, 규율적 문제 등의 스트레스 요인, 죽음에 이를 수 있는 위험 물체에 대한 접근성, 신체적 학대, 성적학대, 행동장애 또는 파괴적 행동들, 성적 지향(동성애, 양성애 그리고 성전환), 비행, 학교나 직업적 수행의 문제, 자살행동에 관한 언론의 보도, 친구나 주변사람의 자살, 만성적인 신체질병, 혼자 사는 것, 공격-충동장애 등이다.

---

17) Thomas Bronisch, 『자살 인간만의 파괴적 환상』, 이재원 옮김, 이끌리오, 2002.

18) Pace University Counseling Center, 'Emergency response manual', 2005-2006.

이 중 한두 가지 요인은 자살에 대한 위험을 가중시킬 수 있다.

반면 자살위기자들에게 개입할 때에는 그들이 갖고 있는 보호요소를 잘 활용하는 것이 필요하다. 자살위기자들이 갖고 있는 보호요소는 가족응집력(상호관련, 공통된 관심사, 정서적 지지가 있는 가족), 인간관계의 기술, 학문적 또는 사회적 성취, 학교나 직장에서의 수행능력, 친밀한 인간관계, 자기실현행동, 다른 사람의 충고를 받아들이는 것, 충동조절능력, 문제해결과 갈등해소능력, 사회와의 통합능력과 참여를 위한 기회, 가치감과 확신, 안정적 환경, 정신질환, 신체질환, 물질관련장애에 치료, 다른 사람이나 애완동물에 대한 책임 등이다. 자살위기자들이 갖고 있는 위험요소를 정확히 파악하여 위험요소를 최소화하고 보호요인을 최대화하는 것이야말로 자살의 개입에서 중요한 대처방법이다.

자살위기자들에게 개입할 때 하지 말아야 할 행동은 자살위기자의 자살욕구를 들은 후 지나치게 과잉반응을 하지 않는 것이다. 죽음이라는 힘든 주제에 대해 상대방이 과하게 반응하면 심리적 부담이 커져 힘든 마음을 표현하지 않게 될 수 있다. 자살위기자들의 정서가 우울할 때는 상대방이 지나치게 밝은 모습을 보이지 않는 것도 방법이다. 자살위기에 놓인 심정을 잘 들어주는 것이 필요하며, 자살하면 안 된다고 설득하려고 하지 않고 결정적인 문제해결의 방법을 알려주지 않는 것이 좋다. 자살 생각까지 이르게 된 힘든 마음을 담담하게 잘 들어주는 것만으로도 자살위기자는 위기로부터 자신을 벗어나게 할 수 있다.

한편 자살위기자와의 개입에서는 개인에 따라 위기 상황이 다르다는 것을 생각해야 하며, 돕는 사람이 자신의 한계와 정서 상태를 파악하고 있어야 한다. 이는 자살위기자를 구출하다 도움을 주는 사람이 소진 또는 탈진할 위험을 방지하는 측면이다. 자살위기자의 신체적 · 정서적 안전을 우선적으로 고려하고 자살위기자의 가족, 친구, 동료 등의 사회적 지원을 확보한다. [19]사회적 차원에서 우리나라에서는 자살위기를 상담해주는 전문기관의 설치 및 정신보건센터 등에서 24시간 긴급전화를 설치하고 위기 시 위기관리팀이 출동하는 등 적극적인 개입을 통해 자살자를 구출하고 자살의 위기를 지속적인 상담과 치료로 극복할 수 있도록 도와주기도 한다.

3. 자살위기의 사후 개입

한 사람의 자살자가 생길 경우 주변의 5~6명의 자살위기 생존자(survivor)가 발생한다. 생존자들은 가까운 사람들이 자살이라는 극단적인 방법으로 자신을 죽인 과정을 보았으며, 그 결과 심각한 외상후 장애에 시달리게 된다. 또한 자살시도 후 자살에 실패한 경우도 자신이 의도한 대로 죽지 못한 상황을 견디기 어려워한다. 이러한 경우, 자살위기에 대한 사후개입(postvention)이 필요하다. 자살위기의 사후개입은 크게 두 가지로 나누어진다. 첫째, 자살시도자들이 자살의 시도가 실패한 심리적 상처를 치유하고 자살의 재시도를 방지하기 위한 것이다. 둘째, 자살자가 발생했을 경우 생존자들이 애도와 사별의 과정을 극복하고 원래의 상태로 복귀할 수 있도록 도와주기 위한 과정이다. [20]미국과 영국의 자살자에 대한 연구에서 적게는 20%에서

---

19) http://www.hopeclick.or.kr/contents/sub0301.php
20) 박상칠 · 조용범, 『자살, 예방할 수 있다』, 학지사, 1998.

많게는 65%에 이르는 자살자들이 과거에 자살을 시도한 경력이 있음
을 밝혀냈었다. 따라서 자살위기자를 만났을 때는 자살위기의 위험도
를 평가함에 있어서 이전에 자살을 시도한 경험이 있었는가를 물어
보는 것이 중요하다.

자살시도를 했던 사람들에 대한 사후관리 프로그램은 개인적 차원,
사회적 차원, 정책적 차원의 세 가지로 프로그램이 구성될 수 있다.
개인적 차원에서는 자살시도자의 재발방지를 위한 장기적 치료에 순
응하지는 여부를 확인하고 정기적 상담 및 치료를 받을 수 있도록 한
다. 또한 재활치료를 통해 새롭게 삶에 적응할 수 있도록 돕는다. 사
회적 차원에서는 재활환경을 조성해주고 자살시도자 주변사람들에
게 자살자를 대하는 방법 또는 주의사항을 교육해서 자살자가 정서
적 관계를 재정립할 수 있는 환경을 만들어준다. 정책적 차원에서는
자살시도자가 삶에 복귀한 후, 새로운 삶을 잘 유지할 수 있도록 관
리체계를 확립하고 정서적 환경을 해치는 요소를 파악하여 예방대책
을 마련하는 것이다.

21)자살자 주변 생존자들은 충격, 낙인, 수치심, 비난, 불신, 죄책감,
곤혹, 거부, 공포, 분노의 심정을 느끼게 된다. 따라서 이들을 위한 보
호와 상담은 필수적이다.22) 자살자 주변의 생존자들은 자살자 발생
직후 쇼크와 마비를 느끼며 상실감과 관련된 심각한 감정을 느끼게
된다. 자살생존자들의 목표는 자살로 사망한 사람이 없는 자신의 삶
에 적응하는 것이다. 자살자들의 치유는 길고 느리며 다른 종류의 애
도보다도 더 길게 걸린다. 자살생존자들은 신체적 고통, 인지적 혼란

---

21) 한국청소년상담원, 「청소년자살예방체제 구축방안연구」, 『청소년상담연구』, 2007, p.141.

22) Beautris, *Suicide Postvention Christchurch*, NZ: Christchurch School of Medicine & Health Service, 2004.

과 정서적 고통을 경험한다, 또한 초기단계에서는 사회적 또는 직업적 역할에서 어려움을 경험한다. 사후개입에서 자살 주변 생존자들을 치유를 위한 상담과정은 반드시 필요하다. 이러한 사후개입은 자살시도자들과 자살생존자들이 자신의 심리적 어려움을 이해받을 수 있는 기회를 제공받으며, 동시에 자살의 전염성을 억제시키는 역할을 한다.

Ⅳ. 맺음말

자살은 일순간 충동적으로 일어나는 행동이 아니고 내적 갈등과 외적 고통으로 고민하다가 마지막 단계에 일어난다. 대부분의 자살자들은 자신의 자살의도를 남에게 말하거나 글로 쓴다. 그러므로 자살에 대한 이야기를 할 때 항상 심각하게 받아들여야 한다. 자살은 일시적인 충동만으로 이루어지는 것은 아니기 때문에 주변사람이 돕는 데는 한계가 있다. 이러한 한계를 극복하기 위해서는 자살위기에 대처하는 개인의 역할뿐만 아니라 사회의 역할이 중요하다. 자살위기는 주변의 한두 사람이 희생적으로 도와준다고 해결될 수 없는 경우가 많다. 따라서 자살위기자, 가족, 사회가 함께 예방, 개입, 대처를 하는 것이 중요하다. 이를 위해 개인은 자신의 신체적·심리적 건강에 대해 주의를 기울이고 위기 시 도움을 요청할 수 있어야 하며, 지역 정신건강센터와 사회관련기관에서는 첫째, 다양한 심리검사 등을 통해 자살위기자를 선별하고 선별된 위기자에게 즉각적인 상담 및 개입을 해야 한다. 둘째, 자살을 예방하고 심리적 성장을 돕기 위한 프로그램을 실시한다. 셋째, 자살위험성을 가진 내담자들이 자신의 문제를 해결할 수 있도록 문제해결 상담과 교육을 한다. 넷째, 불의의 자살자가 발생했을 경우 주변 생존자(survivor)에 대한 상담을 하여 생존자의 심리적 고통을 치유하도록 돕는다. 다섯째, [23]자살위기자를 돕기 위해 자살위기자가 속한 사회의 유관기관과 긴밀한 협조체계를 갖는다. 이를 위해서는 지역정신건강센터와 사회관련기관에서는 정신건강 및 자살위험도를 평가할 수 있는 다수의 전문인력을 배치하고, 다양한 상담프로그램을 개발하여 운영하는 것이 필요하겠다.

자살자의 주변에서는 자살위기자가 보이는 의도적 단서에 민감해야 하며 자살의 위험도를 정확하고 평가하고 개입하는 것이 필요하다. 이러한 평가와 개입은 개인의 노력만으로 이루어질 수 없으며 자살에 대한 사회적 정책과 교육 등을 통해 이루어질 수 있다. 또한 사회적 대처뿐만 아니라 자살위기자, 가족, 사회 모두가 고유한 한 인간의 생명을 살리기 위해 공동으로 협력하는 것이 중요하다.

현재 국가차원에서는 보건복지가족부(2005), 한국청소년상담원(2007, 2008) 등에서 자살위기의 예방과 대처를 위한 국가적 차원의 노력들을 하고 있으며, 정신건강센터 및 시도청소년상담기관에서는 기관차원에서 자살위기자들에게 실제적인 도움을 주기 위해 노력하고 있다. 이러한 노력들을 통해 자살위기자들이 언제든지 전문적인 도움을 받을 수 있다면 자살위기를 경험하는 사람들이 있다 하더라도 자살까지 이어지지 않게 될 것이다. 사회적 대처와 개입을 통해 자살위기자들이 자신들의 위기를 잘 극복하여 새로운 인생의 전환점을 마련할 수 있도록 할 것이다.

---

23) 강이영, 「대학생자살사례연구」, 『생명문화연구』, 2007, 제10집.

참고문헌

강이영, 「대학생자살사례연구」, 『생명문화연구』, 2007, 제10집.

박상칠 · 조용범 공저, 『자살, 예방할 수 있다』, 학지사, 1998.

신민섭 · 박광배 · 오경자, 「우울증과 충동성이 청소년들의 자살행위에 미치는 영향」, 『한국심리학회지: 임상』, 1991, 10(1).

윤성림 · 윤진, 「청소년기 자살 생각과 그 관련변인」, 『한국심리학회: 발달』, 1993, 6(1).

이혜선, 「커뮤니티 전체 시스템 접근의 자살예방 프로그램 개발과 효과검증: 한국군을 대상으로」, 고려대학교 박사학위논문, 2009.

정혜경 · 안옥희 · 김경희, 「청소년의 자살 충동에 영향을 미치는 예측 요인」, 우석대학교 『청소년학 연구』, 2003, 10(2).

츠쿠바대학교, 『자살위기 매뉴얼』, 2009.

한국청소년상담원, 「청소년자살예방체제 구축방안연구」, 『청소년상담연구』, 2007.

한국청소년상담원, 「청소년자살예방프로그램 및 개입방안개발」, 『청소년상담연구』, 2008.

Beautris, 'Suicide Postvention Christchurch', NZ; Christchurch School of Medicine & Health Service, 2004.

Maris, A. L., Berman, M. M,. Silverman, 'Comprehensive Textbook of Suicidology', Guilford Press. 2000.

Pace University Counseling Center, 'Emergency response manual', 2005-2006.

Stengel, E., 'Selbstmord und Selbstmordversuch', In, Psychiatrie der Gegenwart, Bd. III. Soziale und angewandte Psychiatrie, Gruhle, H. W., Jung, R., Mayer-Gro, W. Müller, M. Hrsg, Springer, Berlin, Göttingen, Heidelberg, 1961.

Thomas Bronisch, 이재원 옮김, 『자살 인간만의 파괴적 환상』, 이끌리오, 2002.

http://www.dhmail.co.kr/news.

http://www.hopeclick.or.kr/contents/sub0301.ph

자살예방책:
그 한계와 대안[1]

이순성(강원대학교)

I. 문제 제기

우리나라가 OECD 국가 중 자살률 1위를 지난 십 년간 기록하면서 정부차원에서 자살예방에 관하여 지속적인 관심을 보이고 있다. 그럼에도 불구하고 2009년 자살에 의한 사망자 수는 15,413명으로 이는 인구 십만 명당 31명의 자살자 통계수치이며, 2008년 26명에 비해 19.3% 늘어난 것이다.[2] 또한 10대와 20대의 연령층에서 자살은 사망원인 1, 2위를 차지하고 있으며 노인의 자살률은 전체 자살률을 크게 웃돌고 있을 뿐만 아니라, 다른 어느 나라에서도 그 유례를 찾아보기 힘들 정도의 가파른 증가율을 보이고 있다.[3]

---

1) 본 논문은 『생명연구』 18집(2010년 겨울)에 수록되어 있다.
2) 중앙일보, 2010년 9월 10일자, 사회면 기사.

자살은 매우 복합적이며 다차원적인 현상이다. 자살현상의 이면에는 생물학적, 심리적, 사회적, 문화적, 종교적, 철학적 측면이 복합적이며 다차원적으로 작용하고 있다. 각 분야별 전공자들의 자살문제 접근과 진단 그리고 제시되는 해결방안이나 예방책들은 당연히 그 나름대로의 중요성과 시사점을 갖는다. 그런데 통합적인 자살이해를 시도할 때 우리는 갈등을 일으키는 걸림돌을 마주하게 된다. 자살자는 희생자인가 주체자인가? 자살자를 우울증과 같은 정신질환이나 왕따나 독거노인과 같은 병리적 사회현상 등의 여러 외부적 자살동인의 희생자로 볼 것인가, 아니면 자유의지를 갖고 자살을 행한 행위주체자로 볼 것인가의 문제이다. 이것은 물론 개념적인 문제로, 현실에서 발생하는 자살사건의 이면에는 희생자로서의 자살자와 주체자로서의 자살자가 공존한다. 그러나 내가 이런 개념적인 문제가 중요하다고 보는 이유는 그것이 자살예방책이나 해결안의 방향에 중요한 영향을 끼친다고 생각하기 때문이다. 나는 이 글을 통하여 기존의 자살예방책은 자살자를 희생자로 보는 시각에 너무 편중되어 있다는 점을 지적하고, 앞으로의 자살예방책의 수립에는 행위주체의 관점이 보안, 보강되어야 함을 주장하려 한다. 특히 주체자의 시각을 중심으로 한 예방책의 전략은 청소년들의 자살예방에 있어 보다 더 유효하다는 점을 말하고자 한다.

1996년 UN과 WHO가 자살예방을 위한 국가전략개발이라는 보고서를 발표한 이후, 오늘날 선진국을 비롯하여 우리나라에서 정부주도로 시행되고 있는 자살예방책은 기본적으로 자살에 대한 정신의학적·심

---

3) 유지웅, 「청소년 노인 자살 실태와 예방」, 『자살예방 학제간적 접근』, 한림대학교 생사학연구소, 2010, p.13.

리학적·사회학적 관점의 이해를 기반으로 하고 있다고 본다.[4] 이러한 제반 과학적 접근방식은 결국 과학적 결정론을 전제하고 있다. 여기서 내가 말하는 과학적 결정론이란 자연과학이 전제하는 원인과 결과사이의 필연적 관계를 함축하는 엄밀한 결정론의 의미는 아니며 각각의 학문 안에서 자살문제를 접근하는 방법론적 결정론을 의미한다. 예를 들어, 정신의학에서 말하는 자살의 선행인자는 정신질환적 요소이며 이 질환의 적절한 치료는 자살예방에 필수적이다. 적절한 치료가 적시에 주어진다면 자살행위가 일어나지 않을 개연성은 매우 높아진다. 이런 의미에서 자살자는 정신질환의 희생자이다. 또한, 사회학에서 말하는 아노미성 자살은 그 원인을 사회의 어떤 병리적인 구조나 현상으로 파악한다. 이러한 맥락에서 자살자는 사회의 구조적 모순이나 병리적 현상의 희생자가 되며 아노미성 자살의 책임은 그 행위자보다는 사회에 귀속된다. 이렇듯, 자살의 과학적 접근에 따르면 자살희생자만 있을 뿐 자살행위자는 존재하지 않는다. 그러나 동일한 또는 유사한 선행인자와 동일한 또는 유사한 강화인자가 결합된 환경적 상황에서 반드시 동일한 또는 유사한 자살행동이 결과하지 않는다는 사실은 제반 학문에서 말하는 자살의 선행인자와 강화인자의 결합이 자살의 충분조건이 아니라는 것을 말해준다. 물론, 제반 과학이 엄격한 물리적 결정론을 전제하는 것은 아니기 때문에 자살자의 자유의지가 자살행위의 충분조건 중 하나로서 기능할 여지는 열려 있다. 그러나 그 기능이 윤리학의 자살 논의에서 다루어지듯 유의미하게 작동하는 것이 아니라는 데 문제점이 있다. 한편 서양철학

---

4) 한국자살예방협회 편, 『자살의 이해와 예방』, 학지사, 2008, 제16장 국가 자살예방 전략의 개발.

은 자살문제를 다룰 때 자유의지를 가진 주체적 인간관을 전제하고 있다. 자살은 주체가 충분한 숙고 끝에 결정한 의지적 행위이므로 그 궁극적 책임은 자살행위자에게 귀속되는 것으로 파악한다. 이러한 관점은 자살행위자를 정신병리적, 심리적, 사회적 요인의 희생자로 보는 관점과는 뚜렷이 대비된다.

과연 자살행위자는 정신질환이나 사회병리구조의 희생자인가? 아니면 의지적 행동의 주체자인가? 나는 여기서 해묵은 결정론과 자유의지 논쟁을 끌어들일 생각은 조금도 없다. 자살의 문제도 양립론으로 해결이 가능하다. 이 글에서 내가 자살주체자의 문제를 제기 한 이유는 기존의 자살예방책들이 전제하고 있는 패러다임이 지나치게 희생자의 관점에서 다루어지고 있음을 지적하고 싶기 때문이다. 또한 자살자를 희생자로 보는 시각과 주체자로 보는 시각 중 어디에 좀 더 비중을 두느냐에 따라 자살예방책의 방향 설정이 달라진다는 점을 부각하고 싶기 때문이다. 희생자의 시각에서 자살 문제를 다룰 경우, 자살의 선행인자와 강화인자의 제거, 치유, 치료와 개선 등이 예방책의 가이드라인이 될 것이다. 그러나 자살자를 행위주체로 보는 시각에 좀 더 비중을 둘 경우, 자살행위의 결정에 이르는 자살예비자의 숙고의 과정에 대한 주목이 보다 더 요청될 것이며, 자살예비자들을 대상으로 한 주체적 시각의 교육이 강화될 것이다. 비유적으로 말한다면, 열 명의 경찰관이 한 도둑 못 잡는다는 말이 있듯이, 도둑을 막기 위한 철책의 강화도 중요하고 훔치고 싶은 심리상태에 개입하여 그 심리를 교정하는 심리상담 프로그램도 중요하지만 애당초 훔치고 싶은 마음이 생기지 않는 건강한 인성교육에 좀 더 주목해야 할 것 같다는 생각이다. 물론 사회안전망이 강화되어 구성원 모두가 자살할 필요가 없는 건강한 사회의 건설은 매우 중요하다. 하지만 그러한 사회는 유토피아일 뿐 현실적인 것은 아니다.

만약 인간이 꼭두각시라면 그 심리적·사회적 기제를 조절, 제어함으로써 문제해결이 가능하다. 하지만 인간은 꼭두각시가 아니다. 인간은 꼭두각시가 아니기 때문에, 아무리 열악한 심리적 또는 사회적 환경에서도 주체적 시각에서 자살의 유혹에 대처할 수 있다. 우리 사회 자살의 심각한 문제인 자라나는 청소년들의 자살을 예로 들어 설명해보자. 최근 조사에 의하면 우리나라 청소년들의 우울성향은 거의 50%를 육박하고 있는데, 입시위주 교육으로 인한 스트레스가 우울의 주원인으로 보고되고 있다.[5] 입시위주 교육의 풍토를 개선하는 것은 건전한 사회를 위해 무엇보다 중요하겠지만 이와는 별도로 청소년들이 외부로부터 가해지는 스트레스에 스스로 대처할 수 없이 점점 나약해지는 것이 보다 더 심각한 문제라고 생각된다. 한 세대 전에도 입시경쟁은 치열했었지만 그 당시의 학생들이 지금보다 상대적으로 스트레스에 잘 대처했다는 사실은 문제가 상대적인 좌절감, 박탈감, 소외감이지 스트레스 그 자체가 아니라는 점을 말해준다. 좌절과 실패가 문제가 아니라 좌절과 실패를 어떻게 받아들이느냐가 문제인 것이다. 자살고위험군으로 판단되는 우울성향의 청소년들에게 항우울제의 처방을 비롯하여, 상담을 비롯한 여타의 모든 사회적 도움을 제공하는 것은 절대적으로 필요하다. 하지만 이러한 기존의

---

5) 청소년 우울증과 자살과의 관계는 논란의 여지가 있다. 유지웅은 청소년기 우울증은 성인우울증과 달리 발달단계상 나타나는 가변적 우울증인 경우가 많다는 입장을 받아들이고 있다. 그러나 인천광역시 정신보건센터가 2009년에 실시한 중고등학생 대상 설문조사에 의하면 청소년들의 우울성향은 46.5%로 중증우울증도 20.4%를 나타내고 있다. 유지웅, 『청소년 노인자살 실태분석과 예방대책』, 치안정책연구소(2009)와 연합뉴스(2010년 5월 5일자).

자살예방책에 덧붙여 자살예비자의 주체적 시각이 고려되는 별도의
예방책이 보강된다면 우리 사회 청소년들의 자살률이 낮추어지는 근
시안적 결과뿐만 아니라 청소년들 각자가 삶의 고통스러운 상황에서
도 자살을 선택하지 않는 진정한 의미의 건강한 사회에 보다 더 가까
워질 수 있을 것 같다. 이러한 문제의식을 가지고 논의를 시작하기로
한다.

Ⅱ. 개인병리적 접근: 정신의학 및 심리학적 이해

정신의학이나 심리학에서는 '자살자'라는 표현 대신 '자살희생자'
라는 표현을 선호하는 듯하다. '자살희생자'란 표현이 전제하고 있는
것은, 자살이란 한 개인이 정상적인 판단능력을 가진 채 충분한 숙고
를 거쳐 책임의식을 가지고 주체적으로 행한 행위가 아니라는 것이
다. 다시 말해서, 자살은 자살자가 비정상적인 정신상태나 심리상태
에서 행한 이상행동이므로 자살자 자신은 행위의 주체라기보다는 희
생자로 규정되는 것이다. 또한 이러한 해석은 자살시도자에게 적절한
개입이 주어져서 정상적인 정신상태와 인지기능을 유지하게 할 경우
자살생각이나 자살시도는 반복되지 않을 것이라는 것을 말하고 있다.
바로 이러한 이유로 정신의학 및 심리학에서는 자살위험군의 조기발
견과 개입 프로그램의 중요성이 강조되고 있다.

1. 정신의학적 이해

정신의학에서는 대부분의 자살이 정신질환이라는 선행인자와 환

경적인 강화인자의 조합으로 일어난다고 본다. 선행인자로서의 정신 질환은 자살자가 갖고 있는 유전적, 생물학적 측면으로 정신의학에서 가장 유의미하게 고려하는 자살의 원인이다. 정신의학의 연구에 따르면, 자살사망자의 90%가 정신과 I축 진단에 해당하는 정신질환을 하나 이상 가지고 있으며, 이 중 가장 흔한 진단이 주요 우울장애(59~87%)로 보고되었으며, 우울증, 정신분열증, 알코올중독에 취약한 유전자를 가지고 태어난 사람이 그렇지 않은 사람보다 자살의 위험성이 더 큰 것으로 나타났다.[6] 이러한 연구결과를 토대로, 정신의학에서는 자살위험군 평가의 출발점은 자살선행인자인 정신질환진단에서 시작해야 한다고 말하고 있다.[7] 또한, 자살사망의 2/3 이상이 정신과 서비스를 받아본 경험이 전혀 없다는 보고를 바탕으로, 보다 적극적인 정신의학적 측면에서의 개입이 효과적인 자살예방의 도구가 될 수 있음 시사한다.[8] 현대정신의학에서 이루어지는 정신과적 질환의 치료는 주로 대뇌에서 분비되는 신경전달물질의 균형적 회복에 있다. 자살행동의 신경생물학적 요인에 관한 연구는 자살시도자나 자살자 사후연구를 통하여 여러 종류의 신경생화학적 물질과 자살행동과의 관련성을 밝히는 목적으로 진행된다. 예를 하나 들어서 설명해 보자. 대뇌에서 분비되는 도파민과 세로토닌은 정신과 질환에서 균형적 조절을 요구하는 대표적인 생화학적 물질인데, 한 연구에 따르면, 도파민 수용체와 자살행동 사이의 유의미성은 발견되지 않았으며 세로토닌계 활성의 감소는 자살행동과 관련 있다고 보고된다.[9] 이렇듯 정신

---

6) 함병주 외 3명, 「자살과 정신과적 질환」, 『자살의 이해와 예방』, 학지사, 2008, p.16.

7) Ibid., p.31.

8) 남윤영, 「한국사회의 자살: 정신보건적 측면에서의 이해와 대처」, 『생명연구』 11집, 생명문화연구소, 2009, p.114.

의학에서는 대뇌신경전달물질과 자살행동과의 밀접한 관련성에 주목한다.

강화인자는 자살의 충분조건으로 가족과 사회환경, 인격요소, 다른 신체적 질환, 스트레스, 자살 당시의 심리상태, 과거의 자살행동. 자살도구의 존재, 언론의 자살묘사 등등 실제로 자살행동을 촉발하게 하는 원인들이다.[10] 그러나 앞서 말했듯이 정신의학적 관점에서는 선행인자의 중요성을 무시한 채, 방금 열거한 심리, 환경적 요인과 사회적 요인만으로 자살위험을 설명하는 것은 적절치 않다고 본다. 실제로 자살과 관련된 환경적 요인 중 실직이나 이혼, 가정폭력이나 갈등 등과 같은 주요한 환경적 스트레스와 알코올 오남용이나 우울장애와 같은 정신질환 사이의 밀접한 관계는 선행인자의 중요성을 강조하는 정신의학적 시각을 지지해준다. 이러한 관점은 정신분열증환자에게 뇌분비물질의 균형적 회복을 무시한 채 행해지는 여타의 심리요법이 효과가 미비하다는 사실과 맥을 같이 한다. 과거에 치료가 어려웠던 정신분열증은 최근 신약의 개발로 말미암아 초발의 경우 대부분 정상으로 치료된다. 일반인의 상식에서 심리적인 문제로 보이는 많은 경우가 정신의학적 관점에서 보면 생물학적인 신경전달물질의 문제인 것이다. 당뇨병 환자가 인슐린조절 약을 평생 복용하며 정상 생활을 하는 것과 마찬가지로 정신질환자 역시 대뇌의 신경전달물질을 조절하는 약을 지속적으로 복용함으로써 정상적인 생활을 영위할 수 있다. 이러한 의학적 사실은 적극적인 정신의학의 치료적 개

---

9) 김용구 · 이분희 · 이홍식, 「자살의 생물학적 이해」, 『자살의 이해와 예방』, 학지사, 2008, pp.113-125.

10) 남윤영, 「한국사회의 자살: 정신보건적 측면에서의 이해와 대처」, 『생명연구』 11집, 생명문화연구소, 2009, p.112.

입이 효과적인 자살방지책이 될 수 있다는 주장으로 이어진다. 현시점에서 이러한 적극적인 개입이 예산 및 여타의 이유로 이루어지고 있지 않다 해도 최소한 정신의학적 관점이 기존의 자살예방책 수립 방향에 많이 반영된 것은 사실이다. 정신과 질환치료에 대한 일반인의 거부감을 교정하는 대중적 계몽 및 노인층을 대상으로 한 정신과 질환치료의 확대와 같은 정책수립방향은 앞으로 더욱 강화될 것으로 보인다.

2. 심리학적 이해

심리학 이론 중 대표적으로 정신분석학이론과 인지행동이론으로 자살문제를 접근해 보자. 정신분석학에서 자살은 무의식의 잠재된 공격성이 자신의 일부로 내재화된 대상에게 표출되어 스스로를 해치는 경우로 설명된다. 자살자는 무의식적 갈등상태에 있으며, 표출되지 못한 채 억눌려있는 무의식의 억압된 감정이 자살충동의 원인이다. 자살시도자에 대한 정신분석적 치료는 무의식 안의 억압된 감정이 무엇인지를 찾아내고 의식이 이 억압된 무의식의 감정을 받아들이게 하는 것이다. 이것이 치유의 핵심이며 이와 같은 과정을 거쳐 자살시도자는 무의식의 자살충동으로부터 자유로워진다.

한편, 인지행동이론에서는 학습과 인지, 행동이라는 기본 틀에서 자살문제를 바라본다.[11] 인지행동이론은 자살시도자의 심리 중 비합리적 인지기능을 가장 주목해야 할 특징으로 본다. 자살자의 심리상

---

11) 육성필, 「자살의 심리학적 이해」, 『자살의 이해와 예방』, 학지사, 2008, pp.83-93.

태는 감내할 수 없는 정신적 고통으로 인한 절망감, 무망감의 정서상태와 그로 인한 인지적 협착상태(constriction)로 설명된다. 자살행동은 현실의 극심한 고통에 대한 심리적 반응인데 그 반응이 정서적 압박이나 스트레스로 인하여 잘못 작동된 인지적 기능의 결과라는 것이다. 인지행동이론에 따르면 자살자는 정서적, 대인관계적, 행동적 스트레스를 개선하거나 견딜 수 있는 대처능력을 갖고 있지 못하다. 자살시도자들에 관한 연구에 의하면 그들이 경험하는 구체적인 인지적 어려움은 인지적인 경직성, 이분법적인 사고, 빈약한 추상능력, 대인관계 조절능력 결여, 스트레스 조절능력 결여 등이다. 자살자의 위축된 심리상태는 기존의 대처행동기술을 사용하는 것을 억제하고 새로운 행동기술과 능력을 개발하는 것을 방해하며 자살행동을 강화하여 자살에 이르게 한다는 것이다.

이렇듯 심리학적 자살이해는 자살자를 자신의 부적절한 심리상태, 즉, 억압된 무의식의 감정이나 인지적 위축상태에 의해 희생된 것이라고 보는 입장이다. 따라서 이러한 입장은 자살예방에 있어 신경생물학적, 또는 사회적 측면보다 심리적 측면의 개입이 매우 중요하다는 주장에 이르게 된다. 인지행동이론에 입각한 자살예방책은 인지능력 증진을 강조하는 방향으로 나아가게 되며 다양한 행동치료에서 행동기술훈련, 스트레스조절훈련 등에 주력하게 된다. 현재 한국의 대학에서 상담소를 통하여 실행되고 있는 자살예방책은 기본적으로 심리학적 인지행동이론에 따른 자살이해를 바탕으로 한 것으로 보인다. 자살위험군에 속하는 학생들을 직·간접으로 발견하고 개입하여 적절한 적응기술에 대한 도움을 제공하는 것이다. 이러한 기술들은 자살행동방지를 위한 일종의 보호요인으로 작용하며, 자살위험요인을 경감시킨다.[12] 최근 들어 심리학내에서의 사회심리이론과 통합이론은 자살자의 개인심리와 사회적인 영향의 상호작용에 보다 더 주목하고 있는데, 이러한 새로운 경향은 결국 현대로 올수록 자살의 사회문화적인 영향을 보다 더 심각하게 고려할 것을 시사한다고 하겠다.

Ⅲ. 사회병리적 접근: 사회학적 이해

1. 뒤르켐의 자살론

산업사회이전의 자살은 개인의 문제였다. 자살을 개인의 문제, 심지어 개인의 죄악으로 보는 근시안적 시각을 넘어서는 계기는 사회학에서 비롯되었다. 19세기 사회학이 새로운 학문으로 태동하는 과정에서 자살이해는 중대한 국면을 맞이한다. 자살을 개인윤리 차원의 문제가 아닌 사회적 사실로 보는 시각이 생겨난 것이다. 사회학적 시각은 개인과 사회 사이의 유기적 통합관계를 기본으로 자살이해를 시도한다. 초기 사회학자인 뒤르켐은 인간이 받는 사회적 제약과 광물이 받는 자연적 제약은 정도와 형태의 차이가 있을 뿐이라고 말한다.[13] 이러한 사회학적 시각은 사회적 규제로부터 자유로운 사회구성원의 주체성이란 허구적임을 보임으로써 개인윤리 차원의 자살개념을 넘어서게 하였다.

뒤르켐은 자살현상을 사회통합이라는 사회학적 지표를 사용하여 분석한 후, 당시의 급증하는 자살률이 산업사회의 병리현상을 드러내

---

12) 강이영, 「한국 대학생의 자살 사례 연구」, 『생명연구』 10집, 생명문화연구소, 2008, pp.63-63.
13) 에밀 뒤르켐, 『에밀 뒤르켐의 자살론』, 황보종우 역, 청아출판사, 2008, p.313.

주는 실증적 지표라고 주장한다.[14] 뒤르켐은 그의 『자살론』에서 사회적 요인의 자살을 이기적 자살, 이타적 자살, 아노미성 자살의 세 가지 종류로 분류한다.[15] 사회학적 시각에서 특히 주목되는 것은 아노미성 자살이다. 아노미성 자살은 급격한 사회변동으로 인하여 기존 사회의 규범이 무너지고 새로운 사회에 걸맞은 규범이 정착하는 과도기에 발생하는 사회적 현상이다. 근대사회의 아노미적 혼란은 전통사회에서 산업사회로의 변화과정에서 생긴다. 전통사회의 규범이나 가치체계는 고착적이고 강제적이었다. 그러나 산업사회로 진입함에 따라 계층 간의 관계는 유동적이 되며 규범이나 가치체계는 유기적으로 변화한다. 이렇게 규범의 변화, 혼란, 해체의 아노미적 상황이 사회적 동인으로 작용하여 아노미성 자살의 발생을 높인다. 뒤르켐은 산업사회의 특징으로 아노미의 항구성과 정상성을 말한다. 즉, 산업사회에서는 상층부터 하층까지 탐욕은 끝없이 일어난다는 것이다. 이같이 산업사회는 구성원에게 건전한 규제를 제공하지 못하며 구성원들의 규제받지 못한 욕망의 정신상태가 바로 자살증가의 주원인이라고 말하고 있다.[16]

뒤르켐은 사회구조로 인하여 발생한 개인의 실패가 자살을 유발한다고 보았기 때문에 특히 경제와 관련해서 아미노성 자살현상이 일어나기 쉽다고 생각하였다. 경기침체가 발생하거나 대규모 실업사태

---

14) Ibid., p.511.

15) Ibid., 제2부. 이기적 자살은 특정사회를 살아가는 개인이 그 사회에 덜 통합되어 있기 때문에 나타나는 자살이다. 개인이 지나치게 자기중심적으로 살기 때문에 자신이 속한 집단이나 사회의 다른 구성원과의 상호교류가 지나치게 적거나 소속집단의 공통적 가치를 공유하지 못하기 때문에 나타나는 자살로서 독신자나 개신교의 높은 자살률이 그 실증적 증거다. 이타적 자살은 개인이 자신에 속한 공동체에 지나치게 통합된 경우에 나타난다. 뒤르켐은 군대의 정예부대가 일반부대에 비해 이타적 자살률이 높은 예를 든다. 뒤르켐은 사회규제가 강할 경우 발생하는 운명적 자살에 대해선 그의 『자살론』에서는 별로 주목하지 않았다.

16) Ibid., pp.318-319.

가 생겼을 때 자살률이 급등하기도 하지만 경기가 호황일 때에도 급격히 높아진 사람들의 기대와 욕구에 현실이 미치지 못하면서 발생하는 자살의 증가 역시 사회적 병리현상으로 보았다. 1세기 전 시대를 살았던 뒤르켐의 혜안은 오늘날의 우리 사회에 그대로 적용되는 듯하다.

2. 우리 사회 자살의 특성

뒤르켐의 아노미성 자살개념을 우리 사회에 적용해 보자. 우리 사회의 근대화는 한마디로 압축성장으로 요약된다. 압축성장시대의 규범은 경제적 세속주의라고 할 수 있다. 사회구성원들의 통제받지 않은 욕망과 이기주의가 경제성장을 위한 동력의 역할을 충실히 수행한 것이 사실이다. 하지만 성장의 고공행진이 끝없이 이어지지도 않았고 끝없이 이어질 수도 없었다. 통제받지 않고 분출되었던 사회구성원들의 탐욕과 이기주의는 IMF 직후 아노미성 자살을 양산했다. 이를 계기로 학계에서도 본격적으로 우리 사회의 자살을 사회병리현상으로 분석하기 시작했다. 많은 연구들이 우리 사회의 자살률급증은 도덕성 퇴락의 상징이며, 상대적 빈곤, 박탈감, 소외감, 사회의 비인간성과 같이 삶의 의미체계들을 붕괴 또는 약화시키는 사회분위기가 자살을 부추긴다고 공통적으로 지적하고 있다. 특히 민문홍은 한국사회의 자살에 대한 사회문화적 진단을 내리면서, 그 원인으로 성숙한 공동체의식의 미정립과 한국 교회의 세속주의, 포스트모더니즘의 급속한 수용에 따르는 문화적·정신적 황폐화, 중산층 물질주의 등을 들으며, 우리 사회구성원들의 황폐해진 마음을 치유할 수 있는 새로운 가치관의 확립을 대안으로 주장한다.[17] 결국 사회학자들이 말하는 새로운 방향 제시는 후기 산업사회의 진입에 걸맞은 성숙한 도덕적 개인주의와 공동체의 연대감이라는 새로운 유기적 규범의 정착의 요청에 있다. 만약 우리 사회가 새로운 규범과 가치정착의 심각성을 깨닫지 못하고 그 의무를 게을리한다면, 아노미적 상황과 아노미성 자살현상은 지속될 수밖에 없다는 진단이다.

우리 사회 자살에서 가장 심각한 문제인 노인자살을 살펴보자. 61세 이상의 노인 자살률은 1989년 전체 자살의 10.3%에서 2008년 32.8%로 지속적으로 증가하고 있다.[18] 급증하고 있는 우리 사회의 노인 자살은 뒤르켐이 말하는 아노미성 자살로 해석될 수 있다고 본다. 현재 노인 자살충동의 제일요인은 질병과 장애로 보고되고 있는데,[19] 역설적으로 의료복지서비스는 훨씬 더 열악했고 더 많은 질병과 장애가 있었던 과거에는 노인들의 자살률이 낮았다는 사실을 어떻게 설명할 수 있을까? 질병과 장애 자체가 자살의 주원인이 아니라 그것을 흡수해주었던 가족의 급속한 해체가 숨어 있는 진짜 원인일 것이다. 결국 가족이라는 전통적 가치체계가 무너진 아노미적 상황에서 현재로서는 의료복지서비스가 유일한 대안이다. 따라서 노인자살방지책의 방향은 그 주원인의 해소를 겨냥한 의료복지서비스의 강화로 맞추어질 것으로 예상된다.

---

17) 민문홍, 「한국사회의 자살급증 문제에 관한 사회문화적 진단」, 『생명연구』 11집, 생명문화연구소, 2009, p.88.
18) 유지웅, 『청소년 노인자살 실태분석과 예방대책』, 치안정책연구소, 2009, p.9.
19) Ibid., p.18.

Ⅳ. 자살자는 자살희생자인가?

　이제까지의 논의를 요약하자면, 정신의학적, 심리학적, 사회학적인 자살이해의 결과, 신경생물학적 요인의 희생자, 심리학적 요인의 희생자, 병리적 사회현상의 희생자만 있을 뿐 자살행동의 주체, 윤리적 책임의 주체는 논의에서 사라졌다는 것이다. 이 시점에서 자살성(suicidality)의 개념을 검토해 보자. 자살성이란, '자살생각, 계획, 시도 및 행위 등 자살과 관련된 행동들로 이루어진 일련의 연속적 개념으로, 한 사람이 자살 생각을 가지고, 더 나아가 자살시도, 궁극적으로 자살을 통한 사망에 이르기까지 주위환경이나 성격특성, 유전적 특징 등 개인의 행동에 영향을 줄 수 있는 생물학적·심리적·사회적 요인들과의 상호작용을 통해 자살위험이 점진적으로 발전한다는 의미를 가지고 있다'이다.[20] 개개의 자살사건에서 자살의 세 가지 요인들이 각기 어떠한 비중으로 상호작용하는 지는 그 자살의 이해에 있어 당연히 중요하며 그 상호작용의 비중에 따라서 각각의 자살의 특성이 드러날 것이다. 그러나 우리가 여기서 간과해선 안 될 점은 모든 자살에는 자살행위자가 있다는 사실과 생물학적·심리적·사회적 요인의 상호작용이 결코 자살행동의 충분조건이 아니라는 점이다. 나는 논의를 시작하면서 자살예비자가 유사한 증세의 정신질환이나 유사한 심리적 압박, 유사한 사회적 악조건에 놓인다 해도 동일하게 자살을 실행하지 않는다는 점을 지적했다. 정신병리적·심리적·사회적 요인의 상호작용으로 자살행동이 발생했다 해도 여전히 거기에는

---

20) 남윤영, 「한국사회의 자살: 정신보건적 측면에서의 이해와 대처」, 『생명연구』 11집, 생명문화연구소, 2009, p.108.

자살을 결단하고 실행한 주체가 있는 것이다. 정신병리적 상황, 심리적 압박상황, 사회의 아노미적 상황은 개인을 자살에 매우 취약한 상태로 몰고 가지만 그 상태에서 마지막 결정을 내리고 행위로 옮기는 것은 여전히 주체적 개인이다. 만약 자살의 위험징후가 높은 상황에서도 자살예비자는 여전히 일련의 숙고과정을 거치며 이러한 사고과정의 결과로 나타난 의지적 행동을 자살행위로 해석한다면, 희생자로서의 자살자의 특성 못지않게 주체자로서의 특성에 우리는 좀 더 주목해야 할 것이다. 이러한 가능성을 다음 장에서 살펴보자. 그런데 논의를 이어가기 전에 분명히 지적하고 싶은 것은 자살 주체자의 문제를 거론하는 이유가 자살자나 자살시도자에게 윤리적 책임을 추궁하기 위한 것은 아니라는 점이다. 이미 죽은 자에게 윤리적 책임을 묻는다는 것도 무의미하지만 자살시도자에게 필요한 것은 윤리적 비난의 화살이 아닌 적절한 도움을 주는 것이다. 그리고 이것은 자살에 대한 우리의 올바른 이해를 바탕으로 해야 함은 물론이다. 이러한 의미에서 주체자 특성의 자살이해는 자살예방의 올바른 근거를 정립하기 위해 필요한 과정임을 말하고 싶다. 자살문제를 과학적 결정론의 패러다임 안에서 전적으로 다룰 경우 간과할 수 있는, 자유의지를 가진 주체로서의 자살행위자의 시각을 보강해보자는 것이다.

V. 능동적 주체로서의 자살자

1. 사회학내에서의 자살론의 진화

자살에 관한 기본적인 사회학적 이해는, 개인의 자살현상 이면에는 자살동인의 사회적 요인이 존재한다는 것, 사회의 병리적 구조나 현상이 구성원에게 영향을 준다는 것, 따라서 한 사회의 건강상태에 따라 그 사회의 자살률이 변화한다는 것이다. 뒤르켐의 자살연구는 아노미성 자살현상을 사회적 사실로서 성공적으로 검증했지만 그 결과 자살자는 구조종속적이며 수동적 존재가 되어버렸다. 현대철학자인 홀란드는 뒤르켐의『자살론』이 사회학의 고전임에도 불구하고 그는 결코 자살이 무엇인지 이해하지 못했다고 주장한다.[21] 그의 이러한 주장은 뒤르켐이 상정하는 자살자가 결국 결정론적 패러다임 안에서의 수동적 행위자로 해석되는 것을 비판하는 것이라고 여겨진다. 자살자를 사회구조의 희생자로 보는 뒤르켐적 시각에 대한 의문은 사회학자들 사이에서도 제기되었다. 비판적 시각을 가진 일련의 사회학자들은, 사회적 사실은 자연과학적 사실과는 다른 특징을 가지고 있기 때문에 그 행위의 의미를 해석하고 이해해야 하며 행위는 타자와 연관되고 타자에게 지향된 의미를 동반한다는 입장을 적극적으로 수용했다고 박형민은 지적하고 있다.[22] 사회학 안에서의 이와 같은 새로운 방향의 자살이해는, 자살은 원론적으로 사회구조적 긴장의 산물이라는 점을 인정하지만, 타인과의 소통을 지향하는 적극적이며 주체적 행위라는 해석을 지지하는 방향으로 진화한다. 이러한 맥락에서 박형민은 우리 사회 자살자의 유서분석을 통하여, 기존의 사회학적 자살이해에서 소홀히 다루어졌던 자살의 성찰성과 소통지향성, 능동적으로 반응하는 행위자의 모습을 부각시켰다.[23] 이러한 박형민의

---

21) R. F. 홀란드, 「자살」, 『사회윤리의 제문제』, 이병욱 역, 서광사, 1983, pp.451-461.

22) 박형민, 『자살, 차악의 선택: 자살의 성찰성과 소통지향성』, 이학사, 2010, p.65.

23) 같은 책, 같은 곳.

시도는 중요한 이론적 함의를 갖는다고 생각한다. 정면으로 갈등을 일으키는 사회학의 구조종속적이며 수동적인 자살자 개념과 철학적 전통에서 항상 중요하게 다루어졌던 합리적이며 능동적 주체인 자살자 개념이, 성찰과 소통이라는 사회학적 매개변수를 사용하여 사회학 안에서 복원되었다고 보기 때문이다.[24)]

2. 서양철학적 접근

서양철학에서의 자살논의는 자살이 왜 나쁜가에 대한 신학적·형이상학적·윤리적 논거를 제시하는 데 주력해왔다고 볼 수 있다. 한편 자살을 옹호하는 논거와 입장은 에피쿠로스와 프랑스 계몽주의자들에게서 찾을 수 있는데, 옹호와 비판 양쪽의 논거들이 모두 전제하고 있는 인간관은 호모 사피엔스다. 인간을 다른 동물과 구별하는 가장 큰 철학적 특징 중의 하나는 인간은 자신의 죽음을 숙고할 수 있다는 점일 것이다. 서양철학은 전통적으로 스스로의 죽음을 숙고할 수 있는 성찰적 사고능력을 중시한다. 이를 가장 극적으로 보여주는 예가 소크라테스의 죽음인 것 같다. 소크라테스는 아테네 시민들에게 그들이 연연하고 있는 세속적 가치란 진리와는 상관없는 것이라는 메시지를 통하여 일생동안 아테네 시민들의 무지를 일깨우고자 했다. 죽음을 선고받았을 때 소크라테스는 살 수 있는 기회를 거부한 채 의연히 죽음을 받아들인다. 진리라는 높은 가치를 위한 죽음을 마다하고 세속적 가치를 위해 생명을 연장할 아무런 이유가 없다는 것이 죽

---

24) 그러나 나는 박형민의 성찰 개념이 서양철학의 전통적인 숙고나 성찰의 개념과 어느 정도 일치하는지는 별도의 논의가 필요하다고 본다.

음에 대한 그의 성찰적 숙고의 내용이다. 철학적 순교라 불리는 소크라테스의 죽음은 그에게는 진리로 가는 길이었고 그것이 그의 죽음에 대한 숙고의 결론이었다.

　서구전통에서 자살이 죄악시되어 온 가장 큰 이유는 신학적 근거이긴 하지만, 그것과 별도로 자신의 죽음을 숙고할 수 있는 이성의 성찰 기능이 항상 중시되었으며 이에 따라 자살의 정당화가 논의되었다. 성찰적 숙고를 중시하는 서양철학의 전통은 계몽주의 시대를 거쳐 강화된다. 신의 피조물에서 벗어나 주체성을 가진 개인의 권리가 신장되면서 숙고된 자살은 정당화될 수 있다는 논의의 근거를 제공해준다. 윤리적 관점에서 비난받는 자살이란 자신의 죽음에 대한 충분한 숙고를 거치지 않은, 도덕적 해이나 나약함에서 비롯된 이기적 자살이다. 몽테스키외와 흄이 펼친 자살옹호 논변도 결코 이기적 자살을 옹호하는 것이 아니라고 본다. 오늘날에도 여전히 종교권에서는 모든 자살은 용인될 수 없는 살인이라고 주장하고 있지만, 이성적 사고의 주체가 자신의 죽음에 대한 충분한 숙고를 거쳐 내린 결론으로서의 조력자살은 문화권에 따라 용인되고 있는 현실을 부정할 수는 없다. 네덜란드에서 말기질환자에 대한 안락사가 합법적이라는 현실은 숙고된 자살의 정당화에 대한 서구전통을 보여준다.[25] 안락사 문제를 이러한 맥락에서 접근하면, 고통스러운 질병의 마지막 국면에서 '자유로운 사고와 의지활동이 불가능할 정도로 질병이 진행되기 전에 생명의 종말을 고의적으로 유도하는 것은 자연적 신체적 쇠약을 넘어 인간의 합리성과 자율고양의 모범적 사례'이며[26] '모든 선택

<hr>

25) 리차드 브란트, 「자살의 도덕성과 합리성」, 『사회윤리의 제문제』, 우명섭 역, 서광사, 1983, pp.423-450.
26) Birnbacher D., Bioethik zwischen Natur und Interesse, 2006, 구인회, 『죽음과 관련된 생명윤리적 문제

사항을 충분히 고려하고 세심히 숙고한 후 결정한 자살자를 방해할 권리는 없다'는 주장이 가능해진다.[27] 이러한 관점은 역사를 거슬러 자살을 옹호했던 에피쿠로스학파와 스토아학파, 또 그 영향을 받은 로마의 세네카의 자살옹호 논의에서 기본적인 생각을 얻어왔다고 볼 수 있을 것 같다.

이렇듯, 서양철학에서는 소크라테스의 경우에서 보이듯이, 자신의 죽음에 관한 숙고가 윤리적으로 고차원적이거나 숭고하다고 판단되는 경우는 이타적 자살이며, 윤리적으로 비난받아 마땅한 경우는 잘못된 숙고로 인한 이기적 자살이고, 마지막으로 특정한 안락사의 경우처럼 자신의 죽음에 대한 숙고의 윤리적 정당화에 있어 논란의 여지가 있는 경우가 있다. 이 마지막 경우는 시대와 문화권에 따라 윤리적 정당화의 정도가 다르다.

Ⅵ. 숙고하는 주체의 시각이 받아들여진다면

나는 자살 문제를 다룰 때, 어느 자살시도자라도 자살의 위험징후가 높은 상황에 처하기 전에는 우리와 같은 온전한 의미의 '숙고와 의지의 주체'였다는 당연한 사실이 좀 더 주목을 받아야 한다고 생각한다. 우리는 어떤 의미로 모두 잠재적인 자살예비자들이다. 언제 어떻게 자살의 고위험군으로 내몰릴지는 미지수다. 우리가 유토피아에 살지 않는 이상 사회병리적인 문제는 항상 존재하기 마련이며, 예기치 않은 환경적 스트레스가 발생한다면 언제든 인지적 위축상태로

들」, 집문당, 2008, p.60.

27) Ibid., p.61.

돌입하여 자살위험군으로 전락할 수 있으며, 노년이 되어 심각한 질병과 장애의 위험에 빠질지도 모른다. 그렇다면, 기존의 자살예방책처럼 자살위험군의 조기 발견과 그에 대한 적절한 대응과 관리도 중요하지만, 잠재적 자살예비자로서 우리 모두가 자살예방책의 대상이 되어야 한다고 생각한다. 만약 이러한 생각이 받아들여진다면 잠재적인 자살예비자의 어떤 특성에 주목하며 자살예방책의 방향을 설정해야 할까? 바로 숙고하고 결단하는 행위주체로서의 특성에 좀 더 관심을 기울여야 하지 않을까? 희생자보다 주체자로 보는 시각을 중시한다면, 자살을 유발시키는 위험인자들의 제거나 관리 중심의 예방책과는 별도의 독립적인 예방책이 제시될 수 있다고 본다.

우리는 자신의 죽음에 대한 보다 본질적인 숙고를 통하여 자살문제를 대비할 수 있다. 잠재적인 자살예비자를 숙고하는 주체로 볼 경우, 새로운 대안적 예방책의 출발점은 죽음의 본질적인 문제를 정면으로 마주하는 것이다. '인간에게 죽음은 무엇인가?', '우리는 죽음을 어떻게 맞이할 수 있는가?', '나는 어떠한 죽음을 원하는가?', '좋은 죽음, 또는 행복한 죽음이란 어떤 것일까?', '만약 내가 말기질환의 고통에 처하게 된다면 어떠한 선택을 할 것인가?', '삶에서 마주하는 고통을 나는 어떻게 대면할 것인가?'와 같은 본질적인 문제를 숙고해봄으로써 자살문제와 정면으로 맞서보는 것이다. 또한 현대사회에서 일어나고 있는 많은 유형의 죽음들을, 나 자신도 그러한 죽음에 내몰릴 수 있다는 가능성을 염두에 두고 진지하게 대면해봄으로써 나의 고유한 죽음의 의미를 천착해보는 것이다. 자신의 죽음의 고유성, 일회성을 깨닫는다는 것은 곧 자신의 삶의 고유성과 고귀함을 깨닫는 것이다. 만약 죽음과 고통이 어둡고 피하고 싶은 것으로 여겨진다면 그래도 그것은 피할 수 없는 것이고 우리가 받아들여야 하는 삶의 일부라는 것을 대면하는 것이다. 평상시 삶의 의미와 가치를 진지하게 숙고하는 사람이 힘든 상황에서도 굴하지 않고 보다 더 값진 삶을 살아갈 수 있듯이, 평상시 자신의 죽음에 대하여 진지한 숙고를 해본 사람이라면 역시 힘든 상황이 닥쳐도 자살이라는 선택을 할 가능성은 낮다.

이러한 방식의 자살예방법은 사회병리현상의 개선이나 우울증 치료와는 완전히 별개의 것이다. 이러한 방법이 자살방지에 있어서 기존의 예방책에 비하여 근본적인 도움이 될 수 있다는 생각은 우리 사회에서는 아직 생소한 것이다. 특히 죽음담론이 터부시되고 있는 우리 문화에서는 더욱이 그렇다. 또한 죽음담론이 죽음을 미화하게 될 가능성이 있으며, 죽음에 대한 성찰적 숙고는 지극히 관념적일 뿐 자살예방책이 될 수 없다고 생각할 수 있다. 그러나 이러한 생각이야말로 우리가 바로잡아야 할 편견이다. 모든 자살의 이면에는 궁극적으로, 숙고하고 결단하고 행위하는 주체가 존재한다는 이론적 바탕이 받아들여질 때 비로소 우리 사회의 자살예방책이 보다 근본적인 방향으로 개선되고 보강될 수 있다고 본다.

기존의 주류적인 예방책의 방향은 개인 차원에서는 자살고위험군의 발견, 그에 따른 개입, 자살시도자들의 사후관리로 이어지며, 사회적 차원에서는 사회병리현상의 개선과 치유, 사회안전망 확충에 치중된다. 실제로 북유럽에서는 우울증 환자들에 대한 보다 적극적 개입, 사회안전망에 대한 보다 적극적인 투자 후 자살률이 떨어진 통계를 보여주었다.[28] 이러한 실증적 통계에 힘입어 현대사회는 더욱 더 인

---

28) 남윤영·김동현·이홍식, 「국가 자살예방 전략의 개발」, 『자살의 이해와 예방』, 학지사, 2008, pp.301-323.

간을 조작주의적으로 파악한다. 그러나 나는 이러한 해결책들은 한계가 있다고 본다. 무엇보다도 이러한 해결책들은 과학적 결정론의 시각에서 인간을 이해한 결과다. 우리는 어떠한 사회를 원하는가? 기적의 우울증 치료제가 개발되어 사회구성원의 대부분이 비타민을 복용하듯 우울증치료제를 복용하며 살아가는 사회인가? 아니면 사회구성원 한 사람, 한 사람이 심리적으로, 영적으로 건강한 사회를 원하는가? 무한 경쟁사회를 만들어 놓고 낙오자에게 무료로 심리상담과 우울증치료제를 제공하는 사회를 원하는가? 아니면 비록 노숙자일지라도 본인의 가치를 스스로 존중하며 삶을 포기하지 않는 사회를 원하는가? 잠재적 자살시도자를 심리적·사회적 요인의 희생자가 아닌 주체적이며 의지적인 존재로 파악할 경우, 자살문제의 해결책이나 예방책은 숙고하는 주체의 시각에 보다 중점을 두게 된다. 죽음의 의미를 여러 각도에서 성찰하고 숙고하며, 자신의 죽음을 미리 그려보고, 자신의 죽음에 의미를 부여해 보고, 죽음 자체는 피할 수 없지만 죽음을 맞이하는 태도와 방식은 주체적인 선택에 달렸다는 사실을 아는 사람이 자살할 개연성은 매우 낮다. 이러한 방향의 자살예방책이 현재 진행 중인 과학적 결정론에 근거한 자살예방책에 보강된다면 우리 사회 자살률의 저하와 함께 건강한 사회를 향한 밑거름이 되리라 생각한다.

Ⅶ. 새로운 자살예방책: 죽음교육

압축성장의 시대를 달려온 우리 사회는 저마다 세속적 성공만을 추구하다 보니 그 여파로 자살을 쉽게 생각하는 생명경시풍조가 널리 퍼지게 되었다. 욕망이 끝없이 확대 재생산되는 현대적 삶에서 욕망의 경쟁에서 낙오된 자신을 고립된 개체로 파악한 채 나 하나 죽으면 끝이라는 유아론적 시각은 이미 우리 사회에 만연되어 있다. 이러한 사회 분위기를 변화시키기 위해 사회 일각이나 종교계에서 새로운 가치관 운동이 자살예방책의 일원으로 제기되고 있지만 역부족이다. 사회의 통용가치가 그렇게 쉽게 변화되는 것은 아니기 때문일 것이다. 또한 기존종교는 자살예방에 있어 적절한 기능을 수행하고 있지 못하다. 종교인과 비종교인 사이에서 자살 충동률이나 자살에 대한 의식은 차이가 없는 것으로 보고되고 있다.[29] 이러한 상황에서 나는 조금 더 긴 안목으로 미래를 내다보며 보다 근본적인 자살예방책의 일환으로 유치원에서 평생교육에 이르기까지 전 교육과정에 죽음교육과정을 새롭게 도입할 것을 제안하고자 한다.

죽음학의 대가인 칼 베커는 미국의 경우 1970년대에 이미 중학교에서 대학에 이르기까지 1,000여 종의 죽음교육 프로그램이 실시되었다고 보고하고 있다.[30] 학교에서 수행되는 죽음교육은 지식적·정서적·행동적·가치관적 측면으로 나누어 볼 수 있는데, 그 내용을 살펴보면 기존의 보건교육이나 생명윤리교육과 겹치는 부분이 많지만, 유언작성법이나 묘지의 선택과 구입법[31]에 관한 것처럼 매우 실용적인 지식도 첨가되어 있다. 정서적인 측면을 예로 들자면 죽고 싶다고 생각하는 사람의 기분을 파악해 자살을 어떻게 예방할 수 있을지 또는 죽음을 앞둔 환자와 그의 가족 간의 정서적 관계와 같은 것도 배우게 된다. 특히 주목해야 할 점은 미국의 죽음교육의 상당부분이 상

---

29) 가톨릭신문, 2010년 7월 11일자.

30) 칼 베커, 「미국의 사생관 교육: 역사와 의의」, 『사생학이란 무엇인가』, 정효운 역, 한울, 2010, pp.101-130.

31) 우리 사회의 경우 수목장을 위시한 새로운 장례문화를 소개해야 할 것이다.

실체험에 관련된 것으로 이루어지고 있다는 점이다. 이는 오늘날 청소년들은 과거 전통사회에서 경험했던 죽음보다 훨씬 더 많은 죽음을 직간접으로 경험하고 있으며, 죽음이 아니더라도 가정파탄이나 이혼 등으로 인한 상실을 체험하는 경우가 급증하고 있기 때문이다. 상실과 비탄을 경험한 사람들이 건강한 사고방식과 건전한 정서로 대처하는, 말하자면 슬픔을 올바르게 이해하는 법을 교육하는 것이다. 가치관 측면에서 다루어지는 것은 삶의 유한성 안에서 갈등을 일으키는 가치들의 우선순위를 스스로 결정해야 할 경우를 대비하는 것이다. 예를 들어 임종환자의 연명치료나 장기증여의 경우처럼 과거 전통 사회에서는 없었던 새로운 문제들을 다각도로 접함으로써 사회 구성원 하나하나가 스스로 주체적인 삶을 이끌어가도록 도와준다고 할 수 있다.

미국에서 행해지는 죽음교육은 실용성을 중시하는 미국인들답게 죽음과 관련된 많은 부분이 우리의 삶 속에 깊숙이 들어와 있다는 현실을 인정하고 죽음교육을 통하여 죽음 관련 많은 부분을 계몽하고 그 결과 현실을 보다 유익하고 풍요롭게 꾸려갈 수 있다는 전제가 깔려있다. 베커는 굳이 학교에서 죽음교육을 도입해야 하는 이유로 어린 시기부터 죽음과 같은 절실하고 심각한 정신적 문제를 표현하고 서로 나눌 수 있는 능력을 천천히 몸에 익혀야 하는 중요성을 말하고 있다. 예전에는 가정이나 지역사회에서 이루어진 체험적 학습이 오늘날에는 더 이상 불가능하기 때문에 이제 학교에서 이것을 수행해야 하는 것이다. 또한 전통적으로 죽음은 종교의 영역이었지만 굳이 종교에 기대지 않고도 죽음에 관한 많은 담론이 가능함을 시사한다.

간략히 살펴 본 미국 죽음교육의 특징은 매우 실용적인 데에 있다.

죽음에 관련된 많은 정보를 제공함으로써 죽음과 친숙해지고 그 중
요성을 인식하게 되며 더불어 여러 종류의 상실과 비탄을 잘 이해함
으로써 그러한 상황에 처했을 때 건전하게 대처하게 된다. 자살예방
은 죽음교육의 한 부분을 차지하며 기존의 자살예방책, 즉 자살위험
의 징후를 조기 발견하고 개입하는 것을 주목적으로 하고 있다. 이
방식은 내가 앞서 설명한, 죽음과 정면으로 마주하고 죽음을 숙고하
고 성찰함으로써 자살의 유혹에서 벗어날 수 있다는 새로운 자살예
방책과는 조금은 거리가 있는 듯하다. 물론 베커도 '교실에서 죽음
문제를 이야기 하는 분위기를 조성함으로써 청소년들의 정신적 이해
를 풍부하게 해준다면 장래 어떤 형태로든 반드시 조우하게 될 죽음
에 견딜 만큼의 힘을 기를 수 있을 것'[32]이라고 말하고 있지만 이는
꼭 자살예방만을 의미하기 보다는 불치병에 걸리는 경우를 포함한
여러 종류의 죽음을 일반적으로 포함하고 있는 것 같다. 한편, 내가
주장하는 주체적 시각의 죽음교육은 미국식의 실용적인 죽음교육에
덧붙여 죽음에 대한 주체적인 성찰과 숙고의 능력을 보다 더 강화하
는 것이다. 보다 더 함축적으로 말해서, 미국식의 죽음교육이 상실대
처의 연착륙에 비중을 두고 있다면 주체적 시각의 죽음교육은 보다
적극적으로 죽음을 대면케 함으로써 삶의 고통을 이겨낼 것을 유도
하는 교육법이다.[33]

---

32) 칼 베커, 「미국의 사생관 교육: 역사와 의의」, 『사생학이란 무엇인가』, 정효운 역, 한울, 2010, p.110.

33) 이 방법은 최근 우리나라 철학계에서 새롭게 시도되고 있는 철학 상담 또는 철학치료와 유사점을 지닌다.
철학 상담은 개인의 사적인 인생문제를 돕기 위한 철학실천의 한 영역으로 내담자 스스로에게 자기점검
과 반성의 기회를 제공함으로써 자기성찰의 비판적 과정을 거쳐 자기치유를 할 수 있도록 도움을 주는
방법이다. 분명한 차이점은 죽음교육은 주제가 죽음으로 한정되는 반면, 철학 상담이나 철학치료의 주제
는 개별적 문제이며 그 대상이 개별문제를 호소하는 내담자인 반면 죽음교육의 대상은 모든 학생이다. 피
터 라베 저, 『철학 상담의 이론과 실제』, 김수배 역, 시그마프레스, 2010.

죽음교육이란 말에서 나오는 뉘앙스가 좋지 않다면 생명윤리교육이란 표현으로 대체한다거나 기존의 윤리과목에 일단 편입시키는 방법도 있다. 중요한 것은 교육의 내용인데, 스스로 자신의 삶과 죽음에 대해 숙고하고 성찰할 수 있는 능력을 바탕으로, 죽음은 피할 수 없지만 어떻게 죽음을 맞이하느냐는 각자의 선택이라는 것, 고통과 장애는 삶의 피할 수 없는 부분이지만 그것에 굴복하느냐 이겨내느냐가 각자 삶의 진정한 모습이라는 것에 초점을 맞추는 교육이다. 죽음에 관한 성찰을 통하여 삶의 일회성과 소중함을 깨닫게 함으로써 궁극적으로 자살예방의 교육 효과를 얻어내는 것이다. 이러한 죽음교육은 과학적 결정론에 의해 실종되어 버린 인간의 주체적인 성찰능력을 복원하고 강화하는 교육을 부흥하는 데에 있다. 예를 들어, 유치원 유아들도 그 나름대로 삶과 죽음에 대해 생각하고 자신의 느낌을 표현할 수 있다. 그들의 생활 속에 생명의 탄생과 사라짐은 쉽게 발견된다. 꽃나무, 애완동물, 할머니 할아버지의 죽음, 동화 속에 나타나는 탄생과 죽음을 통해서 어떤 것이 아름다운 죽음인지, 어떤 것이 추한 죽음인지 그 수준에서 충분히 스스로 돌아볼 수 있다. 삶과 생명의 감수성을 높일 수 있는 최고의 길은 죽음과의 대면이다. 장미꽃이 시들어서 떨어지지 않는다면 장미꽃의 아름다움이 그토록 안타깝게 느껴질까. 이제까지 이러한 주제들에 대해 스스로 사려 깊게 생각하고 표현하는 것에 의미를 두지 않았던 지식전달 위주의 비문화적 교육 풍토를 쇄신한다면 죽음교육을 통한 변화는 가능하다고 본다. 또한 초등학생들에게도 각 학년에 걸맞은 여러 죽음을 보여주고 그러한 죽음에 대해서 스스로 생각하고 돌아보게 함으로써 생명 감수성을 높임은 물론 자살과 관련된 윤리적 문제들도 동시에 다룰 수 있다.

문제는 기성세대, 구체적으로 초등학생 학부모들이 그들의 초등학생 자녀에게 죽음에 관한 담론을 철저히 차단시킨다는 것이다. 실제로 초등학교용 도서들은 학부모들이 자녀들을 대신해서 선택하는 경우가 대부분인데, 학부모들은 죽음 관련 주제는 결코 선택하지 않는다. 수요자가 없으니 공급도 되지 않는다. 반면에, 프랑스에서 출판된 초등학교 저학년생 대상의 그림철학책은 죽음의 문제를 정면으로 다루고 있다. 책의 구성은 죽음 관련된 여러 가지 질문을 던짐으로써 어린이 스스로 이런 저런 생각을 할 수 있게 유도하고 있다.[34] 대부분의 우리나라 학부모들은 이러한 책을 결코 선택하지 않는다. 그들 자신도 죽음의 문제를 기피하고 있기 때문이다. 이러한 태도는 자녀들에게 마치 하루가 밝은 낮만 있고 어두운 밤은 없는 것처럼 가르치는 격이다. 초등학생들도 그 수준에 맞게 죽음에 대해 생각하고 표현해 볼 수 있다. 초등학교 고학년이라면 인터넷의 악성 댓글이 불러온 자살이나 왕따로 인한 자살에 대해 서로 이야기를 나누고 의견을 교환함으로써 자살예방교육의 효과와 함께 또 다른 윤리교육도 병행되어 질 수 있다. 또한 과도한 인터넷 문화로 인하여 가상죽음을 많이 경험하는 신세대의 아이들에게 왜곡된 가상죽음의 이미지를 바로잡아주는 것도 죽음교육의 중요한 목표중의 하나가 될 것이다.

죽음교육을 통한 자살예방책은 기존세대보다는 앞으로의 자라나는 청소년들을 대상으로 보다 더 유효하리라고 생각된다. 자살이해는 특히 자살자의 연령에 따라 그 특성과 주원인이 다르기 때문에 이에 따른 대책과 주안점이 달라진다. 유지웅은 청소년 자살의 특징으로

---

34) 오스카 브르니피에, 『삶이란 무엇일까?』, 박창호 역, 녹색지팡이, 2005.

다른 연령대의 자살에 비해서 충동성이 강하며, 중증정신질환이 원인인 경우가 상대적으로 많지 않고, 죽고자 하는 의지보다 자신의 심리적 고통을 표출하는 방식으로서의 자살, 죽음에 대한 환상으로 인한 현실 도피 등을 들고 있다.[35] 이와 같은 특성들은 청소년 자살이 다른 연령대의 자살에 비하여 교육을 통한 예방 효과가 가장 클 것이라는 기대를 뒷받침해준다. 죽음은 삶과 마찬가지로 당연하고 확실한 하나의 사실이며 삶에서 마주하는 고통 역시 마찬가지다. 하지만 고통에 굴복하느냐, 고통을 이겨내느냐, 실패에 좌절하느냐, 새로운 기회의 시작으로 볼 것이냐는 우리 스스로의 선택에 달렸다는 것을 청소년 스스로 깨닫도록 유도하는 것이 성찰적 죽음교육의 핵심이다. 행복과 성공의 단면만을 보여주고 그것만을 추구하도록 조장했던 우리 사회가 자라나는 청소년들에게 삶과 죽음의 문제에 대해 깊이 있게 숙고하고 성찰해 볼 기회를 공교육 안에서 체계적으로 제공한다면 그들이 막연히 갖고 있는 자살에 대한 생각은 분명히 변화될 수 있다고 본다.[36]

죽음교육이 기존의 인성교육 또는 윤리교육처럼 말만 거창하고 공허하게 들릴 수 있다. 그러나 기존의 규범적이며 규제적이었던 인성교육이나 윤리교육과는 달리 인문학적 감성소통의 기제를 빌려온다면 더욱 효과를 높일 수 있다고 본다. 좋은 죽음을 주제로 한 탁월한 문학작품, 고통을 이겨내며 아름답고 고유한 죽음을 맞는 사람들의

---

35) 유지웅, 『청소년 노인자살 실태분석과 예방대책』, 치안정책연구소, 2009, p.7.

36) 한림대학에서 2005년부터 개설된 자살예방 강좌에서 실시되는 학기 초와 학기말의 설문조사에 따르면, 학기 초에 자살충동에 대한 평균 54%의 응답자가 학기말에 0%의 결과가 나온 것으로 보고되고 있다. 오진탁, 『자살, 세상에서 가장 불행한 죽음』, 세종서적, 2008, p.183. 이 책에 제시된 강좌 내용은 본 논문이 주장하는 바와 다소 거리가 있다.

모습을 담은 많은 다큐멘터리, 죽음문제의 본질을 건드리는 교육적이
면서 흥미 있는 연극, 영화관람 후 토론하기, 죽음관련 연극 공연 및
역할극 해보기 등, 죽음 감성의 소재는 무궁무진하다. 새로운 죽음교
육은 이러한 감성소통의 힘을 빌려 죽음의 문제를 어린이부터 어른
에 이르기까지 스스로 성찰케 함으로써 삶과 생명에 대한 정서적 감
수성을 높이는 것이다. 죽음에 대한 성찰과 소통을 교실 안으로 끌어
들여 삶에서 일어날 수 있는 여러 종류의 고통과 죽음에 대해 생각하
고 의견을 나눔으로써 아무리 열악한 상황이라도 모든 사람이 자신
의 삶의 창조자라는 자각을 통하여 삶의 존귀함을 깨닫는 것이 진정
한 의미의 자살예방일 것이다.[37] 문제는, 편안한 분위기에서 자유롭
게 소통할 수 있는 학습 분위기의 조성이다. 이제까지 우리나라는 산
업화 및 정보화의 가속화와 함께 정보지식교육의 중요성만이 과대
확장되어왔다. 앞으로는 이제까지 평가절하 됐던 인문학적 감성소통
의 중요성이 균형을 이루어야 할 것이다.

기본적으로 공교육은 사회적 요구와 필요에 부응한다. 불과 십 수
년 전까지만 해도 전무했던 환경교육이 유치원서부터 시작되고 있으
며, 대학 역시 환경 관련과목이 교양필수로 선정되고 있는 추세이다.
사회의 새로운 요구에 부응하는 죽음교육의 필요성과 그 효과가 사
회적으로 인정된다면 환경교육이 전 사회적으로 자리를 잡듯이 죽음
교육도 전 사회적으로 자리 잡을 수 있다. 이제 그 어느 때보다 죽음

---

[37] 이러한 나의 입장은 네오 프래그머티스트인 로티에 의해 지지될 수 있다고 본다. 문화사에 대한 로티의
안목은 인류의 문화가 신화의 시대에서 철학, 종교, 과학의 시대를 거쳐 문예의 시대에 진입했다고 본다.
문학적인 문화는 누구나 자신의 독창성을 가지고 저마다의 삶을 뽐낼 수 있도록 배려하는 문화이다. 로티
는 도덕성을 인간의 본성으로 보지 않으며 오히려 정서적인 감성에서 도덕적 행위의 능력을 찾는다고 볼
수 있는데, 이러한 그의 입장은 모든 사람이 각자의 죽음의 고유함을 성찰하고 각자 삶과 생명의 고유함
에 대한 정서적 감수성을 높이는 활동이 죽음교육의 핵심이라는 나의 입장을 지지해준다고 생각한다. 김
동식, 『프래그마티즘』, 대우학술총서 545, 아카넷, 2002, 제6장 로티의 네오프래그머티즘, pp.269-298.

교육의 중요성을 깨닫고 유치원서부터 죽음교육을 정식으로 커리큘
럼에 자리매김해야 한다고 본다.

참고문헌

구인회, 『죽음과 관련된 생명윤리적 문제들』, 집문당, 2008.
김동식, 『프래그마티즘』, 대우학술총서 545, 아카넷, 2002.
박형민, 『자살, 차악의 선택:자살의 성찰성과 소통지향성』, 이학사, 2010.
생명문화연구소, 『생명연구』 11집, 서강대 생명문화연구소, 2009.
시마조노 스스무, 다케우치 세이치 엮음, 『사생학이란 무엇인가』, 정효운 옮
        김, 한울, 2010.
에밀 뒤르켐 저, 『에밀 뒤르켐의 자살론』, 황보종우 옮김, 청아출판사, 2008.
오스카 브르니피에, 『삶이란 무엇일까?』, 박창호 옮김, 녹색지팡이, 2005.
오진탁, 『자살, 세상에서 가장 불행한 죽음』, 세종서적, 2008.
유지웅, 『청소년 노인자살 실태분석과 예방대책』, 치안정책연구소, 2009.
제임스 레이첼스 편, 『사회윤리의 제문제』, 황경식 외 옮김, 서광사, 1983.
피터 라베 저, 『철학상담의 이론과 실제』, 김수배 옮김, 시그마프레스, 2010.
한국자살예방협회 편, 『자살의 이해와 예방』, 학지사, 2008.
한림대학교 생사학연구소, 『자살예방 학제간적 접근』, 한림대학교 생사학연구
        소, 2010.

죽음의 철학적 함의와 죽음교육의 필요성1)

김용해(서강대학교 신학대학원 교수)

Ⅰ. 시작하는 말

인간은 죽음을 알지 못하면서 막연히 두려워하며 회피한다. 현대 문화 안에 죽음을 배제하고 기피하는 경향들을 쉽게 찾아볼 수 있다. 공동묘지, 화장터, 납골당은 주민들에게 혐오시설이 되었다. 임종과 제사와 장례식에는 남성 어른들만이 적극적 역할을 담당한다. 대가족 사회에서의 가정 임종은 사라지고 임종 순간이 병원의 관리 상황으로 놓여 가족들은 죽어가는 사람과 충분한 교감을 나누는 특권을 빼앗긴다. 인간이 자신의 주체성과 정체성을 공고하게 가지면 가질수록, 그리고 개인적 삶을 극대화 하면 할수록 개체적 죽음은 더욱 받

---

1) 본 논문은 『생명연구』 18집(2010년 겨울)에 수록되어 있다.

아들이기 어려운 '스칸달론(skandalon)'이 되고 이것이 해결되지 않으면 죽음을 삶 속에서 배제하려 하기 때문에, 죽음과 장례는 다른 문화적 상징으로 바뀌고 만다. 장례식장 문화가 현대에 와서 점점 더 죽음 자체에 대한 성찰과 망자와의 교감을 나누는 것이라기보다는 사회적 관계의 표현에 더 치중하는 현실을 생각해 보라.

우리가 죽음을 정신 안에서 의식화하거나 주제화하지 않는다 하더라도, 더 나아가 의식적으로 축출하려 노력하더라도 죽음은 무의식 안에서 접근할 수 없는 공포로 남아 우리를 지배한다. 어쩌면 죽음에 대한 두려움 때문에 생명을 허비하고 있는지 모른다. 어떤 형태로든지 죽음을 가까이 체험하고 소화한 사람은 삶의 태도를 바꾸고 죽음을 더 이상 두려워하지 않는 경우가 많다. 적어도 죽음을 일상화한다. 영성가들은 중요한 선택과 결정을 할 때에 죽음에 직면한 시점에서 가능적 선택내용을 의식하며 마음이 어떻게 움직이는지를 보라고 충고한다. 인간이 죽지 않고 영원히 산다면, 오늘 어떤 일을 할 필요가 굳이 있을까? 내일이 있고 모래도 있을 터인데 우선순위가 있을까? 우선순위가 없는데 가치와 의미가 존재할까? 우리가 바삐 사는 까닭도 시간 안에 사는 존재라는 것을 의식하기 때문이 아니겠는가. 우리의 분주한 삶이 죽음에 대한 두려움이라는 강제성 때문에 방향을 잃고 발버둥치는 것이라면, 그리고 그러고 나서도 결국 죽어야 한다면 무슨 의미가 있는가.

죽음을 깊이 이해하려면 신화와 종교문화들을 비교하거나 철학사를 통해 철학자들은 자연적인 죽음을 어떻게 정의하고 이해했는지를 살펴보아야 한다. 철학적으로 죽음을 말한다는 것은 신화나 종교적 신조에서 가르치는 상징과 예화와는 달리 인간이 체험하고 인식하며 보편적으로 타당한 논거로 설명해야 한다는 것을 전제한다. 본 소고는 생명교육의 맥락에서 죽음을 어떻게 이해할 것인지, 죽음에 대한 두려움은 어디서 연원하는지, 생명 안에 항상 어두운 그림자로 남아 있는 죽음에 대한 두려움은 어떻게 해소할 수 있을지를 다룬다. 죽음을 인식론, 존재론, 윤리학, 인간학 등 철학의 제분과의 관점에서 접근할 수도 있겠으나 여기서는 죽음이 인식과 의지에 대상화되기 어렵기 때문에 역사 안에서 철학자들이 표현한 직관들에 의지해서 죽음에 대한 몇 가지 설명모델을 구성해 보고(2장), 초월 철학적 사유의 틀로 종합해 본다(3장). 그런 다음 죽음에 대한 두려움의 연원, 죽음을 기피함으로써 야기되는 반생명문화현상, 죽음극복의 가능성을 다루면서 죽음교육의 필요성을 제기할 것이다(4장).

Ⅱ. 죽음에 대한 철학적 함의

죽음 밖의 타자인 우리는 죽음 그 자체를 내부로 향해(ad intra) 경험할 수도, 파악할 수도 없다. 그러나 그럼에도 불구하고 우리는 우리의 정신 안에서, 의식에서든 무의식에서든 현전하고 있는 죽음에 대한 상, 또는 관념—엄밀히 말하자면 죽음이 일으키는 분석되지 않은 과제, 혹은 죽음에 대한 두려움의 이미지와 관련되어 있다—을 한시도 떠나 지낼 수 없다. 우리는 타자의 죽음을 외적 현상으로(ad extra) 경험하고 시간 내의 존재라는 사실에서 직관에 의해 우리 실존의 죽음과 무상성을 의식한다. 그러기에 자기 존재의 한계와 허무를 알고 이를 초극하려는 모든 시도가 발생한다. 인간이 존엄한 까닭은 죽음을 의식하기 때문이라고 가브리엘 마르셀은 갈파한다.2) 이 직관에는 인간이 가치와 의미를 추구하면서 자신을 초월하려는 노력을 끊임없이 행하는데 이는 죽음을 자각한 실존적 응답이다.

인간의 죽음에 관한 여러 주장 자체가 인간을 이해하는 중요한 단서가 된다. 죽음에 관한 여러 주장이 가능한 것은 인간이 순일하지 않고, 영혼과 육체를 지닌 복합존재이고, 고정되어 있지 않고 탄생, 성장, 노쇠, 죽음이라는 '되어감'의 과정적 존재이기 때문이다. 또한 인간은 육체 안에 갇힌 개체적 존재로서만이 아니라 개체를 초월한 사회적·우주적·역사적 존재라는 점도 이런 죽음 이해의 다양성을 더해주고 있다. 우리는 철학사에서 출현한 죽음에 관한 직관들을 다음의 세 개의 이상적 유형(Ideale Typen)[3]으로 나눌 수 있다.

1. 죽음은 다른 생명으로 '되어감'의 과정이다

인간의 존재는 죽음과 함께 다시는 되돌아올 수 없이 끝난다는 생각은 인류가 생기고 상당한 시간이 지난 B.C. 1700년경의 길가메시 서사시에서 최초로 발견 된다. 그 이전부터 시작된, 가장 오래된 죽음에 대한 이해는 죽음은 존재의 끝이라기보다는 다른 형태의 존재 양식으로의 이동으로 이해했다. 이런 죽음에 대한 생각은 인도의 철학과 종교에서, 북미 인디언 문화들의 우주론에서, 플라톤과 네오플라톤 철학에서, 그리스의 오르페우스와 다른 신비종교들에서 그리고 초기 그리스도교에서 발견되는 재생 혹은 윤회(Reinkarnation) 사상에 서

---

2) G. Marcel, *Die Menschenwuerde und ihr existenzieller Grund*, Frankfurt a.M.,(1965), p.163.

3) 정동호는 죽음의 의미유형을 3가지로 나누는데, '1) 삶의 조건 혹은 삶의 동반자, 2) 알 수 없다, 3) 끝이 아니다'이다. 필자 역시 죽음이해에 대한 이상적 유형을 철학사 안에서 등장한 순서대로 세 가지로 나누었는데 정동호와 역순이며 대체로 그 내용은 동일해 보인다. 정동호, 『철학, 죽음을 말하다』, 산해, 2004, pp.40-69.

계승되었다. 이 유형의 죽음에 대한 가장 일상적인 개념들은 건너감, 산보, 여행, 해방, 이별, 잠, 병과 관련된 은유들이다4). 이렇게 이해하는 유형의 죽음 이해의 대표적인 사상가는 헤라클레이토스라 할 수 있다. 그는 죽음을 되어감의 순환에 편입시키고, 이로써 현대에까지 작용하는 죽음에 관한 하나의 의미를 창조했다. 그는 우리가 삶이라고 부르는 것이 죽음이요, 죽음은 삶이다. 죽어감과 죽음이 하나이고 탄생과 살아감(삶)이 다른 하나라고 주장한다. "불은 흙의 죽음으로 살고 공기는 불의 죽음으로 산다. 물은 공기의 죽음으로 살고 흙은 물의 죽음으로 산다."5) 끝이 시작이 되고 새로운 것으로부터 발생과 소멸의 중단 없는 운동변화는 시작된다. 태어난 것은 '자신에 집중하여 살고 죽는' 원리를 취한다.6) 지속적으로 변화하는 세계에서 헤라클레이토스의 일자, 현상 배후에 숨겨져 있는 실재, 즉 신은 죽음이라는 개념에서도 분리되지 않고 남아 있다. 죽음으로 이끄는 과정이란 한 상태에서 다른 상태로 가는 지점이고 그로부터 생성되는 새로운 상태이다. '신은 낮과 밤이고, 겨울과 여름이며, 전쟁과 평화이고, 배부름과 배고픔이다. 신이 (…) 여러 가지로 변한다.'7) 이런 윤회사상은 중세 그리스도교의 문화에서는 잠복해 있다가 근대에 와서 쇼펜하우어와 포이어바흐, 니체 등의 철학자들에 의해 다시 부활한 것으로 보인다. 이들은 개체적 생명 또는 자아가 허무, 허상임을 직관적으로 보

---

4) C. von Barloewen, "Der lange Schlaf", in: C. von Barloewen(Hg.), *Der Tod in den Weltkulturen und Weltrelig*(1996), pp.9-91. p.15. A. Huegli, "Tod", in: J. Ritter(Hg.), *Historisches Woerterbuch der Philosophie(HWP)*,(1998) Schwabe & Co. Ag. Verlag, p.1227. 본 논문의 철학사의 큰 흐름은 주로 이 철학의 역사사전의 휴글리의 '죽음'에 의거했다.

5) Heraklit, VS 22, B 76.

6) B. Snell, Tragicorum Graecorum Fragmenta (1940), B 20, p.11.

7) 같은 곳 B 67.

고 개체성에서 인간을 해방하려고 한다. 불교적 무아관을 통해 공동
체와의 나눔이나 인류의 역사성을 강조할 수 있게 되었다. 독일의 비
판철학도 이런 맥락을 가지고 사회와 역사 공동체의 의미를 확보하
려 한다. 그러기 때문에 이들은 하이데거가 죽음을 새로운 존재 가능
성으로 보았다고 비난하였다. 아도르노는 죽음을 경직된 자아정체성
을 깨부수는 비정체성의 부정성으로 보았고, 현대의 포스트모더니즘
은 죽음을 전체성, 동일성 그리고 이성성의 해체로 보고 있는 것이다.
그리스도교의 죽음 이해도 되어감의 과정에서의 한 계기로 보고 있
다. 다만 인간을 영혼과 육체로 결합된 실체로 파악하고 있기 때문에
육체의 죽음은 영혼의 죽음으로 이어지지 않고 분리되어 남는다. 플
라톤이즘과 달리 전통적인 신앙의 관점은 육체의 부활을 믿기에 사
후 영혼의 존재 상태는 불완전한 실체로 남게 되어, 하느님의 섭리가
완성되는 종말까지 생명의 완성이 보류되어 있다. 독일 관념론도 죽
음은 되어감의 과정으로서, 개체적 생명에서 해방되어 목적 왕국으로
의 변이, 즉 영원한 생명, 본질과 보편정신으로 되어감이다.

2. 죽음은 생명으로부터 분리이다

　다른 하나의 유형의 죽음이해는 죽음이란 감각을 지닌 육체의 해체
로 본다. 따라서 죽음은 육체의 생명현상 밖에 있다. 이에 따르면 생명
이 있는 존재로 있는 한 죽음은 없고, 죽음이 오면 생명도 감각적 지
각도 없다. 이 관점은 개체적 생명을 원소들의 결합으로, 죽음을 물질
들의 해체와 원상태로의 복귀로 보는 원자론자 데모크리토스가 주장
하였다. 그에 따르면 우연히 발생한 영적 원자와 몸의 원자의 결합이

해체되는 것이 곧 죽음이고, 이 죽음은 움직이는 원자와 의식을 갖는 원자의 공급이 줄어들면서 시작된다. 개체적 소멸은 다시 돌아올 수 없다. 계속해서 새로운 원자결합은 중단 없이 발생하고 소멸한다.[8] 에피쿠로스는 사후 영혼의 존재를 긍정하지만 오히려 영혼을 구원할 목적으로 데모크리토스의 죽음에 대한 입장을 계수한다. 영혼에게 죽음에 대한 두려움은 근거 없음이 논증되어야 하기 때문이다. 에피쿠로스는 '좋은 것 나쁜 것'은 감각에서 기원한다고 소개한다. 그리고 감각은 우리가 살아 있는 한 갖는 것이다. 죽음은 모든 감각의 상실이기에 경험될 수 없다. 그리하여 죽음은 우리에게 어떤 관계도 갖지 못한다. '우리가 존재하는 동안에는 죽음이 없고, 죽음이 오면 우리가 이미 없다.'[9] 삶과 죽음은 서로 완전히 분리되어 있으며, 헤라클레이토스에게서처럼 삶이면서 죽음인 어떤 상태는 결코 존재하지 않는다. 그는 불멸하는 영혼과 해체되는 육체 간의 결합으로 살아 있는 인간을 보았기 때문에 육체의 해체로서의 죽음을 두려워 할 필요가 없음을 강조하였다. 르네상스 시대의 불가지론들이 죽음은 '생명의 종말'로, 유물론적 실존주의자들이 '절대적 부정'으로 무의미, 부조리로 파악한 것은 다른 양상이기는 하지만 이런 관점을 계속 계승되고 있음을 보여준다. 이들이 주장한 바대로 죽음은 그 자체로 생명에게는 결코 경험될 수 없다는 것을 인정하더라도 이들은 생명을 다만 개체적 실존에 국한하여 사회적 범주로 확대하지 않으려는, 유아독존적 유물론적 인간관의 경향성을 가지고 있음을 우리는 지적할 수 있을 것이다.

---

8) E. Rohde: Psyche 〈ND 1980〉 2, p.190.

9) Diog. Laert. X, 125; Epikur: Ep. ad Men. pp.124-126; vgl. D. Puliga: Xponos and Thanatos in Epicuro. Elenchos 4(1983) pp.235-260; in analyt. Tradition: L. Stubenberg: Epicurus on death. Grazer philos. Stud. 37(1990) pp.185-203.

3. 죽음은 생명 조직화의 내적 원리이다

인간이 죽음을 즉자적으로 파악할 수 없는 것이라면 현세적 생명
과 존재의 초월적 구조 안에서 한 원리로 파악해야 한다는 입장이다.
유물론적 물질주의자도 관념론자도 정신을 인정하기 때문에 정신의
역동적 운동 안에서 죽음을 더 큰 정신으로의 탄생의 내적 원리로 인
정하는 것은 어려운 일이 아닐 것이다. 유대 그리스도교에서 죽음을
죄와 관련시켜 죄의 결과로 보는 전통이 있다. 이는 영적 죽음, 즉 하
느님과 소통 불가능으로서의 죽음이다. 하느님의 자비와 죄의 회개를
통해 인간이 하느님과 화해를 이루면 영적 죽음은 극복되고 소통으
로 다시 살아나게 된다. 이러한 종교체험은 죽음을 생명 심화의 원리
로 이해하는 전형을 보여준다. 죽음을 생명의 내적 원리로 파악하는
또 다른 예는 죽음을 생명 밖에서 찾지 않고 생래적으로 보는 생철학
과 실존철학이다. 프로이드의 죽음 충동 역시 보존적 본성으로 인간
생명 현상 안에 있다. 야스퍼스는 인간이 한계상황을 탈출하려는 시
도를 많이 하고 있지만 자기 실존 안에서 이를 깨어 견디어내어야만
영원한 지평에 서게 될 수 있음을 강조한다.[10] 한계상황은 인간이 살
고 있는 동안 인격적으로 직면하는 고통, 실존과의 투쟁, 죄와 죽음을
의미하고 있어 죽음은 이미 실존 안에서 영원을 계시하는 계기가 된
다. 보드리아르(J. Baudrillard)는 죽음을 생명에서 축출하게 되면 생명
이 경직된다고 본다. 따라서 생명과 죽음의 가역성을 재창출해 내어
죽음을 통해 생명의 생명성을 회복하려 한다. 바타이유(G. Bataille)는

---

10) K. Jaspers, *Der Philosopische Glaube angesichts der Offenbarung*(1962), p.473.

죽음 안에서 생명의 긍정성을 파악하고 있는데 신비주의 체험에서 얻은 직관으로 보인다. 모든 신비체험은 개체적 자아가 무화되고(죽고) 전일적이고 엑스타시적 존재로의 탄생에 있다고 한다. 이 신비체험 안에서 죽음은 곧 더 큰 생명으로의 탄생의 원리이다. 레비나스(E. Levinas)가 죽음을 모든 가능성의 불가능성으로 해석하는 것은 개체성의 불가능성을 통해 타인에 대한 책임으로 나아가도록 지시하는 것으로 보인다.

죽음을 생명조직화의 내적 원리로 보는 여러 형태의 입장은 폐쇄적 자아에서 더 큰 자아로, 개인의 영역에서 사회공동체적 영역으로, 익숙한 관념에서 더 본질적 생명으로, 시간적인 것에서 영원한 것으로 돌파해 가는 과정에서 죽음을 필연적으로 본다.

이제까지 철학사에 나타난 죽음에 관한 주장들을 세 개의 유형으로 나누어 그 출발점과 내용들을 발전사적 맥락에서 살펴보았다. 첫째 죽음은 다른 생명으로 되어가는 과정이라는 견해는 죽음을 생명의 끝으로 보지 않고 더 큰 생명의 가능성으로 제시하고 있다. 그러나 이 입장은 윤회와 니르바나, 자아와 무아, 동일성과 해체 사이에 어떤 내적 연관성, 또는 상호관계성을 설명하지 않고 있어서 양자 간에 단절과 비약이 발견된다. 이원론적 구조 속에서 비약된 완성을 지시한다. 둘째 죽음을 생명으로부터 분리된 부조리, 무의미, 절대적 부정으로 파악하는 견해는 죽음을 회피하거나 미화하지 않고, 죽음 자체에 대해 즉자적으로 할 수 있는 것이 인간에게 아무것도 없음을 고백하는 진지함을 보여주고 있는 반면, 주로 이때 죽는 생명을, 해체되어 본래로 돌아가는 물질적 원소로 환원시키고 있다는 측면에서 매우 제한된 인간관을 가지고 있다고 평가할 수 있겠다. 마지막으로 죽

음은 생명 조직화의 내적 원리라고 보는 견해는 이 비약의 고리에 상
호연관성을 보충할 수 있는 장점을 가지고 있음을 알 수 있다. 인간
은 죽음을 즉자적으로 체험할 수 없는 조건에서도 죽음이라는 관념
을 정신 안에서 삶의 원리로 파악하고 있으며, 이것은 생명현상의 체
험에서 직관된 것으로 여겨진다.

Ⅲ. 초월철학에서 본 죽음: '생명'의 내재적 원리

　우리는 위에서 언급한 세 가지의 견해 모두를 포괄할 수 있는 틀로
초월철학의 형태를 생각해 볼 수 있다. 여기서 말하는 초월철학이란
마르샬(J. Marechal) 학파의 철학으로서 토미즘과 칸트주의를 결합한
코레트(E. Coreth)와 라너(K. Rahner)의 철학을 말한다. 이들의 관점에
따르면 인간은 인생 여정의 중요한 계기 때마다 자기의 한계를 체험
하며 이제까지의 자기를 포기함으로써 새로운 생명의 지평으로 나아
감을 경험한다. 초월철학에서 말하는 초월이란 칸트가 '경험적'이라
는 개념과 상반되는 뜻으로, 즉 선험적 관념으로 주어진 것(apriori)으
로 초월을 이해하는 것과는 다르다. 이들은 주체가 자신의 인식과 행
위의 한계를 넘어 새로운 지평으로 나아가는 역동적 운동의 경험을
초월경험(transzendentale Erfahrung)이라고 말한다. 모든 새로운 것이 창
조되어 나오기 전에 산모의 진통과 같은 죽음이 따른다. 한 주체는
이 초월경험을 통해 이제까지의 자아관념과 그것과 관련된 모든 지
식과 전망이 무화되는 두려움과 공포를 체험하지만 동시에 더 큰 지
평으로 확장되는 자아를 체험하게 된다. 죽음과 더 큰 생명의 지평으
로의 역동적인 초월 체험은 죽음을 생명조직화의 내적원리로 보게

만든다. 더 큰 성장과 성숙을 위해 죽지 않으면 안 된다. 생명활동 안에는 이처럼 죽음과 더 큰 생명으로의 탄생이 반복된다. 인간의 지성과 의지작용 안에서 이러한 정신의 초월이 일어난다. 인간은 자신의 경험과 지식보다 더 큰 진리를 향하고, 지금 누리고 있는 자유보다 더 큰 자유를 추구할 때마다 이제까지 자신을 구성한 지성과 의지를 포기해야 하는 죽음을 맞이해야 한다. '크게 죽어야 크게 산다'는 선어는 이런 초월경험을 극단적으로 표현한 것이다. 초월적 역동성 안에는 죽음이 새 생명을 잉태하는 내적 계기이자 원리이다. 칼 라너의 인간학에 따르면 인간의 초월체험 안에는 지성과 의지작용 안에서 주체가 자신을 지향하여(ad intera) 자기한계를 깊이 자각하고 더 큰 세계로 향해 개방하는 계기가 있다. 이와는 반대방향으로(ad extra) 더 큰 세계에 대한 직관적 예감, 또는 선취된 인식이 있기 때문에 자신의 한계를 인정한다고 할 수도 있다. 다시 말하면 한계체험과 개방체험은 동시적으로, 혹은 상호원인적으로 발생한다. 그런데 이런 초월체험은 항상 어느 순간 갑작스럽게 일어난다. 인간의 논리와 의지의 인과관계를 뛰어넘는 어떤 비약적 계기로 체험한다. 라너가 이를 신학적으로 은총체험, 성령체험 그리고 신비체험이라 부른 까닭이 여기에 있다. 개체적 인간이 주재하는 힘 너머에서 오는 힘을 인정할 수밖에 없기 때문이다. 이 갑작스러운 힘은 아리스토텔레스가 말한 신, 즉 목적인에게서 발현되는 작용인과 동일한 것이다. 또한 자기초월체험은 그 순간 자기를 잃어버리고 더 큰 힘에 감싸여 하나가 되는 일치체험을 동반한다.[11] 초월의 역동성 안에서 자기를 잃고, 혹은 자아

---

11) 초월의 역동성 안에서 자기를 잃고, 혹은 자아가 죽고 더 큰 지평으로 합일된다는 것은 헤겔의 변증법적 지양(Aufheben)을 염두에 두고 쓰는 말이다. 그러나 헤겔과 달리 초월체험의 방향은 위로, 본질로, 보편만

가 죽고 더 큰 지평으로 합일된다는 것은 한편으로 헤겔의 변증법적 지양(Aufheben)을 염두에 두고 이해할 수 있다. 다른 한편 헤겔과 달리 초월체험의 방향은 위로, 본질로, 보편만이 아니라 아래(육화)로, 실존(현재화)으로, 구체성(투신)으로도 나타난다. 따라서 초월체험은 죽음을 은총과 일치체험을 동반하여 더 큰 존재로의 되어가는 것으로 전망할 수 있는 가능성을 갖는다. 여기서의 초월체험은 타자의 죽음, 즉 3인칭의 죽음, 혹은 사랑하는 사람과 같은 2인칭의 죽음을 대자적으로 체험하고 자신에게 적용하는 것이 아니고, 삶 안에서 한계와 위기를 직면해야 하는 상황에서 나의 작은 죽음, 즉 1인칭의 죽음을 즉자적으로 체험하면서 동시에 더 큰 자아로 성숙해 가는 것을 말한다. 그러나 개체적 생명을 가진 인간이 초월체험을 통해서 무수히 죽고 더 큰 생명으로 태어나면서 성숙한다고 하더라도 그가 체험한 실존적 죽음은 우리가 최종적으로 직면하게 될 자기 부정성, 절대적 무화로서의 죽음은 아니다. 실존적이고 사회적인 삶 안에서 초월적 생명의 역동성을 경험하면서 불안과 죽음 이면에 더 참된 진리와 더 큰 자유 그리고 더 큰 존재로 탄생한다는 실존적 원리를 터득했지만, 죽음을 앞둔 인간은 아직 한 번도 경험해 보지 못한 최종적인 세계 앞에서 불안하다. 마지막 완성을 위해 홀로 마지막으로 투신해야 한다. 이런 면에서 초월체험은 죽음을 생명과는 전혀 다른 단절된 것으로 보는 입장으로부터 도전받는다. 이에 대한 응답으로 초월철학은 희망의 지평을 제시한다.[12] 무릇 생명 속에서의 죽음과 더 큰 생명으로의

이 아니라 아래(육화)로, 실존(현재화)으로, 구체성(투신)으로도 나타난다.

12) 칼 라너는 그의 『죽음의 신학』에서 그리스도인이 죽음을 '하느님의 자비를 믿고, 하느님께 영원한 생명이 있으리라는 희망을 두며' 포용할 수 있다고 말한다. K. Rahner, Zur Theologie des Todes, 죽음의 신학, 김수복 역, 가톨릭출판사, 1988, p.75.

탄생을 체험한 인간은 언제나 자신의 한계체험 속에서 희망을 가질 수 있다. 그런 맥락에서 보자면 그에게 죽음은 생명과 함께 신, 또는 자연이 그에게 부여하는 최종적인 은총일지 모른다. 완성으로 향하는 마지막 순간이며 계기이기 때문이다. 인간은 이 마지막 개체적 존재의 절대적 부정인 죽음 앞에서 자기 삶에서 얻은 지혜의 결론으로 최종적 희망을 가지고 비로소 떠나게 된다. 또다시, 그러나 최종적으로 더 큰 생명으로, 더 큰 자유로 태어날 것이라는 희망을 가진다. 지성과 의지작용 안에서 희망을 가지고 죽음을 맞이하는 이에게는 죽어감이란 최종적인 신비체험이 될 것이다. 자신이 무화되고 하느님도 무화되어, 나와 하느님의 경계가 없어지는 상태가 된다. 이러한 상황을 가장 드라마틱하게 서술하고 있는 이야기가 신약성서의 예수의 십자가상의 죽음이다. 그리고 그의 1인칭 죽음은 그의 생애 동안 초월체험을 통해 준비되었다. 예수는 12살 때 부모의 품에서 떠나(안전의 영역으로부터 초월하여) 예루살렘 성전의 사제들과 진리에 관해 토론을 했다고 한다. 세례자 요한이 요르단 강에서 세례운동을 하고 있다는 소식을 듣고 어머니 마리아와 고향을 떠나(생업으로부터 초월하여) 요르단 강으로 향한다. 세례를 받으면서 커다란 깨달음과 함께 자신의 삶이 완전히 탈바꿈하게 되는데 성령의 인도로(신비적 초월체험으로) 광야로 향하게 된다. 거기서 그는 인간에게 가장 중대한 세 가지 도전, 물질, 권력, 명예에 직면하고 극복한다. 그의 광야체험 후의 삶은 소위 공생활이라 부르는데 자신의 생명을 가난하고, 소외받고, 죄인이며, 병자들, 고통 받는 이들에게 양도하는 삶이었다. '새는 둥지가 있고, 여우는 굴이 있지만 사람의 아들은 머리 둘 곳이 없다'고 자신의 무소유, 무고착, 무정착적인 삶을 그리고 있다. 이런 비움과 버림의 삶과 동시에 오로지 하느님께 지향하는 자기초월, 자기초극적 삶은 생명 안에서 벌써 죽음을 내재적 원리로 살고 있음을 잘 보여준다. 그러나 그가 하늘나라 운동이 실패로 돌아가고 의인인 그가 십자가에 못 박혀 죽임을 당하는 처지에 놓여 있을 때 이미 자신의 양식이 되어버린, 초월적 삶, 죽음과 새 지평이라는 생명의 원리는 진가를 발휘한다. 십자가상에서 '엘로이 엘로이 레마 사박타니?(저의 하느님, 저의 하느님 어찌하여 저를 버리시나이까?)'라고 자신의 하느님께 울부짖었다(마르꼬 15:34). 인간으로서 가장 처절한 한계를 고백하지 않을 수 없었을 것이다. 그러나 이 세상에서의 마지막 순간에 '제 영을 아버지 손에 맡깁니다'라고 숨을 내쉬었다. 한계 너머의 초월자이신 그의 하느님께 마지막이자 절대적인 희망을 건 것이다. 자기초월은 절대적 존재, 신과의 합일로 나아간다. 부활은 예수의 완성된 삶의 표현이다.

Ⅳ. 죽음교육의 필요성

1. 죽음에 대한 두려움의 연원

인간은 죽음을 두려워하는가? 죽음에 대한 두려움은 어디서 근거할까? 왜 현대인들은 점점 죽음을 두려워하는 증상을 보일까? 1926년 스위스에서 태어난 정신과 의사인 엘리사베스 퀴블러 로스(Elisabeth Kuebler-Ross) 박사는 미국에서 수백 명의 말기 환자를 면담하면서 죽음에 이르는 인간심리를 연구하였는데 『인간의 죽음(On Death and Dying)』에 그 성과를 소개하고 있다.

그녀가 생각하는 죽음에 대한 두려움의 근원을 크게 보아 인간의 무의식 세계와 사회 문화적 환경 세계, 둘로 나누어 추적한다.

첫째로 인간의 무의식은 생존욕구의 용광로로서 인간은 죽는다는 이성의 판단을 부정하고 받지 않는다고 한다. 기실 그녀의 주장대로 어느 시대를 막론하고 죽음이라는 것이 항상 사람들에게 혐오의 대상이었음을 알 수 있고 현재와 미래에도 언제나 그러하리라 짐작할 수 있다. 왜냐하면 이 현상은 인간의 무의식층에 자기 자신에게는 죽음이 결코 일어날 수 없다는 확신이 있기 때문이다.13) 인간의 무의식에서는 현세의 우리 생명에 실제로 종말이 일어난다는 것이 상상도 할 수 없는 일이다. 우리 생명이 끝나야 한다면 그것은 어디까지나 인간 외부의 누군가에 의한 악의적 개입에 의한 것이라고 단정한다. 인간은 피살될 뿐이다. 자연사니 노령에 의한 죽음이라는 것은 상상이 안 된다. 따라서 죽음은 곧 죽임, 두려운 사건, 응보를 연상시킨다.14)

둘째로, 인간이 죽음에 대한 두려움을 갖게 된 또 다른 이유는 인간의 무의식 안에 있는 '눈에는 눈, 이에는 이'의 동태복수적인 탈리오법이 있어서 자아를 단죄한다는 것이다. 무의식 세계에서는 소원과 실제 행동을 구분할 수 없다고 한다. 꿈이 비논리적이라는 것을 우리는 경험한다. 꿈에서 상반되는 것이 병존하다가 깨어난 현실에서는 터무니없고 비논리적인 주장이 공존하고 있다는 것을 우리는 알아차린다. 어린이들은 무의식에서처럼 자신의 욕구와 실제로 저지른 행동을 구분할 수 없다. 장난감을 사주지 않은 엄마가 죽어버렸으면 하고 욕구한 어린이는 엄마가 정말 죽고 나면 그 책임이 자기 자신에게 있

---

13) Elisabeth Kuebler-Ross, 『인간의 죽음(*On Death and Dying*)』, 성염 역, 분도출판사, 1979, p.15.
14) 같은 곳.

다고 단정한다. 미워하고 욕구한 시간과 엄마가 죽은 시기가 간격이
있더라도 죄의식의 충격은 마찬가지이다. 부모가 이혼, 별거하는 경
우에도 자신의 탓으로 그렇게 되었다고 단정하기 쉽다. 수십 년을 싸
우며 살아온 부부라 해도 한편이 죽고 다른 한편이 살아 있을 경우
살아 있는 사람은 대성통곡을 하고 몸부림치면서 공포와 불안에 휩
싸인다. '내 탓으로 죽었어. 그 죗값으로 나는 비명에 죽을 거야'라고
무의식적으로 단정하기 때문이다. 죄의식은 불안과 미래에 올지도 모
르는 재앙에 대한 두려움을 동반한다. 동서양의 장례문화에서 사자를
달래는 온갖 주술과 굿의 풍속은 신령의 분노나 죽은 이의 원한을 풀
어줌으로써 닥쳐올 재앙을 멀리하는 데 목적이 있다.[15]

셋째로, 어린이나 노약자에게 죽음을 터부시하는 문화는 죽음을
점점 더 두렵게 만드는 원인이 된다. 일반적으로 아이들에게 죽음의
현장을 보여주는 것은 집안의 소란과 불행을 어린이의 심리에 영향
을 주기 때문에 좋지 않을 거라고 생각한다. 그리하여 어린이로 하여
금 죽음이나 임종을 경험하지 못하도록 배제하고 터부시한다. 그러나
가족이나 가까운 사람들의 죽음을 거짓말로 얼버무리는 것은 오히려
불신을 낳게 하고 결코 해소하지 못할 슬픔에 싸이게 하며 그 사건을
무섭고 이상한 것으로 단정하며 살게 만든다. 형제를 잃은 어린이에
게 하느님이 그를 너무 사랑하셔서 천당으로 데려가셨다는 설명 역
시 형제를 빼앗아간 하느님께 분노의 감정을 삭이지 못하게 되어 지
혜롭지 못하다.[16] 부모가 병원에 입원하여 임종을 맞이하고 있는데
도 어린이들은 면회를 허락하지 않는다. 죽음이 임박하였음에도 불구

---

15) 같은 책, pp.15-17.
16) 같은 책, p.20.

하고 환자에게 알릴 것이냐로 장시간 말다툼을 한다. 이 모든 것이 죽음을 지나치게 두려워하고 기피하는 태도를 보이면서 동시에 이로 인해 죽음에 대한 두려움은 확대 재생산된다.

넷째로, 죽음을 정면으로 직면하기를 기피하는 데는 죽어가는 이가 비인간적인 기계에 둘러싸여 고독하고 비인격적으로 죽어가는 병원 분위기도 한몫을 차지한다. 응급실의 신음소리, 번쩍거리는 조명과 신호등, 펌프 소리와 기계 소리, 사람들의 시끄러운 말소리 등, 이런 환경에서 죽음을 맞이하고 있다. 시스템으로 작동하는 병원환경은 병자에게도 감정이 있고 소원과 의견이 있다는 것과 자기의사를 관철시킬 권리가 있다는 것을 거의 용납되지 않는다. 점차 물건 취급당하며 뭐라고 한마디 할라치면 진정제를 놓고 말 것이다. 그의 인격을 따지다가는 생명을 구할 귀중한 시간을 허비한다는 이유이다.[17]

죽음에 대한 두려움의 연원, 즉 무의식층에 자리 잡고 있는 생존본능과 죄의식과 같은 내부적 원인과 죽음을 터부시하는 문화와 비인간적 생명환경 등과 같은 외적 원인을 살펴보았다. 죽음에 대한 두려움의 연원탐구는 우리가 이 두려움의 실체를 이성적으로 깊이 성찰하고, 죽음에 대해 자연스럽게 맞이하고 소통하고 교육하는 문화를 만든다면 점점 더 죽음은 자연스러워질 것이라는 전망을 갖게 한다. 이제 죽음을 두려워함으로써 발생하는 반생명의 현상을 살펴보자.

---

17) 같은 책, p.22. 이하.

2. 죽음에 대한 두려움이 만드는 반생명적 현상들

인간집단은 패거리에서 국가에 이르기까지 인간 자신이 사멸할 존재임을 부정하고 기피하기 위해서 타인이나 타 집단을 공격하고 파괴하는 기제를 쓴다고 퀴블러 로스는 주장한다. 인간들이 죽음을 직시하고 죽음의 관념을 에워싼 불안들을 진지하게 대면하며, 죽음이라는 생각에 익숙해지지 않으면 우리 주변에 파괴와 살상을 줄여나가기도 쉽지 않을 것이라 한다. '한 국가나 사회 전체가 죽음의 공포에 대한 부정에 휩싸여 있다면, 그 사회나 국가로서는 타자를 파괴함으로써 자기를 방어하는 길밖에 없다. 전쟁, 폭동, 살인의 급증, 기타의 중범죄 현상은 우리가 달관과 품위를 갖고 죽음을 대면할 용기가 줄어들어간다는 표지이다.'[18]

둘째로 죽음을 두려워하며 터부시하기 때문에 현대에 고통의 의미가 점점 사라지고 있다고 한다. 과거의 종교의 역할은 내세와 하느님의 심판을 강조하여 이승에서의 괴로움과 고통을 받더라도 잘 인내하기만 하면 내세에서 그만큼 큰 보상을 받을 것이라 가르쳤다. 고통에도 목적이 있고 미래의 보상이 있었다. 고통 중에서도 의미를 발견할 수 있으면 이를 극복할 힘을 갖는다는 로고테라피 심리학도 있다. 그러나 요즈음에는 산모의 진통을 줄이기 위해 진통제를 주사하여 산모가 출산을 하고도 혼미한 상태에서 수 시간 후에야 깨어난다. 아이의 출산을 기뻐할 어떤 고통도 존재하지 않고, 아이가 태어나는 순간의 창조의 신비도 함께하지 않는다. 이러한 세태로 인해 현대에는

---

18) 같은 책, p.32.

고통의 의미가 점점 사라지고 있다.[19]

셋째로, 사회가 죽음에 대한 부정을 증대시키기 때문에 죽음을 현세 안에서 극복할 수 있는 길이 과학적으로 열릴 것이라 맹목적적으로 믿는 경향이 커져 간다. 반면에 사후의 생명을 믿는 이들은 점점 줄어든다. 사후의 생명이라는 관점에서 죽음을 부정하는 과거의 태도는 현저히 줄어든 반면 그 대안을 잃어버린 채 불안만 증대시켰고 그 불안으로 인해 과학을 광신하게 된다. 시신을 냉동시키면 수년 후에 소생할지도 모른다는 광고를 내고 죽음을 두려워하는 인간심리를 이용하여 축재하는 이들도 존재한다.[20] 과학과 의학의 발전을 통해서 현대인들은 생명을 연장하려 노력할 뿐, 즉 죽음을 대적해야 할 적처럼 대하고 기피할 뿐 생명이 무엇인지 생각하지 않는다. 죽음에 대한 공포를 이용하여 인간성 위에 군림하는 경향도 있다. 과거에 임종을 편안한 마음으로 가족과 함께 소통하며 맞이한 것과는 대조적이다. 죽음을 자연적 생명현상으로 보지 않고 누구의 잘못이나 오류에서 찾으려는 태도도 엿 볼 수 있다. 또한 돈이 없어 더 좋은 치료를 받지 못해 죽게 되었다는 자조적인 죄의식도 있다.

위에서 살핀 것처럼 죽음이라는 '스칸달론(scandalon)'을 인간이 잘 해소하지 않고 두려워하며 기피하려고만 하면, 무의식적으로 이를 회피하기 위해서 타인들을 죽이고 파괴시키는 충동이 고조되며, 인생에서 고통의 의미를 탈각시켜 쾌락만을 추구하며, 마침내 참된 종교생활 대신에 과학과 의학만을 맹신하게 된다. 우리는 죽음에 대한 즉자적 두려움을 어떻게 단계적으로 대자화시키고 마침내 자연스레 순응

---

19) 같은 책, p.32. 이하.
20) 같은 책, p.33. 이하.

할 수 있을까?

3. 죽음을 맞는 다섯 단계의 과정

퀴블러 로스의 앞의 책에서 소개한 가장 중요한 연구성과는 죽음을 앞둔 말기 환자들이 상담가의 도움으로 죽음을 응시하고 죽음에 적응해 가는 과정을 다섯 단계로 설정하고 각 단계별 특징과 문제점들을 지적한 것이라 할 수 있다.

첫째 단계는 부정과 고립이 특징이다. 죽을병이라는 통지를 받고서 '뭐라고요? 난 아니에요. 뭔가 잘못 되었을 거예요'라고 반응한다. 태양을 똑바로 쳐다볼 수 없듯이 항상 죽음을 응시할 수는 없다. 불치병을 선고받은 환자는 자기가 죽을 수 있다는 사실을 잠시 생각했다가도 즉각 떨쳐버린다. 그래야 살아갈 수 있기 때문이다. 거부 또는 부정은 일시적인 방어수단이며 조금 있으면 부분적 순응(partial acceptance)으로 대체된다. 환자들이 백일몽을 꾸도록 가만 두어야 한다. 말의 앞뒤가 뒤틀리고 모순되더라도 환자의 자기방어를 묵인하는 것이 좋다고 제안한다. 환자가 죽음을 부정하다가 차츰 고립을 선택하는 경우도 생긴다. 그때는 환자도 자신의 병세와 건강, 죽을 운명, 불사불멸 등에 관해 말하게 된다. 아직 삶에 대한 희망과 죽음에 대한 절망, 양극단이 공존하는 것이다. 죽음을 정면으로 바라보면서도 희망을 버리지 않는다.[21]

둘째 단계에는 분노가 찾아온다. 더 이상 첫째 단계를 유지할 수 없게 되면 분노와 사나움, 시샘과 원망의 감정으로 대체된다. '왜 하

---

21) 같은 책, pp.65-80.

필 내가 죽어?'라는 물음이 제기된다. 이때 문제는 환자의 입장에 서서 생각하고 그를 대하는 사람이 너무 적다는 것이다. 또 어디에서 이 분노가 유래하는지 살펴보려는 사람이 너무 적다. 환자가 분노를 터뜨리는 대상에게는 사실 아무런 사감도, 큰 감정도 없는데도 불구하고 의료진이나 가족은 그것이 자기 개인을 겨냥한 것이라 여기고 환자에게 화를 낸다. 그러다 보니 환자의 적대적 행동은 심해져 간다. 환자의 이러한 분노감정은 자연스러운 것이어서 주위 사람들이 변명하거나 방어나 혹은 회피적인 태도를 삼가고 충돌을 줄이는 것이 좋다. 환자들은 치유 받지 못할 병에 그리고 더 나아가 사람들에게 버림받았다는 생각을 곧잘 한다고 한다.[22]

첫째 단계에서는 그 슬픈 현실을 도저히 마주 대할 수 없고, 둘째 단계에서는 사람들과 하느님께 노골적으로 분노를 표시한다고 하면, 셋째 단계에서는 타협을 시도한다. 저 불가피한 죽음이라는 기정사실을 어떻든 연기하려는 것이다. '하느님이 나를 이승에서 데려가시기로 작정하셨고, 내 간절한 애원에도 대꾸가 없었다. 그러나 내가 잘만 기도를 하면 내게 은총을 베푸실 지도 모른다'고 생각한다. 어린이들이 부모의 허락을 얻어내지 못하고 화를 낸 다음에 착한 일을 하면 허락해 줄 거냐고 타협하는 것과 같다. 착실한 행동을 보이고 특별한 헌신을 맹세하면 그 보상을 받을 수 있을 것이라 생각한다. 심리학상으로 언약이라는 것은 죄의식과 관계가 있다고 한다. 따라서 의료진들은 환자의 그런 말들을 묵살하지 않는 편이 좋다. 다만 무리한 죄책감이나 공포심이 그런 언약 속에 있는지를 살피고 죄벌을 받겠

---

22) 같은 책, pp.81-124.

다는 식의 태도를 수정해 주는 것이 좋다.[23]

넷째 단계에 오는 것은 우울증상이다. 회복의 가망이 없는 환자가 자기의 병을 더 이상 부인 못하게 되고, 증상이 더 뚜렷해지고 몸이 현저하게 쇠약해지면, 분노와 격정은 멀지 않아 극도의 상실감으로 바뀐다. 오랜 투병생활로 경제적·사회적 부담이 커서 생기는 반동적 우울도 있겠지만 그보다도 환자가 이 세상을 영영 하직하는 준비로 겪게 되는 예비적 우울이 더 중대하다. 전자의 우울의 경우에는 우울의 원인을 규명하고 그것에 수반하는 비현실적인 죄책감이나 수치심을 완화시켜주는 것이 필요하다. 그러나 후자의 우울에 관해서는 말이 거의 필요 없고 이심전심의 관계가 절실하다고 한다. 말없이 손을 토닥거려주거나 머리를 쓸어주거나 조용히 곁에 앉아 있는 것으로 마음과 마음이 통한다. 보조원들이나 가족은 이 단계의 우울이 필요 불가결하고 유익하기까지 하다는 사실을 알아야 한다. 이 단계를 거쳐야만 체념하고 평온히 죽음을 맞을 수 있기 때문이다.[24]

마지막 다섯째 단계에 와서야 죽음에 순응한다. 앞서 기술한 과정을 거쳐 오면서 도움을 받았다면 환자는 드디어 자기 '운명'을 두고 분노하거나 우울해 하지 않는 초연한 단계로 들어간다. 그는 이전에 자기 심중을 스쳐간 감정들을 털어놓을 여유가 생긴다. 건강한 사람들에 대한 질투, 자기처럼 당장 죽음을 앞두고 있는 사람들에 대한 분노를 이야기할 수 있다. 지치고 대개는 극도로 쇠약해져 자주 졸며 선잠을 자고 깨어 있는 시간도 짧다. 그러나 순응을 행복한 감정의 단계로 오해해서는 안 된다. 감정의 공백기에 가깝다. '머나먼 여정을

---

23) 같은 책, pp.125–129.
24) 같은 책, pp.131–166.

떠나기 전에 취하는 마지막 휴식'의 시간이다. 이때에는 환자에 못지 않게 가족이 도움과 이해와 격려가 필요한 시기이다.[25]

위에서 설명한 다섯 단계는 정신치료학상의 용어로는 방어기제(defense mechanism)이며 극도로 어려운 상황에 대처해 나가는 적응기제(coping mechanism)이기도 하다. 이 수단들은 제각기 끄는 시간이 다르며, 서로 대치되거나 때로는 병립하기 한다. 그런데 이 모든 단계들을 통해서 지속하는 것이 하나 있는데 그것은 '희망'이다. 의학 연구가 최후의 순간에라도 성공하면 치료받을 수 있을 것이라는 희망이다. 이 희망은 조금만 더 참으면 이 모든 고통이 보람이 있고 대가를 받을 것이라는 느낌으로 나타난다. 희망은 죽음을 앞둔 환자에게 특별한 사명감을 준다. 이 사명감 때문에 환자는 정신을 지탱하고 온갖 검사를 참아낸다. 여전히 삶에 어떤 의미와 가치를 부여할 수 있다면 이런 희망은 계속될 수 있을 것이다.[26]

위에서 살펴본 대로 임종자가 단계적으로 죽음을 받아들인다는 것은 인생의 마지막 단계에서도 인간성숙, 인간의 자기초월적 성장은 가능하다는 것을 보여준다. 우리가 II장 생명의 내재적 원리로 살펴보았던 생애 안에서의 초월적 체험도 이런 다섯 단계로 나누어 분석할 수 있으리라 생각한다. 물론 앞에서도 강조하였지만 마지막 실존의 절대적 무화라는 죽음과 초월체험에서의 작은 죽음과는 감내해야 할 한계체험의 차이가 있음은 물론이다. 그럼에도 불구하고 인간이 정신 안에서 새로운 환경에 적응하고 방어해야 하는 심리적 메커니즘이라는 차원에서 보자면 양자가 본질적으로 같다.

---

25) 같은 책, pp.167-202.
26) 같은 책, p.204. 이하.

4. 죽음교육에 있어서 초월철학의 효용성

우리가 죽음의 문제를 숙고해야 할 이유는 물론 그 자체가 인간의 가장 본질적인 물음이기 때문이기도 하겠지만, 우리의 정신 안에 근거 없이 두려워하고 회피하려는 경향들을 정화시키고 질서를 잡아 주어진 생명활동을 잘 영위하고자 함일 것이다.

죽음을 두려워하는 문화가 창출하는 반생명적 현상들, 즉 전쟁, 폭동, 살인 등의 방어기제, 고통에 대한 무의미성 강화, 지나친 과학숭배는 우리의 삶을 완전한 삶으로 자연적으로 실현하는 데 방해한다. 또한 이것은 죽음을 회피하고 터부시하는 악순환을 낳는다는 것을 보았다. 따라서 죽음에 대한 이해와 올바른 태도는 우리 사회의 화두가 되어야 하고 어린이 때부터 교육해야 할 중요한 사안임에 분명하다. 인간의 자기초월적 능력이 없다면 이런 교육의 시도는 무의미할 것이다. 그런데 죽음을 맞이하는 다섯 단계의 심리적 메커니즘은 환자나 보호자에 대한 교육을 통하여 인격의 성숙을 꾀할 수 있는 가능성을 보여주고 있다. 인간이 탄생, 성장, 생식 그리고 죽음이라는 생물학적 순환과정을 겪어야 하는 육체적 존재로 살지만 동시에 물질로 환원할 수 없는 정신적 존재로 개체적 생명 속에서 해결할 수 없듯이 보이는 스칸달론으로서의 죽음을 자연스럽게 순응하면서 영적 가치를 추구할 가능성이 있는 것이다.

II장에서 살펴본 초월철학은 죽음과 탄생이 어떻게 개체적 존재와 종적 존재 사이에서 생명의 원리로 작용하는지, 또 이런 대자적 죽음이 어떻게 최종적인 즉자적 죽음과 연결되는지를 잘 설명해 준다. 초월체험, 즉 생명 안에서의 작은 즉자적 죽음체험과 동시에 더 큰 세계로의 탄생체험을 통해서 우리는 죽음은 더 큰 생명으로의 통합을 위해 필요한 조건이라는 사실을 발견하게 된다. 우리는 죽음을 개체적 생명이 종지하는 마지막 순간까지 유보하고 터부시하다가, 죽음을 자연적 생명의 일부로 받아들이지 못한 채 운명의 부조리를 단말마의 절규로 거부하고 죽는 것을 선택해서는 안 된다. 죽음에 대한 두려움은 현재의 삶을 풍요로운 생명 네트워크 속에서 누리는 길에 방해가 된다. 생명이 죽음의 그림자에 쫓겨 폭력과 반생명적 행위로 강제당하는 처지가 되기 때문이다. 이보다는 생애 안에서 끊임없이 실존적인 죽음을 대면하고 죽음을 살아가면서 생명을 더욱 활성화시켜 나가야 한다.

디켄(Alfons Deeken)이 잘 지적하고 있듯이, 죽음에 대한 준비교육은 생명의 자연스러운 종말인 '피할 수 없는 죽음'을 결코 피하게 도울 수는 없겠지만, '피할 수 있을지도 모르는 죽음', 자살예방에도 도움이 될 것으로 보인다.[27) 자살충동을 느끼는 사람들은 앞에서 본 어린이처럼 대체로 현실감각이 약하거나 현실에 적절히 적응하지 못하는 사람들로서 무의식 속에서 욕구하는 것과 현실을 구별하지 못한다. 자신이 죽고 나면 그것으로써 문제를 해결하거나 타인을 보복한다고 생각하지만 문제는 어떤 해결도 이루어지지 않는 채 그대로 원한과 미완으로 세상에 남는다는 것이다.

초월철학에 기초를 세울 수 있는 죽음교육은 3인칭의 죽음과 2인칭의 죽음을 대자적으로 경험함으로써 마침내 1인칭의 죽음을 준비하게 하는 것이 아니다. 퀴블로 로스와 디켄 등 대부분 죽음학 학자

---

27) Alfons Deeken, 『인문학으로서의 죽음교육』, 전성곤 역, 인간사랑, 2008, p.57.

들의 죽음준비 교육은 이러한 것이다. 위기와 한계라는 실존적 상황에서 작은 1인칭의 죽음과 더 큰 생명으로의 성장이라는 초월체험들을 통해서 최종적인 1인칭의 즉자적 죽음을 의연하게 맞이할 수 있도록 돕는 것이다. 이는 평생 영성훈련을 뜻한다.

죽음에 대한 교육의 근본목표는 인간의 생물학적·사회적·영성적 특성을 이해하도록 돕고, 한계상황을 겪어내야 하는 인간이 '어떻게 살아야 하는가' 혹은 '자신의 가치관을 어디에 두어야 하는가'를 물으면서 삶의 방법에 대한 기본자세를 형성하는 데에 있다. 교육의 내용에는 인간실존의 이해, 죽음에 대한 두려움의 연원, 죽음보다도 더 강한 가치와 의미는 없는지 사례를 통한 연구, 무엇보다 지식의 전수보다는 체험을 성찰하고 자신의 내면을 깊이 관상하는 훈련 등을 핵심적으로 포함해야 한다. 인간정신의 초월성을 설명하고 그에 따라 자기실현을 위한 태도와 방법을 기술하는 데에는 정신의학, 심리학, 상담심리학, 교육학 그리고 영성학 등에서 연구된 성과를 이용할 수 있을 것이다.

V. 나가는 말

우리는 이제까지 죽음에 대한 철학적 이해를 일별하고 죽음교육이 왜 현대에 더욱 중요하게 되었는지, 죽음은 어떤 방식으로 자연스러운 생명현상으로 적응될 수 있는지 등을 논의하였다. 죽음에 대한 본능적 두려움을 반성 없이 억압하지 않고, 또 죽는 순간까지 죽음에 대한 문제를 유보하지 않고, 죽음을 삶의 다른 국면으로 대면하고 두려움을 풀어내야 한다. 실존적 생애 안에서 더 행복한 생명을 살기 위함이다.

1960년대부터 시작된 호스피스 운동은 죽음을 단지 신앙이나 구원과 관련된 개인의 문제가 아니고 사회적 관점에서 접근해야 함을 강조하고 있다. 최근 죽음학(Thanatologie)은 자살, 초상, 죽음에 대한 사회적·가족적·심리사회적 관점에서 연구를 진행하고, 일반인은 물론 죽어가는 노인, 불치병을 앓고 있는 환자들에게 죽음교육을 실시하여 죽음에 대한 그릇된 생각과 두려운 이미지를 변화시켜 모든 강제에서 자유롭게 살도록 돕고 있다. 플라톤 이래로 '죽어야만 하는 사람의 학(ars moriendi)'이라는 분과는 죽음을 가르치는 전통을 이어오고 있다. 암브로시우스는 '신비적 죽음(mors mystica)' 혹은 '의지에 따른 죽음(thanatos proairetikos)'을 강조하면서 영혼이 감정과 욕정으로부터 정화되어야 한다는 플라톤적 입장을 수용하고 있다.[28] 마이스터 엑카르트는 인간은 죽음에서 자신을 진정 포기하여 더 좋은 존재가 된다고 한다.[29] 페스트 전염병을 경험한 중세에도, 예컨대 요한네스 가일러 폰 카이서버그는 1481년, '임종자를 동행하는 것은 모든 그리스도인에게 진정한 우정의 의무'라고 가르친다.[30]

죽음에 대한 철학적 사유나 명상 또는 전통 종교의 영신수련 또는 선수련 등을 통해서 절대자, 자아 그리고 세계(또는 자연)가 분리되어 있지 않고 소통하며, 혹은 일치하고 있음을 체험한 사람들은 개체적 죽음은 결코 개체의 생명과의 분리가 아니라고 한다. 초월체험에서 보여주고 있듯이 생명과 마찬가지로 죽음은 하나의 선이며 초월의

---

28) G. Madec, *Saint Ambroise et la philos*, Paris, 1974, p.291.

29) Meister Eckhart, Pr. 8. *Die dtsch*, Werke, hg., J. Quint(1958ff), p.1. p.134. 6ff.

30) Joh. Geiler von Kaysersberg, "Wie man sich halten soll bei einem sterbenden Menschen"(1482), in: L. Dacheux(Hg.), *Die aeltesten Schr. Geilers von Kaysersberg*(Amsterdam 1965), pp.115–127.

원리이다. 생명이 개체적 생명의 죽음을 통해 종의 생명을 보존 진화시키려는 생물학적 전략을 하나의 실재로 받아들인다면, 인간의 개체적 죽음도 그 이면의 어떤 목적과 관련되어 있음을 인정할 수 있다. 개체적 존재일 수밖에 없는 우리가 소유양식의 태도를 버리고 존재양식으로, 폐쇄적 자아에서 소통적 자아로 개방한다면 죽음에 대한 상상은 달라질 것이다. 인류가 가치와 의미로 간직하고 전해주는 모든 선과 덕들, 우정, 사랑, 예술, 정의, 종교심은 한편으로 죽을 생명이라는 실존적 한계 속에서 이성에 계시된 것이고, 다른 한편 그렇기 때문에 죽음을 넘어선 영원의 지평에서 영속하는 것이다. 이런 가치와 의미를 위해 전 생애를 통해 성실히 투신한 사람은 죽음을 자연스럽게 환희의 마음으로 맞이한다. 이 사람에게 존재의 무상성이나 소통의 단절, 인격적 고립 그리고 죽음에 대한 근거 없는 두려움은 이미 사라졌기 때문이다. 그에게 살아 있는 동안이나 죽어가는 순간이나 죽음은 생명의 원리, 영원한 지평을 열어주는 원리가 된다.

초월철학에 기초한 죽음학은 결국 영원한 생명이 무엇인지를 지시하는 생명학이 될 것이다. 죽음을 두려워하고 회피하면 할수록 절망과 무기력 속에서 생명을 빼앗기고 만다. 그러나 죽음을 생명 내부에서 도전과 걸림돌로 직시하고 적극적으로 노력한다면 성장의 결정적 계기가 된다. 생로병사의 고통 속에 잠겨 있는 중생을 구제하기 위해 대각을 이룬 석가모니 부처님이나, 십자가의 죽음을 통해 인류에게 더 큰 삶의 지평을 열어준 예수 그리스도님이나, 독배를 마시면서도 오래 살기를 바라지 않고, 잘 살기를 원했던 소크라테스와 같은 동서의 성인들, 영성가들이 이러한 초월적 생명을 보여주지 않았는가?

참고문헌

정동호, 『철학, 죽음을 말하다』, 산해, 2004.

Dacheux, L.(Hg.): Die aeltesten Schr. Geilers von Kaysersberg, Amsterdam, 1965.

Deeken, Alfons, 『인문학으로서의 죽음교육』, 전성곤 역, 인간사랑, 2008.

___________, 『죽음을 어떻게 맞이할 것인가』, 오진탁 역, 궁리, 1999.

Huegli, A., "Tod", in: J. Ritter(Hg.), Historisches Woerterbuch der Philosophie, 1998.

Jaspers, K., Der Philosopische Glaube angesichts der Offenbarung, 1962.

Kuebler-Ross, Elisabeth, On Death and Dying, 『인간의 죽음』, 성염 역, 분도출판사, 1979

___________, 『죽음 그리고 성장(Death: The Final Stage of Growth)』, 이주혜 역, 이레, 2010.

Madec, G., Saint Ambroise et la philosophie, Paris 1974.

Marcel G., Die Menschenwuerde und ihr existenzieller Grund, Frankfurt a.M., 1965

___________., Philosophie(1932/33).

Meister Eckhart, Pr. 8. Die dtsch. Werke, hg. J. Quint(1958ff) 1.

Rahner, K., 『죽음의 신학(Zur Theologie des Todes)』, 김수복 역, 가톨릭출판사, 1988.

Von Barloewen, C., "Der lange Schlaf", in: C. von Barloewen(Hg.), Der Tod in den Weltkulturen und Weltrelig, 1996.

서강대학교 생명문화연구소

  김용해(서강대학교 신학대학원 교수)

  심현주(서강대 생명문화연구소 연구원)

  남윤영(국립서울병원 기획홍보과)

  이명원(문학평론가)

  홍성일(서강대학교 신문방송학과 대학원 박사과정)

  김봉규(서강대학교 생명문화연구소 연구원)

  강이영(서강대학교 학생생활상담연구소 상담교수)

  이순성(강원대학교 철학과 강사)

초판인쇄 | 2011년 12월 5일
초판발행 | 2011년 12월 5일

편 저 자 | 서강대학교 생명문화연구소
펴 낸 이 | 채종준
펴 낸 곳 | 한국학술정보㈜
주　　소 | 경기도 파주시 문발동 파주출판문화정보산업단지 513-5
전　　화 | 031) 908-3181(대표)
팩　　스 | 031) 908-3189
홈페이지 | http://ebook.kstudy.com
E-mail | 출판사업부　publish@kstudy.com
등　　록 | 제일산-115호(2000. 6. 19)

ISBN　　978-89-268-2830-4 93330 (Paper Book)
　　　　 978-89-268-2831-1 98330 (e-Book)